3395

Eine Arbeitsgemeinschaft der Verlage

Böhlau Verlag · Köln · Weimar · Wien
Verlag Barbara Budrich · Opladen · Farmington Hills
facultas.wuv · Wien
Wilhelm Fink · München
A. Francke Verlag · Tübingen und Basel
Haupt Verlag · Bern · Stuttgart · Wien
Julius Klinkhardt Verlagsbuchhandlung · Bad Heilbrunn
Lucius & Lucius Verlagsgesellschaft · Stuttgart
Mohr Siebeck · Tübingen
Orell Füssli Verlag · Zürich
Ernst Reinhardt Verlag · München · Basel
Ferdinand Schöningh · Paderborn · München · Wien · Zürich
Eugen Ulmer Verlag · Stuttgart
UVK Verlagsgesellschaft · Konstanz
Vandenhoeck & Ruprecht · Göttingen
vdf Hochschulverlag AG an der ETH Zürich

Joachim Merchel

Evaluation in der Sozialen Arbeit

Mit 5 Abbildungen und 11 Tabellen

Ernst Reinhardt Verlag München Basel

Prof. Dr. *Joachim Merchel*, Dipl.-Päd., lehrt „Organisation und Management in der Sozialen Arbeit" an der FH Münster, Fachbereich Sozialwesen.

Vom Autor außerdem lieferbar: Merchel, J. (2010): Leiten in Einrichtungen der Sozialen Arbeit. ISBN 978-3-497-02123-9

Bibliografische Information der Deutschen Nationalbibliothek

Die Deutsche Nationalbibliothek verzeichnet diese Publikation in der Deutschen Nationalbibliografie; detaillierte bibliografische Daten sind im Internet über <http://dnb.d-nb.de> abrufbar.
UTB-ISBN 978-3-8252-3395-2
ISBN 978-3-497-02166-6

© 2010 by Ernst Reinhardt, GmbH & Co KG, Verlag, München

Dieses Werk, einschließlich aller seiner Teile, ist urheberrechtlich geschützt. Jede Verwertung außerhalb der engen Grenzen des Urheberrechtsgesetzes ist ohne schriftliche Zustimmung der Ernst Reinhardt GmbH & Co KG, München, unzulässig und strafbar. Das gilt insbesondere für Vervielfältigungen, Übersetzungen in andere Sprachen, Mikroverfilmungen und für die Einspeicherung und Verarbeitung in elektronischen Systemen.

Einbandgestaltung: Atelier Reichert, Stuttgart
Coverbild unter Verwendung eines Fotos von © P.Röder/digitalstock.de
Satz: Arnold & Domnick, Leipzig
Printed in Germany

ISBN **978-3-8252-3395-2** (UTB-Bestellnummer)

Ernst Reinhardt Verlag, Kemnatenstr. 46, D-80639 München
Net: www.reinhardt-verlag.de E-Mail: info@reinhardt-verlag.de

Inhalt

Einleitung 9

1	**Evaluation – was ist das?**	12
1.1	Definitionselemente von „Evaluation"	13
1.2	Evaluation zwischen methodischem Handeln und Evaluationsforschung	20
1.3	Gegenstände von Evaluation	24
1.4	Zusammenfassung in Leitsätzen	28
2	**Warum benötigt man in der Sozialen Arbeit Evaluation?**	29
2.1	Hintergründe für das zunehmende Interesse an Evaluation	30
2.2	Funktionen von Evaluation	32
2.3	Evaluation und Professionalität in der Sozialen Arbeit	35
2.4	Zusammenfassung in Leitsätzen und Fragen zur Analyse der Erwartungen an eine Evaluation	37
3	**Formen und inhaltliche Schwerpunkte in der Evaluation**	40
3.1	Differenzierung nach Zwecken einer Evaluation	40
3.2	Differenzierung nach Arten der Evaluation	43
3.3	Inhaltliche Schwerpunkte einer Evaluation	55
3.4	Zusammenfassung in Leitsätzen	58

4	**Verfahrensschritte und Methoden: Wie plant und realisiert man eine Evaluation?**	60
4.1	Festlegen der Evaluationsfragestellung	62
4.2	Erkunden von Praxiszielen und darauf ausgerichteten Indikatoren	65
4.3	Auswahl und Konstruktion der Instrumente zur Datenerhebung	75
4.3.1	*Überlegungen zur Auswahl von Erhebungsmethoden*	75
4.3.2	*Schriftliche Befragung*	80
4.3.3	*Interviews / strukturierte Gespräche*	89
4.3.4	*Beobachtungen*	94
4.3.5	*Analyse vorhandener Daten und Dokumente*	104
4.4	Durchführung der Datenerhebung	111
4.5	Auswertung der Daten und Zusammenfügen zu Ergebnissen	115
4.6	Präsentation der Ergebnisse	118
4.7	Reflexion des Evaluationsverlaufs	122
5	**Wirkungsevaluation: Anforderungen und Probleme**	125
6	**Organisationale Rahmenbedingungen für Evaluation**	137
6.1	Evaluation als Arena von Interessen und Strategien	138
6.2	Grundlage für Evaluationen: individuelle Haltungen und Organisationskultur	147
6.3	Hinweise zur Gestaltung eines evaluationsförderlichen Organisationsrahmens	152

**7   Zusammenfassung in Qualitätskriterien:
       Was ist eine „gute Evaluation"?**   157

Literatur.   164
Sachregister.   169

Einleitung

Evaluation: Ein Wort, das viele Fachkräfte in der Sozialen Arbeit vor einigen Jahren nicht immer „unfallfrei" aussprechen konnten, ist mittlerweile zu einer fast selbstverständlichen Vokabel geworden. Wenn die Sozialarbeiter in einem Jugendamt wissen wollen, ob ihre verstärkten Bemühungen zur Beteiligung der Kinder und Jugendlichen an der Hilfeplanung Erfolge zeigen – wenn unklar ist, in welcher Weise und mit welchen Effekten die Mitarbeiter in den verschiedenen Gruppen einer Wohneinrichtung für Menschen mit Behinderungen das gemeinsam abgesprochene Programm zur größeren Selbständigkeit der behinderten Menschen im Alltag praktizieren – wenn die Erzieherinnen in einer Kindertageseinrichtung Zweifel haben, wie ihre Bemühungen zur Profilierung des Bildungscharakters der Einrichtung bei den Eltern ankommen – wenn die Mitglieder eines Jugendhilfeausschusses wissen wollen, ob die auf zwei Jahre begrenzte Finanzierung von Schulsozialarbeit weitergeführt werden soll: In diesen und vielen anderen Alltagssituationen der Sozialen Arbeit verspricht eine gut durchgeführte Evaluation Informationen und Einschätzungen, mit deren Hilfe die Fachkräfte die fachlichen Fragen diskutieren sowie ihre Arbeit legitimieren und zielgerichtet weiterentwickeln können.

Warum Evaluation?

Lange Zeit wurde mit Evaluation ein Forschungsprozess assoziiert, bei dem Sozialwissenschaftler die Realisierung umfassender sozialpolitischer Programme erforschen: Schulreformen, die Einführung neuer methodischer Konzepte in die Soziale Arbeit (z. B. Sozialpädagogische Familienhilfe), Prozesse und Ergebnisse der Verwaltungsmodernisierung, Modellprogramme als Anreiz zur Implementation neuer Arbeitsansätze in der Sozialen Arbeit u. a. m. Im Laufe der Zeit hat sich der Wirkungskreis von Evaluation erweitert: Es sind nicht mehr nur die umfassenden politischen Programme, bei denen nach Bewertung durch Evaluation gefragt wird; Evaluation ist immer stärker in den Alltag Sozialer Arbeit eingedrungen. Evaluation ist nicht mehr auf „Evaluations*forschung*" begrenzt, sondern sie hat sich auf Formen der systematischen Überprüfung und Bewertung von alltagsbezogenen Handlungsweisen ausgeweitet. Der Kreis der Evaluationsakteure besteht nicht mehr nur aus sozialwissenschaftlich ausgebildeten Spezialisten, sondern auch Fachkräfte in der Praxis werden vermehrt mit der Anforderung konfrontiert oder formulieren selbst die

Evaluation ist nicht nur Evaluations*forschung*

Anforderung, die eigene Praxis selbst zu untersuchen oder von Kollegen untersuchen zu lassen, um genauer zu „wissen, was man tut" (Klatetzki 1993) und so an Professionalität zu gewinnen. Evaluation hat sich also thematisch verbreitert, indem sie sich über die Erforschung umfassender politischer Programme hinaus stärker dem Alltag in Einrichtungen zugewandt und sich als ein methodischer Ansatz zur zielgerichteten Überprüfung und Weiterentwicklung herausgebildet hat. Ähnlich wie die Qualitätsentwicklung – gleichsam die „Schwester der Evaluation" – ist Evaluation fast zu einer Selbstverständlichkeit in der Sozialen Arbeit geworden: zumindest vom Anspruch her, wenn auch noch nicht durchgängig in der Praxis der Einrichtungen und Dienste. Immerhin hat die Evaluation bereits Aufnahme in Gesetzesformulierungen gefunden. So werden in § 22a SGB VIII die Träger der öffentlichen Jugendhilfe aufgefordert, auf den „Einsatz von Instrumenten und Verfahren der Evaluation der Arbeit" in Kindertageseinrichtungen einzuwirken.

Drohender Konturverlust des Evaluationsbegriffs

Die allmähliche Etablierung von Evaluation im Bewusstsein der Akteure der Sozialen Arbeit ist einerseits erfreulich, weil damit neben den Ansätzen der Supervision, des Coaching oder der kollegialen Beratung weitere Möglichkeiten zur methodischen Professionalisierung der Sozialen Arbeit eröffnet werden. Andererseits sind auch die Nebenfolgen der Popularisierung des Evaluationsbegriffs nicht zu verkennen: Der Evaluationsbegriff und die damit bezeichneten Inhalte und Verfahren drohen ihre Kontur zu verlieren, wenn jeder Vorgang und jeder Besprechungstermin, bei dem irgendetwas bewertet wird, gleich zur „Evaluation" gemacht und damit überhöht wird.

Damit „Evaluation" nicht im Jargon der Sozialen Arbeit allmählich zerbröselt, ist es notwendig, den methodischen Kern und die damit verbundenen Anforderungen an die Fachkräfte der Sozialen Arbeit deutlich zu benennen. Das ist Ziel dieses Einführungsbuches:

- Das Buch soll den „methodischen Kern" von Evaluation verdeutlichen und damit Evaluation als eine fachliche Herausforderung charakterisieren (und dadurch helfen, den Begriff vor Banalisierung zu bewahren).
- Es nimmt dabei Praxisfelder der Sozialen Arbeit in den Blick. Für die Soziale Arbeit sind zwar mehrere Bücher mit guten Beispielen für eine praxisbezogene Evaluation verfügbar (u. a. Heiner 1988, 1994, 1996, 1998; Heil et al. 2001; Schröder/Streblow 2007), aber es fehlt für die Soziale Arbeit noch eine Einführung, wie sie Burkard/Eikenbusch (2000) für das Handlungsfeld Schule beispielhaft vorgelegt haben: eine kurz gefasste, praxisbezogene und die Rahmenbedingungen reflektierend einbeziehende methodische Anleitung, die sich nicht auf Methoden der Selbstevaluation beschränkt (wie u.a. König 2007).

- In dem vorliegenden Buch soll Evaluation stärker für ihre Handhabung in der *Praxis* der Sozialen Arbeit thematisiert werden – und nicht so sehr in der Ausrichtung als Evaluations*forschung* (vgl. dazu Kap. 1).

Das vorliegende Buch richtet sich an Akteure in der Sozialen Arbeit (Leitungspersonen, Fachkräfte auf der Mitarbeiterebene, Berater in Verbänden etc.) und an Studierende der Sozialen Arbeit, die Evaluation als Bestandteil ihres beruflichen Handelns realisieren wollen. Spezifische Methodenfragen und Rahmungen umfassender Programmevaluationen, wie sie z. b. bei programmatischen Veränderungen in einem Handlungsfeld (z. B. bei der Einführung des Persönlichen Budget in der Behindertenhilfe oder bei gesetzlichen Veränderungen wie der Einführung des § 8a SGB VIII) eigentlich an der Tagesordnung sein sollten (Haubrich 2009; Böttcher et al. 2008), bleiben in diesem Buch ausgespart. Hier sind Vorgehensweisen der Evaluations- und Implementationsforschung erforderlich, deren methodische Anforderungen und Implikationen den Rahmen dieses Buches sprengen würden (vgl. Stockmann 2006a).

Zielgruppen des Buches

Wenn es zutrifft, dass Evaluation ähnlich wie Qualitätsmanagement mittlerweile „zu einem Symbol der Modernisierung" (Pollitt 2000, 65) auch in der Sozialen Arbeit geworden ist, wird künftig vermehrt Evaluationskompetenz benötigt:

Notwendige Evaluationskompetenz

- genauere methodische Kenntnisse bei „Spezialisten", die Evaluationen in der Sozialen Arbeit kompetent durchführen und Praktiker bei der Konzipierung und Realisierung von Evaluationen gut beraten können;
- Grundkenntnisse zur Evaluation bei allen Fachkräften: ein Wissen zu Verfahren, Nutzen und Risiken bei Evaluationen; die Fähigkeit, das Verhältnis von Aufwand und Nutzen einschätzen und Erwartungen gegenüber Evaluation realistisch ausrichten zu können; die Kompetenz, kleinere Evaluationen selbst durchführen zu können, Evaluationsberatung gezielt nutzen und Evaluationsaufträge nach außen gezielt formulieren zu können.

Die letztgenannten „Grundkenntnisse" zur Evaluation bei Fachkräften der Sozialen Arbeit zu vermitteln, ist Anliegen dieses Einführungsbuches.

1 Evaluation – was ist das?

Notwendigkeit klarer Begriffsverwendung

In der Einleitung wurde bereits angedeutet, dass der Begriff „Evaluation" mit seiner zunehmenden Verbreitung Gefahr läuft, zu einer unspezifischen Formel zu verkommen, die man immer dann ins Spiel bringt, wenn ein Sachverhalt „irgendwie" bewertet werden soll. Auf diese Weise wird aus Evaluation schnell so etwas wie Modeschmuck: Man trägt ihn, weil er aktuell gern gesehen wird – und man legt ihn wieder ab, wenn etwas anderes zur Mode wird. Bisweilen werden bereits ein einfacher Sach- oder ein Jahresbericht oder schlichte statistische Angaben über Besucher bzw. Nutzer von Angeboten als „Evaluation" bezeichnet.

„In der pädagogischen Praxis fungiert Evaluation derzeit als Ausweis professioneller Fortschrittlichkeit, sodass nahezu alles, was früher als Teamsitzung, Nachbereitung, Reflexion oder Auswertung bezeichnet wurde, nun als Evaluation auftritt." (Lüders/Haubrich 2003, 306)

Die unklare Begriffsverwendung führt z. B. zu dem erstaunlichen Ergebnis, dass bei einer Befragung mehr als zwei Drittel der Jugendämter angaben, dass in ihrem regionalen Zuständigkeitsbereich evaluiert werde. Da nicht genauer nach Modalitäten der vermeintlichen Evaluation gefragt wurde, vermuten auch die Autoren der Studie, dass bei näherem Hinsehen „Evaluationsverfahren" praktiziert wurden, „die zum Teil auch nur bedingt den Namen verdienen" (Pluto et al. 2007, 382). Die Beliebtheit des Begriffs und seine inflationäre Verwendung ziehen die Notwendigkeit nach sich, sich erst einmal darüber zu verständigen, was „Evaluation" bedeutet. Daher werden in Kapitel 1.1 zunächst einige zentrale Definitionselemente benannt, die Evaluation von anderen Bewertungsmodalitäten unterscheiden. Da in diesem Buch von Evaluation *in der Sozialen Arbeit* die Rede ist, also der praxisorientierte Kontext von Evaluation im Mittelpunkt steht, bedarf es zur Vermeidung von Missverständnissen einiger kurzer Anmerkungen zum Verhältnis von Evaluation und Evaluations*forschung* einerseits und Evaluation und methodischem Handeln andererseits (Kap. 1.2). Einen weiteren Schwerpunkt bilden Ausführungen zu möglichen Gegenständen von Evaluation in der Sozialen Arbeit (Kap. 1.3).

1.1 Definitionselemente von „Evaluation"

Evaluation als eine (teil-)professionelle Praxis beginnt dort, wo ein Bewertungsvorgang methodisch systematisiert wird mit dem Ziel, ein verbessertes Handlungswissen für die Praxis bzw. für Entscheidungen in der Praxis zu gewinnen. Eine solche, mit professionellem Impetus vollzogene Evaluation setzt sich ab von einem alltäglichen Bewerten, auch wenn dieses auf der Grundlage eines bewussten, an Kriterien ausgerichteten Abwägens oder Prüfens stattfindet. Das Bewerten eines Films nach technischen oder künstlerischen Kriterien oder das mehrmalige Abschmecken einer Suppe während eines Kochvorgangs sollte man sinnvollerweise nicht als „Evaluation" etikettieren. Denn ansonsten ließen sich vielfältige und unermesslich zahlreiche Geschichten unter dem Titel „Mein evaluativer Alltag" schreiben. Wenn demgegenüber der Evaluationsbegriff mit einem systematisierten Vorgehen und einem professionellen Impuls in Verbindung gebracht wird, so kann man mit Lüders/Haubrich (2004, 324 ff) unterscheiden zwischen

Systematisierte Bewertung

- Evaluation als Bestandteil beruflichen Handelns und
- Evaluation als Teil des Wissenschaftssystems (Evaluationsforschung).

In der beruflichen Praxis und für die strukturierte Weiterentwicklung professionellen Handelns steht eine Vielzahl von Konzepten und Strategien zur methodischen Bewertung von Maßnahmen, Konzepten, Organisationen etc. zur Verfügung, die unmittelbar an Entscheidungen und Handlungsmuster der professionellen Akteure angekoppelt sind, also unmittelbar pragmatische Zwecke verfolgen. Evaluationsforschung hingegen markiert denjenigen Teilbereich von Evaluation, der sozialwissenschaftliche Forschungsverfahren als Mittel der Erkenntnisgewinnung einsetzt und sich dabei stringent an Standards der empirischen Sozialforschung orientiert (Lüders/Haubrich 2003, 309). Mit der Ankoppelung von Evaluation an eine „professionelle Praxis" ist zweierlei gemeint: die Bindung von Evaluation an Zwecke, die in einem professionellen Kontext verfolgt werden, und die – zumindest in Ansätzen – professionelle Methodik, mit der Evaluationsverfahren realisiert werden.

Somit lassen sich zunächst drei allgemeine Charakteristika von Evaluation festhalten (Lüders/Haubrich 2004, 318 ff):

Charakteristika zu „Evaluation"

1) Evaluation ist eine Form des Bewertens, und dies setzt voraus, dass dafür Kriterien oder Maßstäbe herausgearbeitet werden.

2) Die Bewertung erfolgt auf der Basis einer systematisierten Informationsgewinnung.

3) Die systematisierte Informationsgewinnung dient einem spezifischen praktischen Erkenntnis- und Verwertungsinteresse. Es gilt das „Primat der Praxis vor der Wissenschaft" (Kromrey 2000, 22).

Mit diesen drei Charakteristika gehen zwei weitere Elemente von Evaluation einher:

4) Evaluation ist in der Regel eingebettet in einen organisationalen Zusammenhang; sie erfolgt in einer Organisation oder in Verbindung zu mehreren Organisationen.

5) Evaluation ist mit Qualitätsentwicklung verbunden; sie zielt auf das Erzeugen von Wissen, um professionelles Handeln und daraus folgende Ergebnisse zu verbessern.

Im Folgenden sollen diese fünf Merkmale von Evaluation näher erläutert werden.

Bewertungsmaßstäbe

Zu 1:
Die praktische Zweckorientierung von Evaluation schließt immer einen Bewertungsvorgang ein. Das durch Evaluation erzeugte Wissen dient der Bewertung des zu evaluierenden Sachverhalts, und auch der Evaluationsvorgang selbst impliziert eine Fülle von Bewertungen: von der Auswahl des Gegenstandes über die Festlegung der Evaluationsziele, die Erarbeitung und Auswahl der genauen Fragestellung, die Art der Datensammlung und die Form der Datenauswertung bis hin zur Diskussion der Ergebnisse und Schlussfolgerungen. Um Evaluationsergebnisse praxisorientiert verwerten zu können, bedarf es der Festlegung von Kriterien oder Maßstäben, die für die bewertende Erörterung der Evaluationsergebnisse zugrunde gelegt werden. Der Zusammenhang, in dem die Evaluation und deren Ergebnisse verwertet werden, macht Evaluation immer zu einem „politischen" Vorgang: ein Prozess, in dem Wertmaßstäbe zur Geltung gebracht werden, in dem Interessen und darauf bezogene Hoffnungen und Befürchtungen aktualisiert werden und in dem daher mit strategischen Kalkülen verschiedener Interessenträger gerechnet werden muss. Evaluation löst deswegen in der Regel eine soziale Dynamik aus, weil Interessen von Beteiligten angesprochen werden, Handlungsmöglichkeiten von Einzelnen oder Gruppen möglicherweise in Frage stehen (eingeschränkt oder ausgeweitet werden können), Gewinne oder Verluste von materiellen und nichtmateriellen Ressourcen (finanzielle Förderung, Ausstattungen mit Arbeitsmaterial, Ansehen, Geltung etc.) drohen. Daher ist Evaluation nicht nur als ein sachlicher Vorgang, sondern auch als

ein Prozess mit einem hohen sozial dynamisierenden Potenzial zu betrachten, was auch bei der Gestaltung des Rahmens für Evaluationen zu berücksichtigen ist (vgl. Kap. 6). Aus dem für Evaluation konstitutiven Wertbezug ist die Notwendigkeit zu schlussfolgern, dass die an einem Evaluationsprozess Beteiligten ihre Positionen offenlegen und einen Diskurs über die bei der Evaluation aktualisierten Wertsetzungen führen. Evaluation ist somit gebunden an Verfahren der Aushandlung und der diskursiven Rechtfertigung.

Maßstäbe, die als Bewertungshintergrund und als Begründung für Wertsetzungen in einer Evaluation herangezogen werden können, sind u. a.:

- Richtwerte,
- Ziele,
- Zielgruppenerwartungen,
- Erwartungen von Interessenträgern („stakeholder"),
- in der Profession geltende und durch die Profession legitimierte Standards,
- Vergleiche zu vorherigen Verläufen / Ergebnissen (Zeitreihenvergleiche),
- definierte Mindestansprüche (Minimalanforderungen),
- maximal erreichbare Werte (Definition eines Optimums) (Stockmann / Meyer 2010, 78 f).

Zu 2:
Die für die Bewertung eines Sachverhalts erforderlichen Informationen werden nicht zufällig erhoben, sondern in systematischen, methodisch angeleiteten und transparenten Verfahren. So werden z. B. in einer Kindertageseinrichtung die einzelnen Erzieherinnen in einer Teamsitzung nicht nur nach dem Eindruck gefragt, ob sich nach ihrer Einschätzung durch das Sprachförderungsprogramm, das in den letzten sechs Wochen realisiert worden ist, in den einzelnen Gruppen „etwas verbessert" habe, sondern zur „Evaluation" wird eine solche Bewertung erst dann, wenn genauer definiert worden ist, welche Effekte man mit dem Sprachförderungsprogramm erzielen wollte, wenn darauf ausgerichtete Beobachtungsbögen erarbeitet worden sind, und wenn Verfahren verabredet worden sind, in welchen Situationen und durch wen die Beobachtungsbögen eingesetzt werden und wie die Auswertung der dokumentierten Beobachtungen vonstattengehen soll. Um von „Evaluation" sprechen zu können, bedarf es somit der kriteriengeleiteten, im Hinblick auf ein Wissensziel strukturierten Auswahl von Informationen, die durch diese Kriterien zu „Daten" werden. Die gewonnenen Daten sind nur dann tauglich, wenn sie in einer an wis-

Systematisierte Informationsgewinnung

senschaftlichen Mindeststandards orientierten Weise gewonnen wurden: nach bestimmten Verfahrensregeln, in einem transparenten, überprüfbaren Vorgehen und nach fachlich akzeptierten Gütekriterien (z. B. Validität, Verlässlichkeit etc.). Die Datensammlung muss mittels intersubjektiver und für den zu evaluierenden Sachverhalt aussagefähiger Kriterien und Messverfahren erfolgen. Dabei muss jedoch im Blick behalten werden, dass Messen eine Voraussetzung darstellt, Evaluation jedoch darüber hinausgeht: „Messen" ist Deskription (auf der Grundlage vorgängiger Entscheidungen), Evaluieren als darauf gegründeter Bewertungsvorgang zielt darüber hinaus auf Lernprozesse im Praxisfeld (Abs et al. 2006, 106). Mit dieser methodischen Systematisierung sorgt Evaluation für eine Distanz zum unmittelbaren Handeln in der Praxis, die Voraussetzung ist für tragfähige Prozesse des Bewertens. Damit wird es möglich, eine „Randposition" einnehmen zu können, die eine bessere Beobachtung der Praxis erlaubt.

Praktisches Erkenntnis- und Verwertungsinteresse

Zu 3:
Evaluation erfolgt immer im Hinblick auf bestimmte Verwendungszwecke. Es werden Daten erhoben, die als Planungs- und Entscheidungshilfen genutzt werden zur Überprüfung und Verbesserung des untersuchten Gegenstandsbereichs. Es sollen Handlungen, Maßnahmen, Handlungsprogramme, Verfahrensweisen überprüft und verbessert, Entscheidungsalternativen verdeutlicht, Folgen und Nebenfolgen von Handlungen genauer in den Blick genommen, Grundlagen für eine rationalere Entscheidungsfindung gefunden werden. Dies setzt voraus, dass die Akteure der Sozialen Arbeit, die eine Evaluation in ihrem Handlungsbereich initiieren, dafür Ziele definieren. Ohne genau festgelegte Ziele ist keine sinnvolle Evaluation möglich; erst über definierte Ziele erhält Evaluation eine Richtung. In dieser praxisbezogenen Ziel- und Zweckorientierung unterscheidet sich Evaluation einerseits von anderen, in der Sozialen Arbeit praktizierten Bewertungsmodalitäten wie z.B. Supervision, kollegiale Fallberatung, Problemgespräche, „runder Tisch", und andererseits von „gewöhnlicher" empirischer Forschung, bei der die praxisbezogene Verwendbarkeit der Forschungsergebnisse in der Regel nicht so deutlich im Mittelpunkt steht. Weil die Akteure der Sozialen Arbeit an pragmatischen Verfahren und an der Lösung praktischer Probleme interessiert sind, wird die Gültigkeit der Ergebnisse von Evaluationen häufig mit ihrer praktischen Bewährung gleichgesetzt – anders als in der wissenschaftlichen Evaluationsforschung, die stärker an „soweit wie möglich verallgemeinerbaren Aussagen interessiert" ist (Lüders/Haubrich 2004, 326).

Weil Evaluation „mitten im Leben" angesiedelt ist, somit die Gegenstände der Evaluation und die Konstellationen, die auf diese Gegenstände einwirken, so vielfältig und komplex sind, kann es kein allgemeingültiges Evaluationsdesign und keine *speziell* auf Evaluation ausgerichteten Methoden geben. Das Evaluationsdesign muss immer wieder neu auf den Gegenstand und auf die spezifische Situation abgestimmt werden. Dabei kann man zurückgreifen auf hilfreiche und erprobte Verfahrensregeln und auf Methoden und Instrumente, die aus der empirischen Sozialforschung transferiert werden können und auf die man sich beim „Erfinden" eines adäquaten Evaluationsdesigns stützen kann. Doch „jede Erwartung, es könne einen allgemeinen und weitgehend verbindlichen methodologischen und / oder theoretischen Rahmen, eine Art Rezeptbuch für gute Evaluationen geben, ist eine Illusion" (Kromrey 2000, 22).

Die mit dem Verwertungsinteresse einhergehende Nutzenerwartung kann in zwei unterschiedlichen Varianten auftreten:

Technologische und reflexive Nutzenerwartungen

- in einer *technologischen Variante*: Hier wünschen sich die Akteure empirische Hinweise, die möglichst kausale Bezüge deutlich machen (also: was genau dafür verantwortlich ist, dass etwas so und nicht anders funktioniert oder solche und keine anderen Ergebnisse mit sich bringt). Die Hinweise auf Kausalitäten sollen die Aspekte für eine Verbesserung genau identifizieren und die Wirksamkeit einer Maßnahme kalkulierbar verbessern. In dieser Erwartungsvariante ist das Ideal: ein hoher Grad der Festlegung von Entscheidungen durch Evaluation. Die Güte der Evaluation erweist sich an ihrer Prägekraft im Hinblick auf Entscheidungen.
- in einer *reflexiven Variante*: Dabei erhofft man sich von einer Evaluation empirische Hinweise, die auf Differenzen zwischen Ziel und erreichtem Zustand verweisen und die dementsprechend Anlass geben zu einer Suche nach Optimierungsmöglichkeiten – ohne eine Erwartung hinsichtlich genauer Handlungsanweisungen. Man verspricht sich von der Evaluation eine Reflexionshilfe in der Hoffnung, dass die Güte der Reflexion die Wahrscheinlichkeit einer guten Entscheidung erhöht.

Die skizzierten Erwartungsmuster markieren zwei Tendenzen, die im Alltag meist eher unausgesprochen, implizit wirksam sind und zwischen denen sich Akteure der Sozialen Arbeit bewegen, wenn sie die Mühen einer Evaluation auf sich nehmen wollen. Im Vorfeld einer Evaluation sollten sich die Beteiligten klar darüber werden, welchem dieser Erwartungsmuster sie zuneigen und ob mit dem Evaluationsdesign mitsamt den Evaluationsmethoden, die sie entwerfen, ihre Erwartung realistischerweise eingelöst werden kann.

Organisationaler Zusammenhang

Zu 4:
Soziale Arbeit als helfendes und/oder kontrollierendes Handeln bei sozialen Problemen ereignet sich immer in Organisationszusammenhängen. Anders als spontanes und lebensweltliches Helfen erfolgt Soziale Arbeit in organisierter Form: Grundlage ist ein gesellschaftlicher Auftrag, sie muss sich an darauf ausgerichteten Zielen orientieren und handelt in bestimmten methodischen Mustern. Soziale Arbeit wird durch mehr oder weniger komplizierte und politisch-administrativ festgelegte Finanzierungsformen am Leben erhalten, erfordert Kooperationen und erwartbare Handlungsketten von Akteuren. Sie ist also organisiertes Handeln sowohl im Hinblick auf Abläufe als auch im Hinblick auf die Einbindung in organisationale Strukturen. Vor diesem Hintergrund ist Evaluation nicht nur als ein methodisches Arrangement, sondern immer auch im Zusammenhang einer Organisation (oder auch mehrerer Organisationen) zu sehen. Organisationen sind auf systematische Informationen angewiesen: etwa über den Grad der Zielerreichung, über die Effektivität ihrer Handlungsprogramme, über das Verhältnis von Aufwand und Nutzen ihres Handelns, über den bei ihren Adressaten und/oder Interessenträgern wahrgenommenen Nutzen ihrer Aktivitäten etc. Ohne solche Informationen sind Entscheidungen zur innengerichteten Steuerung, differenzierte Beurteilungen zur Leistungsfähigkeit von Organisationsteilen etc. und glaubwürdige Aktivitäten zur außengerichteten Legitimation nur schwer möglich. Je prekärer die Situation für eine Organisation wird, je störungsanfälliger also innere Abläufe und je bedrohlicher die Legitimationsanfragen von außen werden, desto mehr benötigt die Organisation solche Informationen, die u.a. durch Evaluation erzeugt werden können. Die wachsenden Legitimationsanfragen an Organisationen Sozialer Arbeit („Welche Effekte erzeugt Ihr eigentlich mit dem Geld, das Ihr von der Gesellschaft erhaltet?") sowie der Druck zu größerer Flexibilität und Wirtschaftlichkeit können als ein Erklärungsfaktor für die wachsende Bedeutung des Evaluationsthemas in den letzten Jahren angesehen werden.

Verbindung zur Qualitätsentwicklung

Zu 5:
Dass im Gefolge der Qualitätsdiskussion in der Sozialen Arbeit (Merchel 2010a) auch die Evaluation immer stärker in den Blick genommen wurde, ist kein Zufall. Denn „Evaluation ist untrennbar mit Qualitätssicherung und Qualitätsentwicklung verbunden" (Böttcher et al. 2006, 7). Der Zweck, für den die Akteure die Mühe der Evaluation auf sich nehmen, besteht primär darin, genauere Informationen zur Bewertung der Qualität von Arbeit und Hinweise für eine gezielte Verbesserung

von Strukturen, Prozessen und Ergebnissen des Handelns zu erhalten. Zwar ist nicht bei jeder Evaluation explizit das Thema „Qualität" angesprochen, jedoch spielen Aspekte der Qualität implizit immer eine Rolle, auch dann, wenn „lediglich" im Rahmen einer Konzeptevaluation Erwartungen von Interessenträgern erfragt werden oder eine Evaluation nicht präzise in die methodische Abfolge einer systematisierten Qualitätsentwicklung eingebunden wird. Der Bezug zum Thema „Güte der Arbeit" ist immer vorhanden. Umgekehrt ist jede Form des Qualitätsmanagements auf Evaluation angewiesen: Eine systematische Überprüfung und eine gezielte Weiterentwicklung von Strukturen und Prozessen bedürfen einer Bewertung des Bestehenden und der Auswirkungen von Maßnahmen zur Weiterentwicklung der Qualität durch Daten. Insofern benötigt jedes tragfähige Qualitätsmanagement Evaluation. Auch dann, wenn das Qualitätsmanagement vorwiegend in einer Standardisierung von Verfahrensweisen liegt (wie z. B. beim Qualitätsmanagement nach DIN ISO; Merchel 2010a, 71 ff, 127 ff), benötigt man Informationen darüber, ob und wie die Verfahrensstandardisierungen von den Mitarbeitern angewendet werden, mit welchen Schwierigkeiten die Anwendung verbunden ist, in welchen Fällen die Standards differenziert werden müssen etc.; zur Erlangung solcher Informationen, wenn sie nicht nur „zufällig" eingesammelt werden sollen, ist man auf Evaluation angewiesen. Evaluation und Qualitätsmanagement sind also nicht identisch, aber Evaluation ist mit Qualitätsmanagement eng verbunden, sie ist eine methodische Voraussetzung für ein gutes Qualitätsmanagement. Die Verbindung zwischen beiden ist so intensiv, dass man (anders als z. B. Stockmann 2006b, 83 ff, der auf ein sehr enges Konzept von Qualitätsmanagement rekurriert) die gemeinsamen Intentionen und die methodisch-instrumentelle Verkoppelung stärker gewichten sollte als die Unterschiedlichkeit in der Herkunft beider Ansätze.

> Zusammenfassend kann man Evaluation somit charakterisieren als ein – in der Regel organisational verankertes – systematisiertes und transparentes Vorgehen der Datensammlung zu einem bestimmten Gegenstandsbereich/Sachverhalt mittels intersubjektiver und gültiger Erhebungsverfahren, das auf der Basis vorher formulierter Kriterien eine genauere Bewertung des Gegenstands/Sachverhalts ermöglichen und in der Praxis verwertbare Diskussions- und Entscheidungshilfen zur Verbesserung bzw. Weiterentwicklung des untersuchten Gegenstands/Sachverhalts liefern soll. (vgl. Böttcher et al. 2006, 9; Lüders/Lüders 2004, 318; Kromrey 2000, 22; Stockmann/Meyer 2010, 64 ff)

1.2 Evaluation zwischen methodischem Handeln und Evaluationsforschung

Evaluation als ein methodischer Ansatz zur systematischen Bewertung von Gegenständen bzw. Sachverhalten mit praktischer Absicht muss sich positionieren zwischen zwei konzeptionellen Vorstellungen, die ebenfalls im Evaluationsbegriff enthalten sind: einem Verständnis, das Evaluation als einen „normalen" Bestandteil jedes professionellen Handelns ansieht, und einer Konzeptionsvorstellung, die Evaluation als eine Form sozialwissenschaftlicher Forschung versteht und mit Evaluationsforschung gleichsetzt. Das Schwierige für eine Positionsfindung zwischen diesen beiden Verständnissen von Evaluation liegt darin, dass eine „Evaluation in pragmatischer Absicht", wie sie in diesem Buch zugrunde gelegt wird, einerseits Elemente der beiden Verständnisse in sich aufnimmt und andererseits spezifische Akzente setzt, in denen sie sich von ihnen unterscheiden muss.

Bewertung als Teil professionellen Handelns

Dass eine Bewertung von Strukturen, Prozessen und Ergebnissen zu einer professionellen Handlungsweise gehört, leuchtet unmittelbar ein. Das legt es nahe, Evaluation als einen integralen Bestandteil von methodischem Handeln zu konzipieren. So verweist Müller (2009) darauf, dass Evaluation ein unerlässlicher Bestandteil einer professionellen Fallbearbeitung ist,

> „unabhängig davon, ob sie als besonderer Handlungsschritt mit besonderen Mitteln organisiert wird oder nur als Teilfunktion der Kontrolle in andere Schritte einfließt. Immer aber heißt Evaluation, zu prüfen, ob das Handeln der Professionellen verantwortlich genannt werden kann." (75; ähnlich Michel-Schwartze 2002, 155 ff)

Während in anderen Veröffentlichungen zum methodischen Handeln Evaluation entweder als ein spezifischer Arbeitsschritt mit eigenen methodischen Anforderungen definiert wird (v. Spiegel 2008, 144 ff) oder der diesbezügliche Status von Evaluation offen gelassen wird (Galuske 2009), wird Evaluation in dem Zitat von Müller nicht mehr notwendigerweise als ein eigener Handlungsschritt angesehen. Es wird nahegelegt, dass jegliche Form der Prüfung, ob „das Handeln der Professionellen verantwortlich genannt werden kann", als Bewertungsvorgang mit dem Etikett „Evaluation" versehen werden kann. Die Ausdifferenzierung als eigener methodischer Arbeitsschritt wird als ein Definitionselement für Evaluation für nicht erforderlich gehalten. Evaluation wird verstanden als ein integraler Bestandteil professionellen methodischen Handelns, egal in welcher Form die Prüfungs- und Bewertungsvorgänge stattfinden. Ein solches Verständnis macht es jedoch schwierig, Evaluation gegenüber anderen Handlungselementen abzugrenzen. Es führt zu dem zu Beginn dieses Kapitel angesprochenen Problem der Bedeutungsdiffusität und der Verleitung zu sprachlicher Ungenauigkeit: Wenn jedes kollegiale Gespräch über die Angemessenheit von Handlungsschritten oder jede Nutzerstatistik im Jahresbericht zur „Evaluation" geadelt werden kann und wenn jede Einrichtung für sich in Anspruch nehmen kann, irgendetwas zu tun, was sie mit dem Namen „Evaluation" belegen kann, wird der Begriff sinnlos und verliert seine methodischen Herausforderungen, die er jedoch transportieren muss, wenn er wirkungsvoll zur Herausbildung und Stärkung von Professionalität in der Sozialen Arbeit beitragen soll.

Auf der anderen Seite steht das Faktum, dass in einem Großteil der themenbezogenen Veröffentlichungen Evaluation als Evaluationsforschung verstanden bzw. mit dieser gleichgesetzt wird. Was Heiner in ihrem im Jahr 2001 erschienenen Handbuch-Artikel zur mangelnden Differenzierung vermerkte, gilt für einen Großteil der Veröffentlichungen immer noch: „In deutschsprachigen Lehrbüchern werden ‚Evaluation' und ‚Evaluationsforschung' meist synonym verwendet. Evaluation wird damit auf Forschung reduziert." (2001a, 481; als Belege vgl. u. a. Stockmann 2007; Stockmann / Meyer 2010; Böttcher et al. 2006, 9 f; Kuper 2005) Die Identifizierung von Evaluation als einem Modus sozialwissenschaftlicher Forschung und die begrenzte Ausrichtung an einem forschungsorientierten Evaluationsverständnis münden dann bisweilen ein in eine Schelte gegenüber der „Laienevaluation", also gegenüber einer Evaluation, die von Nicht-Sozialwissenschaftlern oder von Personen ohne sozialwissenschaftlich-methodische Forschungserfahrung durchgeführt wird (Stockmann / Meyer 2010, 49 f). Solche Kritik mag einerseits berechtigt sein und produktiv wirken, weil damit vor einem allzu leichtfertigen Umgang mit Evaluationsmethoden gewarnt wird. Auch eine stärker in der Praxis verankerte Evaluation benötigt einen kompetenten Umgang mit Evaluationsmethoden, um differenzierte und für die Praxis brauchbare Ergebnisse erzeugen zu können. Andererseits geht eine undifferenzierte Verkoppelung von Evaluation und Forschung in eine problematische Richtung, weil gerade die Forderung, dass Akteure ihre beruflichen Handlungen und die Folgen ihres beruflichen Alltagshandelns systematisch untersuchen und die Ergebnisse dieser Untersuchungen zur gezielten Verbesserung ihres Alltagshandelns einsetzen sollen, auf eine methodische Qualifizierung der „Laien" setzt, ohne dass diese gleich zu „forschungskompetenten Evaluationsexperten" werden

Falsche Gleichsetzung mit Evaluationsforschung

müssen. Evaluation ist insofern ein „wissenschaftliches" Vorgehen, als es sich um eine systematische, nach methodischen Regeln erfolgende, ergebnisoffen angelegte Erhebung und Auswertung von Daten handelt, die nach transparenten Gütekriterien überprüfbar sein müssen und damit als Grundlage für einen Bewertungsprozess herangezogen werden können. Aber je stärker Evaluation in die Praxis von Organisationen und ihren Akteuren hineinreicht, desto deutlicher muss in den Blick genommen werden, dass Evaluation sich partiell vom Forschungsvorgehen unterscheidet: Die Evaluationslogik ist dann nicht mehr allein im Hinblick auf Forschungsvorgehen zu legitimieren, sondern auch auf die Anforderungen der Praxis und die organisationale Einbindung der Evaluation. Auch als Gütekriterien sind dann nicht allein die üblichen sozialwissenschaftlichen Normen (Validität, Reliabilität, Objektivität…) maßgeblich (vgl. Kap. 7).

Anspruch: Herstellen von Plausibilität

Neben der engen Ausrichtung an Gütekriterien sozialwissenschaftlicher Forschung unterscheidet sich Evaluationsforschung in einem weiteren Aspekt von (mit Praxis verwobener) Evaluation: Evaluationsforschung verbindet sich mit dem Anspruch, nicht nur Wirkungen und Nebenwirkungen zu erheben und festzustellen, sondern darüber hinaus auch die wesentlichen Wirkfaktoren möglichst präzise herauszuarbeiten. Evaluationsforschung folgt einem kausalanalytischen Anspruch: Im Grundsatz sollen Wirkungsmechanismen erforscht und erkannt werden (Kromrey 2005, 45 ff; 2000, 40 ff). Demgegenüber verbleibt dieses Bemühen bei „praxisbezogener Evaluation" auf der Ebene der Herstellung von Plausibilität: Die Feststellung von Wirkungen und Nebenwirkungen steht im Mittelpunkt, und es ist gut, wenn für die Erörterung möglicher Hintergründe durch die Evaluation Anhaltspunkte sichtbar werden, die die Debatte anregen. Der Anspruch hinsichtlich der Präzision bei der Herausarbeitung von Wirkungsfaktoren ist bei „praxisbezogener Evaluation" also weitaus begrenzter als bei der Evaluationsforschung.

Forschung und Distanz zum Alltagshandeln

Die Differenz zwischen Evaluation und Evaluationsforschung steht u. a. im Zusammenhang mit der Verwendung des Begriffs „Forschung" in der Alltagssprache. Wenn von „Forschung" die Rede ist, wird eine deutliche Distanz zum Alltagshandeln impliziert: Das Alltagshandeln wird schließlich zum Gegenstand, zum Objekt der Forschung, woraus folgt, dass man methodisch eine relativ starke Distanz zum Alltagshandeln einnehmen muss, um einen „Forscherblick" herauszufordern und zu gewährleisten. Die personelle Trennung zwischen Handlungs- und Forschungsakteuren wird in der Regel als Voraussetzung für eine „objektive Forschung" angesehen. Diese Trennung ist bereits in den –

mittlerweile in Vergessenheit geraten – Ansätzen der Aktionsforschung und der sozialwissenschaftlichen „Praxisforschung" (Moser 1995; 1975) durchbrochen worden. Bei der praxisbezogenen Evaluation ist das Durchlöchern dieser Grenzziehung noch deutlicher: Auch hier bildet eine Distanzierung vom Alltag eine wichtige Voraussetzung für das Erzielen aussagefähiger und praktisch verwertbarer Evaluationsergebnisse, jedoch ist die Intensität der Distanz deutlich geringer als im sozialwissenschaftlichen Forschungskontext. Weil sich bei praxisbezogenen Evaluationen zwischen Alltag und Evaluationsaktivitäten keine so intensive Distanz herausbildet, also eine Trennung zwischen Handelnden und Forschenden nicht so deutlich vorgenommen wird, wäre hierfür der Begriff „Evaluationsforschung" nicht sinnvoll. Mit den Konnotationen zum Forschungsbegriff im alltäglichen Sprachgebrauch würden Evaluationen, die nahe am Handlungsalltag angesiedelt sind, nicht adäquat abgebildet. Auch wenn solchen Evaluationen insofern eine im Grundsatz „wissenschaftliche Ausrichtung" zugesprochen werden muss, als sie systematisch vorgehen und dabei Methoden und Instrumente aus der Sozialwissenschaft anwenden und sich somit gegenüber einem rein alltagsbezogenen „Bewerten" abheben, sollte wegen der angesprochenen Unterschiede zwischen Evaluationsforschung und Evaluation differenziert werden.

Abbildung 1 verdeutlicht die unterschiedlichen methodischen Arrangements von Evaluation, und es markiert denjenigen Bereich, der in diesem Einführungsbuch als „Evaluation in der Sozialen Arbeit" schwerpunktmäßig angesprochen wird.

Methodische Arrangements in der Evaluation

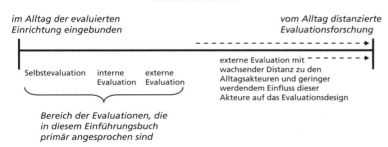

Abb. 1: Methodische Arrangements in der Evaluation

Die im Alltag der Einrichtung eingebundenen Evaluationen und die vom Alltag deutlich distanzierten Evaluationsforschungen markieren zwei Pole, zwischen denen sich unterschiedliche methodische

Arrangements von Evaluation verorten lassen. Die intensivste Einbindung in den Alltag weist die Selbstevaluation auf (Genaueres zu den Begriffen vgl. Kap. 3): Praxisakteure evaluieren ihre eigene Arbeit und sind somit gleichzeitig Evaluationsakteure. Bei der internen Evaluation setzt allmählich eine Rollendifferenzierung zwischen Praxis- und Evaluationsakteuren ein, auch wenn die Distanz der Evaluationsakteure zum Handlungsalltag noch relativ gering ist. Diese Distanz vergrößert sich, wenn externe Evaluationsakteure eingesetzt werden. Mit wachsender Distanz der externen Evaluationsakteure und geringer werdendem Einfluss der Alltagsakteure auf Konzept und Methoden der Durchführung nähert sich die Evaluation immer deutlicher dem Typus der vom Alltag distanzierten Evaluationsforschung. In diesem Einführungsbuch zur „Evaluation in der Sozialen Arbeit" werden vornehmlich solche Evaluationsarrangements angesprochen, in denen noch eine relative Alltagsnähe zu der evaluierten Einrichtung besteht und bei denen die Alltagsakteure auch bei den externen Evaluationen einen relevanten Einfluss auf Konzept und Durchführung der Evaluation haben.

1.3 Gegenstände von Evaluation

Allgemein formuliert kann zum Gegenstand von Evaluation alles werden, bei dem etwas Materielles oder Immaterielles eingesetzt wird, um damit eine Veränderung bei einem gegebenen Zustand zu erreichen. Spezifischer im Hinblick auf Soziale Arbeit kann Evaluation sich auf folgende „Gegenstände" richten und in folgenden Konstellationen auftreten:

Politikevaluation
- *Politikevaluation:* Untersucht und bewertet werden Prozesse und Auswirkungen politischen Handelns, z.B. die Umsetzung der Hartz IV-Gesetze, Umsetzung und/oder Auswirkungen der Einführung des §8a SGB VIII („Schutzauftrag bei Kindeswohlgefährdung") oder die Jugendhilfepolitik einer Stadt oder eines Kreises.

Programm-evaluation
- *Programmevaluation:* Hier werden Maßnahmen, Angebote oder Interventionen zum Gegenstand der Evaluation, mit denen eine oder mehrere Organisationen bestimmte Ziele erreichen wollen. Zur Programmevaluation gehören z.B. die Evaluation eines Seminars oder einer Seminarreihe eines Trägers der außerschulischen Jugendbildung, die Evaluation der Hilfeplanung eines Jugendamtes, die Evaluation der Personalentwicklung in einer größeren Einrichtung, die Evaluation der offenen Ganztagsangebote an Schulen, die Evaluation eines Projektes zur verbesserten Beteiligung der Bewohner an der Alltagsstrukturierung in einer Wohnstätte für Menschen

mit Behinderung oder die Evaluation eines neu eingeführten ergotherapeutischen Angebots für Menschen mit beginnender Demenzerkrankung in einem Seniorenwohnheim. Die Programmevaluation kann sich auf Programme unterschiedlicher Größe und Komplexität richten: von der Untersuchung einer eher marginalen Neuerung (z. B. Experimentieren mit einem neuen Spieltypus in einer Kindertageseinrichtung) über die Evaluation einer umfassenderen methodischen Veränderung in einer Organisation (z. B. Umstellung der Verfahren bei möglicher oder vermuteter Kindeswohlgefährdung in einem Jugendamt) bis hin zu markanten Veränderungsprogrammen mit breiter infrastruktureller Wirkungsabsicht (z. B. Modellprogramme zur Einführung neuer Hilfeformen in einem Arbeitsfeld, wie etwa Bildungspläne in Kindertageseinrichtungen oder „flexible Hilfen" im Bereich der Erziehungshilfen).

- *Personalevaluation*: Im Mittelpunkt stehen Personen sowie deren Einstellungen, Kompetenzen und Handlungsweisen. Solche Evaluation können z. B. die Kooperationen zwischen Sozialarbeitern und Verwaltungsmitarbeitern in den Blick nehmen, die Eignung von Erzieherinnen oder Sozialarbeitern für bestimmte Aufgaben im Bereich der Erziehungshilfen, die Einstellungen von Fachkräften gegenüber Migranten im Allgemeinen Sozialen Dienst eines Jugendamtes oder die Kompetenzen von Heilerziehungspflegern, Heil- und Sozialpädagogen für einen aktivierenden Umgang mit Menschen mit Behinderungen.

Personalevaluation

- *Organisationsevaluation*: Bei dieser Variante der Evaluation werden systematisch Daten erhoben, um eine gesamte Organisation in den Strukturen, Prozessen und/oder Ergebnissen bewerten zu können. Unter dem Begriff „Organisation" sollen hier solche sozialen, auf eine bestimmte Dauerhaftigkeit angelegten Gebilde verstanden werden, in denen Menschen im Rahmen einer formellen (in der Regel arbeitsteiligen) Struktur und in informellen Handlungsmustern koordiniert zusammenwirken, um bestimmte Ziele zu erreichen und/oder bestimmte Leistungen für ihre Umwelt zu erzeugen (zu unterschiedlichen Varianten im Verständnis von „Organisation" vgl. Kieser 2002; Preisendörfer 2005). Organisationsevaluationen können sich z. B. auf ein Jugendzentrum, die regionale Gliederung eines Wohlfahrtsverbandes oder eine Beratungsstelle richten. Solche Organisationsevaluationen erfordern in besonderer Weise eine Begrenzung auf zentrale Fragestellungen bzw. Kriterien, die der Evaluation zugrunde gelegt werden, da sonst die Evaluation in ihrer Komplexität ausufert. Und sie setzen ebenfalls eine Begrenzung in der Organisationskomplexität voraus: Kann man sich noch vorstellen, die Kreisgeschäftsstelle eines Wohlfahrtverbandes (z. B. des Caritasverbandes) unter zwei oder drei zentralen Kriterien zu evaluieren, so würde ein solches Ansinnen bei der „höchsten" Gliederungsebene, der Bundesebene eines Wohlfahrtsverbandes, kaum mehr sinnvoll formuliert und nur schwer ausgeführt werden können.

Organisationsevaluation

- *Produktevaluation*: Materielle „Produkte" als Gegenstand von Evaluation tauchen bei der Sozialen Arbeit nur selten auf. Denn die Soziale Arbeit besteht in ihrem Kern aus sozialen Dienstleistungen (Merchel 2009, 76ff), und nur selten erhalten materielle „Produkte" eine solche Bedeutung, dass sie zu einem Gegenstand von Evaluation werden. Als Produktevaluation könnte z. B. die Untersuchung von Spielgeräten, von für Kinder ver-

Produktevaluation

wendetem Mobiliar oder von Erzeugnissen einer Werkstatt für Menschen mit Behinderung gelten. Produktevaluationen, die dem von der „Stiftung Warentest" bekannten Muster folgen, haben in der Sozialen Arbeit nur einen marginalen Stellenwert.

Schwerpunkt: Programmevaluationen

In der Sozialen Arbeit liegt der Schwerpunkt bei den Programmevaluationen. Im Mittelpunkt stehen die Aktivitäten (Maßnahmen, Angebote, Interventionen) von Organisationen, Gruppen, Teams oder einzelnen Akteuren. Untersucht und bewertet werden sollen deren strukturelle Voraussetzungen, deren Planung und / oder Umsetzung sowie die daraus resultierenden Ergebnisse, Wirkungen und Effekte. Politikevaluation vollzieht sich – wenn sie überhaupt stattfindet, was leider nur vereinzelt der Fall ist – in der Regel im Rahmen von Forschungsprojekten (Evaluationsforschung). Organisationsevaluationen sind sehr selten; sie werden bisweilen im Rahmen von Projekten zur Organisationsentwicklung initiiert (Merchel 2005; Schiersmann / Thiel 2009): entweder zu Beginn eines solchen Prozesses im Rahmen der „Organisationsdiagnose" oder am Ende eines Entwicklungszyklus, um Veränderungen in der Organisation zu erkunden. Personalevaluationen werden wegen der Hemmungen, Personen zum Gegenstand einer Untersuchung zu machen, kaum realisiert; wenn personenbezogene Aspekte im Rahmen von Evaluationen zur Sprache kommen, dann am ehesten bei der Auswertung der Ergebnisse von Programmevaluationen – in der Debatte darüber, ob und welche personellen Konstellationen möglicherweise als Hintergrund für die Ergebnisse bedacht werden müssen und an welchen Stellen der Konsequenzen aus den Evaluationsergebnissen personenbezogene Handlungsstrategien zur Verbesserung entworfen werden sollten.

Verschiedene Aspekte der Programmevaluation

Für die *Programmevaluation*, die in der Sozialen Arbeit den dominierenden Typus ausmacht, lassen sich verschiedene Aspekte differenzieren, die in unterschiedlicher Intensität in den konkreten Evaluationen zum Tragen kommen können. Nicht jeder der nachfolgend aufgeführten Aspekte muss in jeder Evaluation angesprochen werden, und manche Evaluation legt den Schwerpunkt auf nur eine Dimension oder gar einen Teilbereich dieser Dimension (Böttcher 2008, 893 f):

- *Bedarfsbewertung*: Hier sollen Fragen beantwortet werden hinsichtlich der Art der Probleme, auf die ein Programm einwirken soll – ob und welche Zielgruppe einen Bedarf hat, ob und wie weit Interventionen benötigt werden.

- *Bewertung der Programmtheorie*: Die Evaluation soll Antworten auf die Frage ermöglichen, ob die Interventionen auf angemessenen theoretischen Annahmen gründen, ob die Ziele des Programms adäquat verfasst worden sind (z. B. überhaupt evaluierbar formuliert worden sind) und ob die Ziele in einer angemessenen Verbindung zu den Interventionen stehen.
- *Bewertung des Programmprozesses*: Hier geht es um die Untersuchung und Bewertung der tatsächlichen operativen Prozesse – ob und wie weit die Durchführung mit dem geplanten Programm übereinstimmt, ob und welche Beeinträchtigungen durch externe Einmischungen oder durch interne Unstimmigkeiten stattgefunden haben, ob die Kooperationsbereitschaft der Akteure ausreichend war etc.
- *Wirkungsmessung/Ergebnisevaluation*: Die Evaluation legt offen, ob und in welchem Ausmaß die mit dem Programm erwünschten Ergebnisse erreicht wurden. Möglicherweise können durch die Evaluation auch Anhaltspunkte markiert werden, die eine Erörterung der Gründe für die Ergebnisausprägung anregen (z. B. im Hinblick auf die für die Soziale Arbeit erforderliche Bereitschaft zur „Koproduktion" auf Seiten der Adressaten). Bei der Ergebnisevaluation sollte es nicht nur um die Erhebung von Daten zur beabsichtigten Wirkung gehen, sondern es sollten auch mögliche, nicht beabsichtigte Nebenwirkungen in den Blick genommen werden.
- *Bewertung der Programmeffizienz*: Dieser Evaluationsaspekt richtet sich auf das Verhältnis von Aufwand und Nutzen des Programms oder einzelner Phasen der Programmgestaltung. Dabei bedarf es der Wahrnehmung und der Abwägung zwischen verschiedenen Auffassungen beteiligter Akteure zu dem, was als „Aufwand" im Rahmen eines Programms gelten soll und an welchen Parametern „Nutzen" zu messen ist.

Für alle diese Gegenstände von Evaluation gilt selbstverständlich die Anforderung, die Kriterien bzw. Fragestellungen genau zu formulieren, die der jeweiligen Evaluation zugrunde gelegt wird. Denn jeder Gegenstand einer Evaluation kann immer nur unter bestimmten Gesichtspunkten untersucht und bewertet werden. Nur in Verbindung mit einem oder mehreren vor Beginn der Evaluation formulierten Kriterien oder Fragestellungen erhält eine Evaluation die Richtung, durch die ihre Ergebnisse brauchbar werden können. Die Bestimmung des Gegenstandes und die Eingrenzung auf bestimmte Kriterien oder Fragestellungen gehören also zusammen, um der Evaluation eine tragfähige Richtung zu geben.

1.4 Zusammenfassung in Leitsätzen

- Bei „Evaluation" handelt es sich um ein – in der Regel organisational verankertes – systematisiertes und transparentes Vorgehen der Datensammlung zu einem bestimmten Gegenstandsbereich/Sachverhalt mittels intersubjektiver und gültiger Erhebungsverfahren, das auf der Basis vorher formulierter Kriterien eine genauere Bewertung des Gegenstands/Sachverhalts ermöglichen und für die Praxis verwertbare Diskussions- und Entscheidungshilfen zur Verbesserung bzw. Weiterentwicklung des untersuchten Gegenstands/Sachverhalts liefern soll.

Eigenständiges methodisches Profil
- Evaluation sollte als ein Bestandteil professionellen Handelns verstanden werden, jedoch wäre es verfehlt, wenn man für jede Form der reflektierenden Bewertung beruflichen Handelns den Begriff „Evaluation" verwenden würde. Evaluation hat mit ihrem Bezug zur Datenerhebung als Grundlage für Bewertungsvorgänge ein eigenes methodisches Profil und ist daher abzugrenzen gegenüber anderen Prüfungs- und Bewertungsvorgängen, in denen über professionelles Handeln reflektiert wird.

Differenz zu Evaluationsforschung
- Evaluation erfolgt zwar auf der Basis sozialwissenschaftlicher Methoden und Modalitäten der Datenerhebung und Datenverwertung, jedoch muss zwischen Evaluation und Evaluationsforschung unterschieden werden. Je stärker und unmittelbarer Evaluation mit der Praxis von Organisationen und deren Akteuren verknüpft wird, desto stärker müssen auch die Anforderungen der Praxis mit den für die sozialwissenschaftliche Methodik geltenden Gütekriterien in einen Ausgleich gebracht werden. Auch die bei Evaluationen häufig wenig markante Trennung zwischen Praxisakteuren und Evaluationsakteuren lässt es sinnvoll erscheinen, zwischen einer in und mit der Praxis verwobenen Evaluation und Evaluationsforschung zu differenzieren. Das vorliegende Einführungsbuch widmet sich schwerpunktmäßig der erstgenannten Variante.

Gegenstände
- Die Gegenstände, auf die sich Evaluation richtet, lassen sich aufgliedern in: Politikevaluation, Programmevaluation, Organisationsevaluation, Personalevaluation und Produktevaluation. Bei Sozialer Arbeit stehen Programmevaluationen im Zentrum. Die anderen Evaluationen haben in der Sozialen Arbeit einen randständigen Stellenwert.

2 Warum benötigt man in der Sozialen Arbeit Evaluation?

Dafür, dass sich Akteure in der Sozialen Arbeit der Mühe einer Evaluation unterziehen oder den Aufwand einer solchen akzeptieren, gibt es unterschiedliche Anlässe. Diese können *außerhalb der Organisation* liegen, aber erhebliche Auswirkungen auf die Existenz oder die Gestaltungsmöglichkeiten einer Einrichtung haben. So können z. B. die Verantwortlichen einer Einrichtung der Erziehungshilfe bemerken, dass konkurrierende Einrichtungen erheblich besser von Jugendämtern belegt bzw. genutzt werden, und dass auf Dauer eine existenzbedrohende Unterbelegung droht. Oder Nachbarn beschweren sich häufig über einen vermeintlich vom Jugendzentrum ausgehenden Vandalismus, wodurch das Jugendzentrum einem Druck von Seiten des Jugendamtes, der regionalen Politiker und der Öffentlichkeit ausgesetzt wird. Oder öffentliche Debatten um einen scheinbar mangelnden Nutzen von Hilfsangeboten und daraus resultierende Vorwürfe der ineffizienten Verwendung von Steuergeldern (z. B. im Hinblick auf Erlebnispädagogik oder genereller im Hinblick auf hohe Kosten stationärer Hilfen) setzen Anbieter solcher Hilfen unter Legitimationsdruck. Oder die Weiterfinanzierung einer (Modell-)Maßnahme wird von Nachweisen zu deren Effektivität abhängig gemacht. In all diesen Fällen kann Evaluation als ein Instrument angesehen werden, um eine Grundlage für Aktivitäten zur Existenzsicherung der Einrichtung bzw. eines Angebots zu schaffen.

Organisationsexterne Anlässe

Daneben können jedoch auch *organisationsinterne Anlässe* den Ruf nach Evaluation hervorbringen. So können Mitarbeitergruppen oder Leitungspersonen mit den Arbeitsabläufen innerhalb einer Organisation unzufrieden sein, häufige Konflikte zwischen den Mitarbeitern das Arbeitsklima belasten und die sachbezogene Leistungsfähigkeit der Einrichtung beeinträchtigen. Auch können Leitungspersonen und einige Mitarbeiter den Eindruck gewonnen haben, dass in einigen Teams die Angebote nur unzureichend durchgeführt werden. Oder die Adressaten der Einrichtung beschweren sich merklich häufiger über das Angebot (z. B. Eltern in Kindertageseinrichtungen über mangelnde kindbezogene Förderaktivitäten seitens der Erzieherinnen) oder sie nutzen die Einrichtung in wesentlich geringerem Umfang als zu

Organisationsinterne Anlässe

früheren Zeiten (z. B. Besucher eines Jugendzentrums bleiben weg). Wenn solche Probleme derart deutlich werden, dass sie den Alltag beeinträchtigen, und wenn sie ein solches Ausmaß erreicht haben, dass sie einen relevanten Teil der Akteure unzufrieden machen, wird bisweilen Evaluation „entdeckt" als ein Mittel, das helfen soll, der Sache „auf den Grund zu gehen".

Doch solche Anlässe gab es bereits zu Zeiten, in denen noch nicht so viel über Evaluation gesprochen wurde und in denen dieses Thema noch nicht eine solche „Konjunktur" wie heute hatte. Daher ist zunächst nach den Hintergründen für die „Evaluationskonjunktur" zu fragen, und zwar nach politischen wie nach den professionsbezogenen Hintergründen (Kap. 2.1). Bezug nehmend auf die Hintergründe steigender Bedeutung von Evaluation lassen sich deren Funktionen ableiten (Kap. 2.2). Damit deutlich wird, dass Evaluation nicht nur etwas ist, was politisch eingebracht, also „von außen" der Sozialen Arbeit aufgedrückt wird, oder etwas, was man nur in Ausnahmefällen bei besonderen organisationsinternen Problemen einsetzt, soll in Kapitel 2.3 mit einigen kurzen Anmerkungen der Stellenwert von Evaluation für Professionalität in der Sozialen Arbeit begründet werden. Abschließend werden einige Fragen formuliert, die bei der Konzipierung von Evaluation hilfreich sein können, um Interessen und Wertbezüge der mittelbar und unmittelbar Beteiligten stärker wahrzunehmen und in die Konzepterörterung einzubeziehen (Kap. 2.4).

2.1 Hintergründe für das zunehmende Interesse an Evaluation

Ressourcen-knappheit

Je knapper die Ressourcen werden, die einer Gesellschaft zur Erfüllung öffentlicher Aufgaben zur Verfügung stehen, und je umfassender die gesellschaftlichen Problemlagen werden, für die jene Ressourcen benötigt werden, desto deutlicher wird die Frage gestellt, ob die vorhandenen Konzepte noch die an die Akteure gerichteten Anforderungen zu erfüllen vermögen, ob die Akteure die zur Verfügung gestellten Ressourcen nutzbringend einsetzen können und ob der eingesetzte Ressourcenumfang für die Bewältigung der Anforderungen erforderlich ist. Wenn dann gesellschaftliche Veränderungen hinzukommen, die ungewiss erscheinen lassen, ob die bisherigen Handlungskonzepte noch die aktuelle Situation treffen und adäquate Perspektiven für eine Problemlösung zu eröffnen vermögen, dann wird der Ruf nach Modalitäten drängender, die eine genauere Bewertung vorhandener Programme und Handlungsmuster sowie Grundlagen für eine rationalere Entscheidungsfindung versprechen. Evaluation erhält eine zunehmende Bedeutung in Zeiten gesellschaftlicher Veränderungen und zunehmender Ressourcenknappheit. Wenn sich ausweitende, gesellschaftlich als Problem definierte Situationen und eine relativ hohe Dynamik in den qualitativen Problementwicklungen auf einen Zustand knapper oder gar allmählich reduzierter Ressourcen treffen, wird das Bemühen um rationalere Entscheidungsfindung fast unausweichlich. Evaluation enthält die Aussicht auf einen solchen Rationalitätsgewinn:

- Angesichts der Ungewissheit bezüglich der Wirkungen und des Nutzens von Programmentscheidungen und Ressourceneinsatz erhofft man sich von Evaluation eine bewertende Vergewisserung.
- Durch eine Überprüfung des Verhältnisses von Ressourceneinsatz und Effekten erweitern Finanzierungsträger den Legitimationsdruck gegenüber den Organisationen, die man finanziert und mit der Bearbeitung sozialer Probleme beauftragt.
- Die Versuche, in neuen Handlungsformen Probleme zu bearbeiten, sollen stärker gesteuert werden, indem über Evaluationen genauere Bewertungen und verbesserte Handlungsorientierungen ermöglicht werden. Evaluation entspringt dem steigenden Bedürfnis nach Steuerungswissen: ob das, was man neu tut, besser ist als das, was man bisher getan hat, und an welchen Stellen noch verbesserte Problemlösungspotenziale liegen könnten.

Von Evaluation erhofft man sich eine verbesserte politische, fachbezogene und administrative Steuerung von Programmen, eine Erhöhung ihrer Zielgenauigkeit, einen optimierten Ressourceneinsatz sowie – daraus resultierend – eine verbesserte Legitimation. Evaluation ist somit gleichzeitig Ausdruck und Instrument einer gesellschaftlichen Modernisierung, die sich als intensivierte Rationalisierungsabsicht zeigt: Mit Evaluation setzt man „auf Versachlichung anstatt auf Tradition... Durch Evaluationen sollen von Traditionen und individuellen Interessen unbeeinträchtigte Entscheidungsgründe verfügbar gemacht werden." (Kuper 2005, 27) Ob diese mit Evaluation verbundenen Erwartungen dem Charakter von Evaluation entsprechen und einlösbar sind, ist eine zweite Frage. Zunächst sind die gesellschaftlich-politischen Hintergründe für die „Karriere" des Evaluationsthemas zur Kenntnis zu nehmen. Sie können sich in den Erwartungen an eine konkrete Evaluation niederschlagen und müssen von den Evaluationsakteuren wahrgenommen und einkalkuliert werden.

Rationalisierungserwartungen durch Evaluation

Evaluation und Profession

Neben diesen gesellschaftlichen Hintergründen lassen sich jedoch auch aus der Profession erwachsende Motive erkennen, die den Stellenwert von Evaluation befördert haben. Die Profession „Soziale Arbeit" gerät nicht nur von außen unter Legitimationsdruck. Auch innerhalb der Handlungsfelder und Einrichtungen sind sich Fachkräfte häufig unsicher, welche Erfolge ihr Handeln nach sich zieht, welche Methoden welche Erfolge versprechen, an welchen Stellen Konzepte und Handlungsmuster von Fachkräften oder Teams Stärken und / oder Schwächen aufweisen, wo sich Ansatzpunkte für eine wirkungsvolle Qualitätsentwicklung zeigen, ob das Handeln ausreichend mit Zielen verkoppelt ist etc. Die steigende Bedeutung von Evaluation verweist zum einen auf Verunsicherung in der Profession („Wissen wir ausreichend, was wir tun und mit welchen Effekten wir es tun?") und zum anderen auf ein Bedürfnis nach stärkerer Strukturierung der Arbeit. Evaluation als einen Modus der Selbstreflexion und als ein Hilfsmittel zur Handlungsstrukturierung einzusetzen, kann – als ein erwünschter Nebeneffekt – die Legitimation der Profession verbessern helfen. Das Methodische und die damit erzielten Ergebnisse werden nicht mehr lediglich behauptet, sondern ihr genauer Nachweis soll helfen, das Profil der Profession nach außen besser darstellen zu können.

Die gesellschaftlich-politischen Hintergründe und die aus der Profession entstehenden Motive, die zur „Konjunktur" von Evaluation beitragen, stehen nicht beziehungslos nebeneinander, sondern verweisen aufeinander. Das Streben nach verbesserter Legitimation und das Bemühen um eine stärkere Strukturierung oder Steuerung des Handelns überlagern beide Motivbereiche. Dies schließt nicht aus, dass dabei verschiedenartige Akzente gesetzt werden, z. B. die Hoffnung auf eine Rationalisierung in Form einer eher technokratischen Steuerung einerseits und ein Verständnis von Rationalitätserweiterung durch verbesserte Selbstreflexion andererseits. Solche Akzentverschiebungen sind wichtig zu beachten, aber es sollten gleichermaßen die Überschneidungen und Ähnlichkeiten in den elementaren Motiven zur Kenntnis genommen werden.

2.2 Funktionen von Evaluation

Die Faktoren, die Evaluation zu einem immer bedeutsameren Thema in der Sozialen Arbeit haben werden lassen, verweisen auf Funktionen, für die Evaluation eingesetzt wird. Im Anschluss an Stockmann / Meyer

(2010, 73 ff) können *vier zentrale Funktionen von Evaluation* unterschieden werden:

- *Erkenntnisgewinn für Steuerungsentscheidungen*: Evaluation soll Daten liefern, die Entscheidungen ermöglichen, mit denen Strukturen und Prozesse zielgerichteter gestaltet werden können.
- *Kontrolle*: Erkenntnisse aus Evaluationen werden nicht nur zur Planung und zur Entscheidungsfindung eingesetzt, sondern auch zur Kontrolle. Kontrollevaluationen können sich auf den Grad der Zielerreichung, auf das Aufwand-Nutzen-Verhältnis, auf die Aufgabenerfüllung der an einem Programm Beteiligten, auf die Kompetenz der Akteure etc. richten. In der Evaluation ist immer auch ein Kontrollaspekt vorhanden, auch dann, wenn die Akteure bemüht sind, durch breite Mitarbeiterpartizipation, durch demonstrative Hervorhebung der sachbezogenen Ausrichtung o. ä. diesen Kontrollaspekt in den Hintergrund zu drängen. Ganz ausschalten lässt sich der Kontrollaspekt bei Evaluationen nicht.
- *Förderung von Entwicklungen*: Die entwicklungsfördernde, tendenziell innovative Funktion resultiert daraus, dass Evaluation Transparenz erweitert und dadurch Dialogmöglichkeiten zwischen verschiedenen Beteiligten und Interessenträgern eröffnet. Evaluation wird eingesetzt, wenn Akteure sich für Lernvorgänge öffnen wollen, ist also Bestandteil von Lernprozessen. Gleichzeitig evoziert sie selbige, weil Evaluation Prozesse der Reflexion und des Bewertens beinhaltet, die im logischen Verlauf die Erörterung von Konsequenzen nach sich ziehen bzw. mit solchen Erörterungen verbunden sind.
- *Legitimation durchgeführter Maßnahmen*: Mithilfe von Evaluation lassen sich Ergebnisse und Wirkungen von Programmen darstellen, wodurch ein Programm mit seinem Ressourceneinsatz und seinen Resultaten nach außen präsentiert werden kann – Heiner (2001b, 42) spricht hier von einer „demonstrativen Funktion" – und Perspektiven der weiteren Realisierung begründet werden können.

Überlagerung von Funktionen

Bei der Planung und Durchführung von Evaluationen können verschiedene Funktionen einbezogen sein. Insbesondere wenn mehrere Interessenträger in die Evaluation hineinwirken, besteht die Versuchung, die Evaluation so anzulegen, dass den unterschiedlichen Erwartungen Rechnung getragen werden kann. Dabei besteht jedoch die Gefahr, dass die Evaluation zu überladen und zu komplex konzipiert wird, was sich in Problemen bei der Durchführung und bei der Aussagekraft der Ergebnisse niederschlagen kann. In der Regel benötigen Evaluationen Entscheidungen darüber, zu welcher prioritären Funktion sie eingesetzt werden sollen. Denn das hat Konsequenzen für das Evaluationsdesign und die Durchführung der Evaluation. Eine Evaluation, die die entwicklungsfördernde Lernfunktion in den Mittelpunkt stellt (z. B. „wir wollen wissen, ob wir die einzelnen Arbeitsschritte unseres Sprachförderungsprogramms in der Kindertageseinrichtung in den unterschiedlichen Gruppen relativ einheitlich praktizieren und worin Unterschiede begründet sein können"), wird nicht gleichzeitig und in gleicher Intensität eine nach außen gerichtete Legitimationsfunktion (z. B. „wir wollen darstellen, welchen Nutzen der Ressourceneinsatz zur Sprachförderung erzeugt und an welchen Stellen sich durch einen veränderten oder ausgeweiteten Ressourceneinsatz wahrscheinlich Effektverbesserungen erzielen ließen") realisieren können. Und ob Evaluation primär unter dem Vorzeichen seiner Kontrollfunktion oder in der Hoffnung eingesetzt wird, einen Entwicklungsimpuls zu erhalten, wird sich in verschiedenartigen Evaluationskonzepten niederschlagen. Vor allem zwischen der Kontrollfunktion und der Entwicklungsfunktion bestehen elementare Spannungen, sodass beide Funktionen nicht gleichgewichtig in einem Evaluationsdesign Platz haben können (Kromrey 2000, 26 f). Zwar ist in jeder Evaluation auch der Kontrollaspekt enthalten und kann daher nicht ausgeschaltet werden, jedoch macht es einen Unterschied, ob diese Funktion in das Zentrum der Evaluation gestellt wird oder ob die Entwicklungsfunktion den Funktionskern ausmachen soll und die im Hintergrund vorhandenen Kontrollaspekte bei den einzelnen Evaluationsphasen mitreflektiert werden müssen. Statt einer relativ unstrukturierten Funktionsmischung sollte Evaluation mit der Entscheidung zu einer prioritären Funktion versehen werden, und es sollte gut überlegt werden, welche Funktionsaspekte neben dieser Funktion an nachrangiger Stelle hinzugenommen werden, ohne dass die Evaluation dadurch an Profil verliert, zu komplex wird und ohne dass dadurch die gewählte prioritäre Funktion gestört wird.

Informationen für Entscheidungen

Die vier genannten Funktionen laufen zusammen in der zentralen Anforderung an Evaluation: Informationen bereitstellen für praktisch folgenreiche Entscheidungen. Evaluation markiert einen methodischen Schritt im Rahmen der Entscheidungsfindung. Die Verkoppelung von Evaluation und Entscheidung macht den verwendungsbezogenen Charakter von Evaluation aus. In einer Organisation werden immer wieder Entscheidungen getroffen; man kann Organisationen definieren als Systeme, die aus Entscheidungen bestehen und die sich durch Entscheidungen konstituieren (Luhmann 2000). Der größte Teil von Entscheidungen in Organisationen verläuft „undramatisch": Es sind in den Alltag eingebundene Entscheidungen, die ein Kontinuum von als quasi „natürlich" empfundenen Entwicklungsverläufen gewährleisten. Wenn Organisationsmitglieder den Eindruck gewinnen, dass eine besondere „Entscheidung" gefordert wird oder ansteht, dann handelt es sich meistens um die Frage, ob man aus dem bisherigen kontinuierlichen Entwicklungsverlauf mehr oder weniger intensiv ausbrechen soll, der Entwicklung also einen „anderen" Verlauf geben will. Das macht solche Entscheidungen legitimationsanfällig: Es bedarf der Begründung, warum und mit welcher Intention (Erfolgserwartung, Erfolgswahrscheinlichkeit) entschieden werden soll oder – im Nachhinein – entschieden wurde. Evaluation ist *ein* Modus, um die zur Begründung erforderlichen Informationen zu erzeugen, entweder in prospektiver Absicht (zur Entscheidungsvorbereitung) oder mit einer retrospektiven Intention (zur Legitimation). Entscheidungen haben, wenn sie nicht willkürlich erfolgen, grundsätzlich einen rekursiven Charakter: Sie setzen voraus, dass die Entscheidungspersonen vorhergehende Erfahrungen und Wahrnehmungen verarbeiten und Position zu ihnen beziehen. Somit sind Entscheidungen implizit mit bewertenden Vorgängen verknüpft. Evaluation macht diesen impliziten Bewertungsvorgang explizit und reichert ihn mit Daten an, um mehr Rationalität bei Entscheidungen zu ermöglichen und diese nicht allein der sozialen Dynamik von Konflikten, Interessen, Zufällen etc. zu überlassen (zur Konstituierung von Entscheidungen in Organisationen vgl. Berger/Bernhard-Mehlich 2002). Der Evaluation kann somit die elementare Funktion zugesprochen werden, Rationalitätslücken und -grenzen bei der Entscheidungsfindung zu reduzieren.

„Organisationen und Evaluation stehen also in einem symbiotischen Verhältnis zueinander – die in Organisationen zu treffenden Entscheidungen erhalten durch Evaluation legitimatorischen Rückhalt, und Evaluation findet in Organisationen Adressaten, die an der praktischen Verwendung ihrer Ergebnisse interessiert sind." (Kuper 2005, 73)

2.3 Evaluation und Professionalität in der Sozialen Arbeit

Der Grundgedanke von Evaluation findet sich bruchlos in den Grundprinzipien professionellen Handelns wieder: Professionelles Handeln ist methodisch angeleitetes Handeln; dazu zählt die systematische Überprüfung der dem Handeln zugrunde liegenden Annahmen, der einzelnen Handlungsschritte und der mit den praktizierten Verfahren und Handlungsschritten hervorgerufenen Effekte und Nebenfolgen. Ohne an dieser Stelle im Einzelnen auf die verschiedenartigen Aspekte professionellen Handelns in der Sozialen Arbeit eingehen zu können (vgl. Heiner 2010; Hörster/Müller 1997; Schütze 1997; v. Spiegel

Evaluation als Teil methodischen Handelns

2008), dürften folgende Mindestvoraussetzungen für professionelles Handeln unbestritten gelten: der Entwurf zielorientierter Handlungsstrategien, die während und nach der Umsetzung auf ihre Angemessenheit und die erzielten Ergebnisse überprüft und gegebenenfalls in Hinblick auf bessere Zielerreichung optimiert werden. Diese Schritte erfolgen geplant und methodisch systematisiert, nicht „zufällig und gefühlt aus dem Bauch heraus". Insofern bildet Evaluation ein zentrales Element und bedeutsames Instrumentenbündel zur Herausbildung professionellen Handelns in der Sozialen Arbeit, und zwar, wie bereits in Kapitel 1.2 vermerkt, nicht als Synonym für unterschiedliche Prüfungs- und Bewertungsvorgänge, sondern als ein eigener, abgegrenzter methodischer Arbeitsschritt. Zugespitzt formuliert: Ohne Evaluation bleibt das Handeln in professioneller Hinsicht lückenhaft, es zeigt Einbußen an Professionalität.

„Strukturelle Unsicherheit" erfordert Evaluation

Gerade in der Sozialen Arbeit sind die Organisationen und die in ihnen tätigen Fachkräfte zur Aufrechterhaltung von Professionalität in besonderer Weise angewiesen. Denn die Struktur der Anforderungen, mit denen Organisationen und Fachkräfte konfrontiert werden, ist elementar durch das Merkmal „Unsicherheit" geprägt. Organisationen der Sozialen Arbeit müssen Hilfepotenziale organisieren für Situationen, deren Umrisse die Akteure zwar kennen, die aber in den konkreten Einzelfällen stark divergieren. Häufig ist zu Beginn einer Hilfe nicht einmal das Problem eindeutig bestimmbar; es kann in mehreren Interpretationen verstanden werden, muss als Problemdefinition zwischen verschiedenen Beteiligten ausgehandelt werden, und auch dann bleibt die Problemdefinition immer noch eine vorläufige Hypothese, die im Hilfeverlauf immer wieder überprüft werden muss (beispielhaft an der Hilfeplanung bei den Erziehungshilfen vgl. Merchel 2006). Routinehandeln ist dementsprechend in der Sozialen Arbeit nur in engen Grenzen möglich. Routinehaftigkeit bei den Handlungsvollzügen ist meist schädlich, weil dadurch die erforderliche Individualität und Flexibilität in der Hilfegestaltung verloren gehen. Die Akteure der Sozialen Arbeit müssen sich bewusst sein, dass bei einem Großteil ihrer beruflichen Aufgaben „die sinnhaften Handlungsentwürfe, die das Handeln orientieren, sich zeitlich auch in Ungewissheit, sozial auch in der Fremde und sachlich auch im Unbestimmten bewegen" (Hörster 1995, 38). Professionalität in der Sozialen Arbeit bedeutet somit auch, kompetent mit Unsicherheit umgehen und dabei eine eigene, durch Sensibilität, Aufmerksamkeit und Reflexion geprägte Handlungssicherheit gewinnen zu können. Zur Bewältigung dieser partiell paradoxen Anforderung, eine begrenzte Handlungssicherheit in einem strukturell durch Ungewissheit geprägten Anforderungsfeld herauszubilden, hat Evaluation ihren Stellenwert als methodische Reflexionshilfe. Evaluation kann helfen, einen Teil von Ungewissheit zu absorbieren, ohne dies gleich mit überzogenen und daher trügerischen Gewissheitserwartungen zu verwechseln.

Offenheit gegenüber Evaluation und das aktive Streben nach Evaluation sind als Bestandteil einer „professionellen Haltung" zu proklamieren. Die Bereitschaft, den Nutzen des eigenen Handelns zu überprüfen, stärkt die professionelle Autonomie. „Sie ermutigt dazu, Schwächen nicht zu verstecken, sondern die Bedingungen zu benennen, unter denen sie entstehen und abgebaut werden können." (Müller 2000, 230) Akteure mit einer solchen professionellen Haltung versprechen sich von Evaluation „wertvolle Daten". Dies sind solche Daten, „die genauere Beschreibungen zulassen, die unterschiedliche Perspektiven sichtbar machen, die komplementäre Sichtweisen (insbesondere zwischen professionellen Dienstleistungen und ihren Adressaten)" in einen Dialog miteinander bringen (Müller 2000, 230). In diesem Sinne stellt Evaluation nicht nur Methoden und Instrumente zur Professionalisierung Sozialer Arbeit zur Verfügung, sondern das der Evaluation zugrunde liegende Prinzip des Überprüfens und Bewertens mittels systematischer Informationssammlung markiert ein wichtiges Element einer „professionellen Haltung" und ist somit als ein Bestandteil von Professionalität in der Sozialen Arbeit anzusehen. Evaluation ist nicht nur ein Reflex der Anforderungen von außen, mit denen Organisationen und Fachkräfte konfrontiert werden, sondern ist als ein weiterer Baustein in der „inneren Professionalisierung" der Sozialen Arbeit zu interpretieren.

Professionelle Haltung

2.4 Zusammenfassung in Leitsätzen und Fragen zur Analyse der Erwartungen an eine Evaluation

- Dass Evaluation eine zunehmende Bedeutung erhalten hat und weiterhin erhält, verweist auf den Bedarf an verbesserter Orientierung in Zeiten gesellschaftlicher Veränderungen und zunehmender Ressourcenknappheit. Bei sich ausweitenden und dynamisch verändernden sozialen Problemsituationen, die knappe oder reduzierte Ressourcen treffen, bemüht man sich verstärkt um Verfahren einer rationalen Entscheidungsfindung. Von Evaluation erhofft man sich einen solchen Rationalitätsgewinn zum Zweck der verbesserten politischen, fachbezogenen und administrativen Steuerung.

Rationalitätsgewinn in Zeiten der Ressourcenknappheit

Professionelle Handlungsstrukturierung

- Die wachsende Bedeutung von Evaluation verweist auch auf Verunsicherungen in der Profession selbst und auf ein Bedürfnis nach stärkerer Strukturierung der Arbeit. Evaluation bietet Hilfsmittel zur Reflexion und zur Handlungsstrukturierung sowie in der Folge eine verbesserte Legitimation der Profession.

Funktionen

- Der Evaluation werden vier zentrale Funktionen zugeschrieben: Erkenntnisgewinne für Steuerungsentscheidungen, Kontrolle, Förderung von Entwicklungen und die Legitimation durchgeführter Maßnahmen. Evaluationen erhalten ein Profil durch die Entscheidung darüber, welcher dieser vier Funktionen Priorität zugesprochen werden soll. Ohne eine funktionsbezogene Profilentscheidung drohen Evaluationen an ausgeweiteter Komplexität oder an Widersprüchen und zu großen Spannungen zwischen den einzelnen Funktionen zu scheitern.

Verbindung von Evaluation und Entscheidung

- Die vier Funktionen laufen in der zentralen Anforderung an Evaluation zusammen: Informationen bereitstellen für praktisch folgenreiche Entscheidungen. In der Verbindung von Evaluation und Entscheidung zeigen sich der verwertungsorientierte Charakter und die organisationale Eingebundenheit von Evaluation.

Notwendige Offenheit gegenüber Evaluation

- Ohne Evaluation bleibt das Handeln in professioneller Hinsicht lückenhaft, es zeigt Einbußen an Professionalität. Die strukturell mit Unsicherheit und Ungewissheit verbundenen Aufgaben in der Sozialen Arbeit erfordern eine Offenheit gegenüber Evaluation und ein aktives Streben nach Evaluation als Teil einer professionellen Haltung.

Evaluation als wertgeprägter Vorgang

In der bisherigen Darstellung dürfte deutlich geworden sein, dass und in welcher Intensität Evaluation von Wertsetzungen durchzogen ist. Die Wertprägung von Evaluation zeigt sich nicht nur in der Bewertungsdiskussion zum Gegenstand der Evaluation, die aus den Evaluationsergebnissen folgt, sondern wertende und mit Interessen verbundene Entscheidungen fallen bereits bei Funktions- und Zielbestimmung der Evaluation an. Sie durchziehen den gesamten weiteren Evaluationsprozess von der genauen Konturierung des Evaluationsgegenstandes über die Formulierung der zentralen Evaluationsfragestellung und die Auswahl der Datenerhebungsmethoden bis hin zur Entscheidung darüber, in welchen Konstellationen und vor welchem Publikum die Evaluationsergebnisse präsentiert werden sollen. Bei der Konzipierung einer Evaluation sollten daher die Erwartungen, Interessen und Wertbezüge der mittelbar und unmittelbar Beteiligten transparent gemacht werden. Das Bemühen um eine diesbezügliche Transparenz erleichtert Erörterungen und Entscheidungen für ein realistisches, die Risiken und Chancen abwägendes Evaluationskonzept. Folgende *Fragen* können *für die Analyse von Erwartungen, Interessen und Werthaltungen* hilfreich sein:

- Sind diejenigen, die ein Interesse an der Evaluation haben oder die an der Evaluation mittelbar oder unmittelbar beteiligt sind, eher an einer Legitimation oder eher an einer kritischen Aufarbeitung und Qualitätsentwicklung interessiert? Bestehen diesbezüglich bei den Beteiligten Interessendivergenzen oder unterschiedliche Interessenpositionen?
- Welche der vier genannten Funktionen von Evaluation steht bei welchem Interessenträger im Vordergrund und bei welchen Interessenträgern bestehen Mischungsverhältnisse oder Ambivalenzen zwischen den vier Funktionserwartungen?
- Nehmen die unterschiedlichen Interessenträger und Beteiligten die verschiedenartigen Interessenschwerpunkte und Blickwinkel wahr, die auf die Evaluation einwirken, und wie werden diese Wahrnehmungen im Diskussionsprozess verarbeitet?
- Welche Erwartungen und Interessen werden explizit geäußert, und welche impliziten Erwartungen können aufgrund welcher Wahrnehmungen bei unterschiedlichen Akteuren vermutet werden?
- Durch Evaluation wird in der Regel ein höheres Maß an Transparenz geschaffen, womit erweiterte Möglichkeiten der Kontrolle einhergehen: Wie stark ist der Kontrollaspekt in den Erwartungen einzelner Akteure vorhanden und wie gehen die verschiedenen Beteiligten mit diesen Kontrollerwartungen und -interessen um?
- Erwartungen zeigen sich oft insbesondere in einem Evaluationsauftrag. Wer hat einen Evaluationsauftrag formuliert und welche Erwartungen sind in der Auftragsformulierung (explizit und implizit) enthalten? Wie nehmen die unterschiedlichen Beteiligten den Evaluationsauftrag wahr und in welchem Verhältnis sehen sie den Auftrag zu ihren Interessen und Wertsetzungen?
- Wie ist das Verhältnis von Erwartungen und Interessen, die aus dem Umfeld der Organisation geäußert werden, zu den organisationsintern vorhandenen Erwartungen und Interessen? Wie werden mögliche Differenzen zwischen diesen Interessenbündeln verarbeitet?
- Welche Wertpräferenzen spiegeln sich in den Erwartungen und Interessen der Beteiligten oder Beteiligtengruppen und welche Auswirkungen dieser Wertpräferenzen können auf den Evaluationsprozess vermutet werden?

3 Formen und inhaltliche Schwerpunkte in der Evaluation

Die Erwartungen, die entsprechend der Entscheidung zu einem Funktionsprofil an eine Evaluation gerichtet werden, werden in bestimmten Formen der Evaluation konzeptionell und methodisch konkretisiert. Diese Formen der Evaluation lassen sich differenzieren nach

- Zwecken einer Evaluation: eher summativ oder eher formativ (Kap. 3.1);
- Arten der Evaluation: Verfahren innerhalb der Organisation (intern) oder Verfahren, bei denen Personen außerhalb der Organisation mit der Evaluation beauftragt werden (extern) – eher als Fremdevaluation oder eher als Selbstevaluation (Kap. 3.2);
- inhaltlichen Schwerpunkten der Evaluation: gerichtet auf Konzepte, Strukturen, Prozesse oder Ergebnisse (Kap. 3.3).

Die Festlegung der Formen und Inhalte ist mitentscheidend dafür, welche Fragestellungen für die Evaluation ausgewählt, welche Daten für erforderlich gehalten, welche Instrumente für die Datenerhebung konstruiert und eingesetzt werden und in welchen sozialen oder organisationalen Rahmen die Verfahrensschritte der Evaluation eingebettet werden sollen.

3.1 Differenzierung nach Zwecken einer Evaluation

In der Evaluationsmethodologie unterscheidet man zwischen zwei Zweck-Typen:

- den Typus der summativen (bilanzierenden) Evaluation und
- den Typus der formativen (gestaltenden) Evaluation.

Zweck einer summativen Evaluation

Bei der *summativen Evaluation* geht es um eine Einschätzung zu Verlauf, Ergebnissen und Wirkungen eines Programms. Typische Fragestellungen für eine summative Evaluation sind beispielsweise: Hat ein (Modell-)Projekt (z. B. Einführung von Mediationsmethoden in den Arbeitsalltag einer Erziehungsberatungsstelle oder partielle Umstellung der Kostensteuerung in einem Jugendamt von der zentralen Abteilung auf die einzelnen ASD-Teams) die erhofften Effekte gebracht? Haben sich die Erziehungskompetenzen derjenigen Eltern, die an einem Kursprogramm einer Familienbildungsstätte teilgenommen haben, deutlich verändert im Vergleich zu Eltern, die nicht an einem solchen Programm teilgenommen haben? Konnten die zu Beginn des Programms geplanten Arbeitsschritte umgesetzt werden und wie zufrieden sind unterschiedliche Beteiligte mit dem Programmverlauf? Haben sich durch die Umstellung der Arbeitstruktur die Arbeitsanforderungen und die Zufriedenheit der Mitarbeiter verbessert? Welche Nebeneffekte hat die Umstellung der Arbeitsstruktur mit sich gebracht?

Die summative Evaluation richtet sich in der Regel auf folgende Sachverhalte, die aus dem Blickwinkel am Ende einer Maßnahme oder eines Programms untersucht werden:

Untersuchungsgegenstände bei summativer Evaluation

- Angemessenheit der strukturellen Bedingungen des Programms;
- Übereinstimmung des realen Verlaufs mit dem geplanten Verlauf und Bewertung der einzelnen Prozesselemente (im Hinblick auf sachliche Kriterien und die Zufriedenheit der jeweils im Verlauf beteiligten Personen / Gruppen);
- (intendierte und nicht intendierte) Effekte des Programms im Hinblick auf die Adressaten, die Organisation selbst und das Umfeld der Organisation;
- Wirtschaftlichkeit hinsichtlich der Durchführung und der erzielten Effekte, also Aufwand-Nutzen-Verhältnis.

Bei der summativen Evaluation geht es darum, die Erfahrungen, die die Beteiligten und Adressaten und gegebenenfalls das Umfeld mit einem Programm gesammelt haben, systematisch zu erfassen und eine datenbasierte Auswertung zu ermöglichen. Eine summative Evaluation erfolgt häufig direkt im Anschluss an ein (vorläufig) beendetes Programm, kann oder sollte jedoch darüber hinaus auch zu späteren Zeitpunkt erfolgen, um die Nachhaltigkeit von Effekten und eventuell später auftretende Nebenfolgen zu erkunden. Ein methodisches Problem ergibt sich dann allerdings aus dem zeitlichen Abstand der Nachfolge-Evaluation zum Programmende: Je später der Zeitpunkt einer Nachfolge-Evaluation liegt, desto mehr Faktoren sind in Rechnung zu stellen, die den Zusammenhang zwischen Programm und Effekten, den man am Ende eines Programms noch als einigermaßen plausibel annehmen konnte, nun als brüchig erscheinen lassen.

Zeitpunkte einer summativen Evaluation

Summative Evaluationen werden meist eingesetzt, um am Ende eines Programms (Modellprojekt, zeitlich begrenzte Maßnahmen, Einführung

Schwerpunkte bei formativen Evaluationen

neuer Methoden oder Angebote mit einer zunächst vorgenommenen zeitlichen Befristung) Entscheidungshilfen für die Diskussion zur Fortführung, Modifikation oder Beendigung des Programms zu erhalten.

Demgegenüber dienen *formative Evaluationen* der Rückmeldung innerhalb des Programmverlaufs. Der Schwerpunkt der formativen Evaluation liegt auf dem Prozess und den Zwischenergebnissen, die mit einzelnen Stadien des Prozessverlaufs verbunden sind. Die am Programm (unmittelbar und mittelbar) Beteiligten sollten über den Programmverlauf und über Zwischenergebnisse Rückmeldung erhalten mit dem Ziel, die Akteure bei ihrem Bemühen um eine kontinuierliche Verbesserung oder Veränderung ihres Handelns zu unterstützen. Es geht um prozessbezogene Programmsteuerung. Beispielhafte Fragestellungen für eine formative Evaluation sind: Haben sich unsere Annahmen über die Entwicklung der Probleme und die Wünsche unserer Adressaten, die zur Veränderung der Angebote in unserem Jugendzentrum geführt haben, als richtig erwiesen? Wie zufrieden sind die Eltern und die beteiligten Kursleiterinnen mit dem ersten Teil unseres Familienbildungsprogramms und auf welche methodischen Probleme muss bei den beiden weiteren Teilen in besonderer Weise geachtet werden? Welche genauen Methoden wurden von den einzelnen ASD-Kollegen zur Verbesserung der Adressatenbeteiligung in der Hilfeplanung angewendet und welche Erfahrungen haben sie dabei im Hinblick auf eine differenzierte Beteiligung der unterschiedlichen Adressaten (Eltern bzw. Elternteile, Kind / Jugendlicher) gemacht? Wie weit ist das abgesprochene Programm zur strukturierten Hausaufgabenbetreuung bei den einzelnen Teams in einer größeren Einrichtung der Heimerziehung fortgeschritten? Auch bei Prozessen der bewussten und umfassenderen Organisationsveränderung („Organisationsentwicklung") wird eine formative, den Veränderungsprozess begleitende Evaluation eingesetzt. Die Programmbeteiligten erhalten Informationen zur Diskussion solcher Fragen während der Programmumsetzung, damit sie gegebenenfalls korrigierend in den Programmverlauf eingreifen können.

Überlagerungen und Übergänge

Die Unterscheidung zwischen summativer und formativer Evaluation markiert eine relativ grobe Differenzierung hinsichtlich des zentralen Zwecks der Evaluation. Sie erlaubt eine Identifizierung der generellen Ausrichtung, sie markiert Tendenzen, deren sich die Akteure bei der Konzipierung einer Evaluation bewusst sein sollten. Allerdings bestehen vielfältige Überlagerungen und Übergänge, die eine präzise Zuordnung einer Evaluation zu einem der beiden Zwecktypen erschweren. So kann man z. B. bei der Evaluation eines Sprachförderungsprogramms, das in einer Kindertageseinrichtung zunächst für ein halbes Jahr erprobt werden sollte, um dann über die Weiterführung dieses Programms oder die Erprobung eines methodisch anderen Programms zu entscheiden, im Hinblick auf dieses Programm einen summativen Zweck identifizieren; denn es geht um eine „Bilanz" zum Einsatz dieser Sprachförderungsmethode. Nimmt man jedoch das gesamte Bemühen der Einrichtung um eine Intensivierung der Sprachförderung in den Blick, kann man den Zweck der Evaluation auch als formativ interpretieren, denn die Evaluation der einen Methode dient dem Zweck, darüber entscheiden zu können, ob die Sprachförderung in dieser oder einen anderen methodischen Ausrichtung praktiziert werden soll. An diesem Beispiel wird deutlich, dass aus verschiedenen Blickwinkeln Evaluationen in der einen oder anderen Zweckrichtung interpretiert werden können. Eine Evaluation folgt grundsätzlich eher einer summativen oder eher einer formativen Zweckausrichtung, jedoch gibt es einen Überlagerungsbereich, bei dem je nach Blickwinkel unterschiedliche interpretatorische Zuordnungen möglich sein können. Die Interessenträger und Beteiligten an einer Evaluation sollten sich jedoch möglichst klar darüber werden, zu welcher der beiden Zweckorientierungen sie tendieren, da diese Auswirkungen für das zu entwerfende Evaluationskonzept haben.

3.2 Differenzierung nach Arten der Evaluation

Evaluationsarten lassen sich entlang von zwei Unterscheidungsmerkmalen differenzieren, die sich zwar überlagern, aber verschiedene Aspekte in den Blick nehmen:

- eine Unterscheidung nach der Position derjenigen Personen, die die Evaluation durchführen: interne oder externe Evaluation;
- eine Unterscheidung nach dem Verhältnis der Evaluationspersonen zu dem zu evaluierenden Gegenstand: Fremdevaluation oder Selbstevaluation.

Die Differenzierung nach Arten oder grundlegenden Arrangements von Evaluation lässt sich in einem Schaubild plausibel machen (s. Abb. 2).

44 Formen und inhaltliche Schwerpunkte in der Evaluation

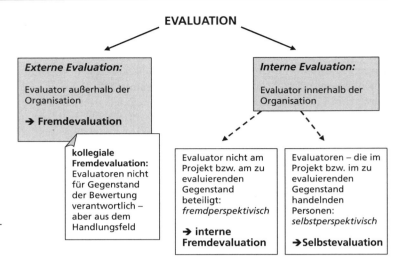

Abb. 2: Unterscheidung von Evaluationsarten

Evaluation kann sowohl von externen Personen und/oder Organisationen (*externe Evaluation*) als auch in internen Konstellationen von Mitgliedern der zu evaluierenden Organisation (*interne Evaluation*) gesteuert werden. Entscheidet man sich für eine interne Form der Evaluation, so kann auch hier das Setting der Evaluation stärker „fremdperspektivisch" oder stärker „selbstperspektivisch" angelegt werden (wobei die Grenzen zwischen beiden nicht trennscharf sind):

- „Fremdperspektivische Evaluation liegt dann vor, wenn eine interne Evaluatorin beauftragt wird, für Programme oder Angebote der Organisation eine Evaluation zu planen und durchzuführen (*interne Fremdevaluation*)." (Beywl/Heiner 2000, 115) Solche internen Fremdevaluationen können ausgehen und gestaltet werden von der Leitungsebene, von Personen in Stabsstellen (Qualitätsbeauftragte, Assistenten der Geschäftsführung, Jugendhilfeplaner in Jugendämtern etc.), von Personen mit internen Beratungsfunktionen (Fachberatern) oder von eigens zu diesem Zweck mit zeitlicher Befristung in der Einrichtung eingestellten Fachkräften. Bei der internen Fremdevaluation wird die Evaluatorenrolle also von einer Person wahrgenommen, die zwar Organisationsmitglied ist, aber in den zu evaluierenden Handlungsalltag kaum integriert ist. Je nach Evaluationsauftrag und je nach Positionierung der Evaluatoren im Rollengefüge der Organisation werden diese von den betroffenen Organisationsmitgliedern stärker als Unterstützer oder stärker als Kontrolleure wahrgenommen.
- „*Selbstperspektivische Evaluation* wird von den Fachkräften parallel zu ihrer Arbeit geplant und ausgeführt." (Beywl/Heiner 2000, 116). Die Fachkräfte erforschen unter von ihnen selbst ausgewählten Gesichtspunkten ihre eigene Praxis. Sie verfolgen dabei das Ziel, die eigene praktische Arbeit

zu optimieren. Sie bedienen sich dazu des methodischen Repertoires aus der empirischen Sozialforschung und passen dies dem Untersuchungsgegenstand und ihrem Erkenntnisinteresse an. Sowohl die Konzipierung und die Durchführung als auch die Auswertung der Untersuchung erfolgen durch die betroffenen Fachkräfte selbst bzw. in Steuerung und Verantwortung der betroffenen Fachkräfte. Eine Differenzierung in Evaluatorenrolle und alltagsbezogene Handlungsrolle erfolgt nicht. Dieses Arrangement wird mit dem Begriff der *Selbstevaluation* gekennzeichnet.

Eine spezielle Konstellation innerhalb des Typus der Fremdevaluation ist mit der „*kollegialen Fremdevaluation*" gegeben: Diese Evaluationen werden „einerseits primär von Fachkräften aus demselben Handlungsfeld durchgeführt… (Aspekt der Kollegialität), die andererseits für den jeweiligen Gegenstand der Bewertung nicht unmittelbar verantwortlich, also beispielsweise in anderen Einrichtungen tätig sind (Aspekt der Fremdheit)." (Projekt eXe 2008, 7)

Mit den genannten Unterscheidungen lassen sich verschiedene Evaluationsarrangements voneinander abgrenzen, aber wie bei den meisten Differenzierungen sind auch hier Übergänge möglich, die die Trennschärfe etwas einschränken. Fließende Übergänge zwischen interner und externer Evaluation bestehen z. B., wenn in einer Einrichtung eine Fachkraft neu eingestellt wird, die Evaluationskompetenz besitzt, und wenn diese Kompetenz gleich nach Stellenantritt genutzt wird, indem diese Fachkraft mit der Evaluation einer Abteilung beauftragt wird. Auch wenn eine solche Konstellation als höchst problematisch im Hinblick auf die Einarbeitung und das Hineinkommen der neuen Fachkraft in den Kollegenkreis gewertet werden muss, so ist doch unter der hier interessierenden Frage der Evaluationsarrangements festzuhalten, dass in dem Beispiel ein noch „fremder Blick" für eine interne Evaluation genutzt werden soll und daher die Trennschärfe zwischen den beiden Arrangements aufgeweicht wird. Eine Aufweichung der Grenzen wäre – aus der anderen Richtung – auch bei einem anderen Beispiel der Fall: wenn ein formal externer Evaluator häufiger in einer Organisation tätig wird, dadurch relativ gute Kenntnisse erhält über die internen Mechanismen der Organisation und des Arbeitsfeldes und dadurch partiell zu einem Mitglied des Systems wird (Landert 1996).

Übergänge zwischen Evaluationsarrangements

Die Vor- und Nachteile, die Chancen und Risiken der verschiedenen Evaluationsarrangements sind bei der Wahl und bei der methodischen Konzipierung einer Evaluation sorgfältig abzuwägen (s. Tab. 1).

Vor- und Nachteile externer Evaluation

Formen und inhaltliche Schwerpunkte in der Evaluation

Tab. 1: Vor- und Nachteile externer Evaluation

EVALUATION (EXTERN)	
VORTEILE / CHANCEN	**NACHTEILE / RISIKEN**
• soziale Unabhängigkeit: unbelastet von der internen Dynamik einer Organisation • fachliche Unabhängigkeit: nicht in die internen Handlungsmuster und Interpretationen eingebunden; dadurch kritischer Blick möglich • aufgrund der Unabhängigkeit Glaubwürdigkeit nach außen • gute methodische Evaluationskompetenz – dadurch Untersuchung komplexer Fragestellungen möglich	• durch geringe Kenntnis des Handlungsfeldes und der Organisation: mangelnde Anschlussfähigkeit und Akzeptanz der Evaluationsergebnisse und der damit verbundenen Interpretationen • Hindernisse bei den Schlussfolgerungen und bei der praktischen Umsetzung der Ergebnisse • Einschränkungen in der Unabhängigkeit durch die Auftragsvergabe (Leitung, externe Interessenträger) • zusätzliche Kosten

Eine externe Evaluation erhält ihr Leistungsprofil insbesondere durch die (relative) Unabhängigkeit der Evaluatoren, die eine kritische Beobachtung und ein Feedback aufgrund einer Außensicht ermöglicht. Externe Evaluatoren können Fragen stellen und diese stringenter verfolgen, die aus einer Innensicht möglicherweise viel vorsichtiger oder gar nicht bearbeitet würden. Ihre Interpretationen sind nicht so stark überformt von einem Blick, den die Akteure innerhalb der Organisation bereits in langen Jahren eingeübt haben und der zu „blinden Flecken" geführt hat. Ferner sind Interpretationen weniger beeinflusst von den internen sozialen Arrangements (Nicht-Thematisierung bestimmter Aspekte zur Konfliktvermeidung, begrenzte Ansprechbarkeit von Problemen aufgrund von Hierarchie oder anderweitiger interner Machtverteilung etc.), die die Erörterung bestimmter Fragestellungen über einige Zeit erschwert haben. Externe Evaluatoren haben es leichter, mit ihren Evaluationsergebnissen die Organisation und ihre Akteure zu irritieren und dadurch Impulse für eine Weiterentwicklung von Konzepten und Handlungsweisen zu setzen – insbesondere dann, wenn sie als Evaluationsexperten methodisch kompetent und in dieser Hinsicht wenig angreifbar arbeiten. Ihre Unabhängigkeit kann ihnen ein hohes Maß an Glaubwürdigkeit verschaffen, was vor allem dann wichtig ist, wenn die Evaluationsergebnisse im politischen Raum verwendet werden sollen (z. B. für eine Entscheidung zur Fortführung / Weiterfinanzierung eines Projekts, zur Diskussion von Wirkungen / Effekten bei umstrittenen Einrichtungen, Angeboten und / oder Maßnahmen). Der Nachteil der Unabhängigkeit von Evaluationsexperten liegt darin, dass Evaluatoren immer anfällig sind für die Kritik, dass sie zu wenig Kenntnisse von der Organisation mit ihrer Geschichte und ihrer inneren Dynamik sowie möglicherweise von den Spezifika des Handlungsfeldes hätten und damit zweifelhafte Interpretationen lieferten. Die Akteure innerhalb der Organisation finden dann viele Gründe, um die Evaluationsergebnisse nicht zu akzeptieren und diese nicht an sich herankommen zu lassen. Der „fremde Blick" kann eben auch Angst machen und wird dann abgewehrt, bisweilen mit der Folge, dass der Aufwand, mit dem man die Evaluation durchgeführt hat, verpufft, weil kaum Konsequenzen aus den Evaluationsergebnissen gezogen werden und die Evaluation somit praktisch folgenlos bleibt. Da externe Evaluation immer einen Auftrag voraussetzt und dieser bisweilen mit inhaltlichen Akzentuierungen versehen wird, muss auch im Einzelnen geprüft werden, ob bzw. wie weit die vermeintliche Unabhängigkeit der Evaluatoren durch die Konstellation der Auftragsvergabe (z. B. Leitung oder externe Interessenträger als Auftraggeber) eingeschränkt ist.

Tab. 2: Vor- und Nachteile der Selbstevaluation

SELBSTEVALUATION	
VORTEILE / CHANCEN	**NACHTEILE / RISIKEN**
• Subjektstatus der Praxisakteure auch bei Evaluation: „Forscher in eigener Sache" (Heiner) • Bearbeitung praxisrelevanter Fragen mit unmittelbarem Nutzen für die Praktiker • Förderung von Selbstreflexion und konzeptioneller Kompetenz bei den Fachkräften • schnelle Rückmeldung – produktiv für eine Prozessbegleitung • höhere Akzeptanz bei den Fachkräften • geringe Zusatzkosten	• Einschränkung von Erkenntnismöglichkeiten durch geringe Distanz zum untersuchten Gegenstand • Begrenzung auf Wissens- und Erfahrungshorizont der Praxisakteure • Gefahr des Ausblendens kritischer Fragen • relativ geringe Außenwirkung • Überforderung durch mangelnde methodische Kompetenz in Evaluationsfragen • Dominanz der Mitarbeiterperspektive gegenüber Adressaten und anderen Interessenträgern

Vor- und Nachteile der Selbstevaluation

Selbstevaluation überwindet den Objektstatus der Praxisakteure, der ihnen bei der Fremdevaluation zukommt. Indem sie nicht nur Handlungsverantwortliche in ihrer Praxis, sondern auch Subjekte bei der Untersuchung und Bewertung dieser Praxis sind, wählen sie solche Fragestellungen für die Evaluation, von deren Ergebnissen sie sich Schlussfolgerungen für ihr Alltagshandeln versprechen. Der Umgang mit Methoden und Vorgehensweisen der Selbstevaluation erhöht ihre reflexive Kompetenz und ihre Fähigkeiten zur Konzeptionsentwicklung. Die Einbindung von Selbstevaluation in den Alltag der Organisationen und der Akteure zieht nicht nur ein günstiges Kosten-Nutzen-Verhältnis für die Evaluation nach sich, sondern bewirkt auch, dass die Akteure den Evaluationsverlauf so planen, dass die Ergebnisse dann vorhanden sind, wenn sie benötigt werden. Die bessere zeitliche Abstimmung zwischen Evaluationsverfahren und Informationsbedarf der Praxis ist ein weiterer Aspekt, der sich auf die Akzeptanz von Selbstevaluation bei Praxisakteuren förderlich auswirkt.

Rollensituation bei Selbstevaluation

Die Begrenzungen der Selbstevaluation sind vor allem in der Rollensituation der beteiligten Fachkräfte begründet:

„Die Fachkraft, die mit Adressatinnen oder Adressaten arbeitet, agiert als verantwortungsbewusste, auf die Lösung von lebenspraktischen Problemen abzielende Teilnehmer/-in. Da man nicht gleichzeitig verantwortungsbewusst teilnehmen und distanziert beobachten kann bzw. nicht ohne weiteres die Rollen wechseln kann, ist jede Selbstevaluation in sachlicher, zeitlicher, und sozialer Hinsicht an die Teilnehmerrolle gebunden." (Berg-Lupper/Lüders 2008, 51)

In dieser Rolle wird es schwer, die für Evaluation notwendige Distanz zu erzeugen. Einerseits wird an jede Fachkraft die Anforderung einer „professionellen Distanz" gerichtet: Sie darf sich emotional nicht zu sehr von der Situation vereinnahmen lassen, und sie soll sich selbst, die Situation und ihr Handeln beobachten können. Die Umsetzung der erstgenannten Anforderung wird in der Regel in Arrangements der Supervision oder des Coaching bearbeitet. Für die zweitgenannte Anforderung ist kollegiale Beratung die „klassische" Bearbeitungsform, zu der Selbstevaluation unterstützend hinzutreten kann: Sie bietet Verfahren und Instrumente, die die geforderte Beobachtung und Distanznahme ermöglichen sollen. Andererseits steht jedoch tatsächlich in Frage, ob das für Evaluation notwendige Maß an Distanz zum Gegenstand jeweils ausreichend erzeugt werden kann. Damit ist nicht nur ein methodisches Problem angesprochen, sondern gleichermaßen ein Haltungsproblem: der Bereitschaft zur selbstkritischen Auseinandersetzung mit dem eigenen Handeln und der Fähigkeit, verschiedenartige Perspektiven in der Evaluation zum Tragen kommen zu lassen. Denn „bei allen Selbstevaluationsansätzen besteht die Gefahr, dass sich ohne den fremden Blick Außenstehender die Betriebsblindheit noch verstärkt, Routinen unreflektiert perpetuiert werden und die Selbstrechtfertigung Triumphe feiert." (Heiner 1996, 43) Das Risiko des nur begrenzt kritischen Blicks wird durch die Dominanz der Mitarbeiterperspektive verstärkt: Wenn Mitarbeiter zu „Forschern in eigener Sache" werden, besteht die Gefahr, dass die möglichen Sichtweisen anderer Beteiligter (Adressaten und weiterer Interessenträger) gegenüber der Sichtweise und den Interessen der Mitarbeiter an den Rand gedrängt werden. Auch darf die Außenwirkung bei Selbstevaluation nicht zu hoch veranschlagt werden: Es bleibt immer ein Verdacht hinsichtlich mangelnder Objektivität in der Anlage der Untersuchung und bei der Verarbeitung der Ergebnisse. Die mangelnde Vertrautheit und Erfahrung mit der Konzipierung von Evaluationen und der Konstruktion von Untersuchungsinstrumenten bei den sich selbst evaluierenden Fachkräften werden vor allem dann ein Risiko, wenn Selbstevaluation nur als temporäre Ausnahme im Alltagsgeschäft von Organisationen praktiziert wird: nur rudimentäre methodischen Erfahrungen gesammelt werden können und in einer Organisation keine Form der fachlichen Evaluationsberatung (z.B. durch Leitung oder durch einen entsprechend fortgebildeten kompetenten „Evaluationsexperten") geschaffen wird, die die Fachkräfte bei ihren Evaluationsbemühungen unterstützen könnte.

Die bisher in mehreren Sammelbänden veröffentlichten Beispiele für Selbstevaluationen deuten auf ein weiteres Problem hin, das bereits in Kapitel 1.2 angesprochen wurde: Gerade bei der Selbstevaluation werden die Grenzen zwischen „Evaluation" und „Bewerten und Reflexion als Bestandteil methodischen Handelns" durchlässig, so dass es bisweilen schwer wird, genauer zu sagen, was das „Besondere", das methodisch Herausfordernde bei der Selbstevaluation im Vergleich zum „normalen professionellen Alltagshandeln" ist. Wenn z.B. strukturierte Verlaufsskizzen zu Gruppentherapien, Zielsetzungsprotokolle in der Beratung, einzelfallbezogene „Zwiegespräche mit Diktiergerät", inhaltliche Analysen von „Gedankenprotokollen" oder die Reflexion von Einzelfallberatung anhand eines Reflexionsbogens mit neun Fragen (Heiner 1994; 1988) als Modus der „Selbstevaluation" hervorgehoben werden, so zeigen solche Beispiele, dass die „Evaluationsinstrumente" weniger für eine empirische Erhebung mit dem Ziel einer breit angelegten (den Einzelfall übergreifenden) Auswertung der Arbeit dienen, sondern eher der besseren methodischen Strukturierung des Handelns im jeweiligen Einzelfall. Das ist ohne Frage ein fachlich zu unterstützender Zweck, jedoch ist fraglich, ob dafür der Begriff der *Selbstevaluation* verwendet werden sollte, dessen Kontur damit nicht gerade geschärft wird (v. Spiegel 1994, 23 ff). Die Konstellation der Selbstevaluation, bei der Praxis und Evaluation sehr eng beieinander liegen, führt zu solchen Grenzaufweichungen, bei denen am Ende bisweilen das evaluationsbezogene Profil verschwimmen kann.

Abgrenzungsprobleme bei Selbstevaluation

Tab. 3: Vor- und Nachteile interner Fremdevaluation

FREMDEVALUATION (INTERN)	
VORTEILE / CHANCEN	**NACHTEILE / RISIKEN**
• relativ hohe Sachkenntnis vom Arbeitsfeld und von der Organisationsdynamik • relative Distanz zu den internen Handlungs- und Interpretationsmustern der Praxisakteure • aufgrund der internen Kenntnis Möglichkeit, anschlussfähige Interpretationen zu liefern und produktive Konstellationen der Ergebnispräsentationen zu finden • verbesserte Möglichkeiten, Evaluationskompetenz in der Organisation auszubilden	• eingeschränkte Unabhängigkeit durch Auftragsmodalitäten (von den Praxisakteuren selbst oder von der Leitung) • eingeschränkte Unabhängigkeit aufgrund der Einbindung in das interne Kooperationsgefüge und in die soziale Organisationsdynamik • Begrenzung der Bereitschaft zu kritischer Interpretation aufgrund „kollegialer Rücksichtnahme"

Vor- und Nachteile interner Fremdevaluation

Bei der internen Fremdevaluation verbinden sich einige Chancen, die sich aus der externen Evaluation ergeben, mit Risiken, die der Selbstevaluation immanent sind. Die Rollendifferenz zwischen Praxisakteuren und Evaluationsakteuren ist bei der internen Fremdevaluation gewahrt. Dies schafft eine relative Distanz mit der Möglichkeit, Ergebnisse und Interpretationen mit Irritationswirkung zu liefern. Dabei ist die Distanz jedoch nicht so groß, dass die Praxisakteure ohne weiteres auf mangelnde Sachkenntnis oder mangelnde Kenntnisse organisationsinterner Muster („du weißt ja nicht, wie es bei uns so läuft") verweisen und mit einem solchen Hinweis die Evaluationsergebnisse ablehnen könnten. Die Hemmnisse zur Akzeptanz der Ergebnisse sind geringer als bei einer externen Evaluation, zumal die internen Evaluatoren aufgrund ihrer Kenntnis der Organisation ihre Ergebnisse und ihre Interpretationen so formulieren und einbringen können, dass sie an vorhandene Denkweisen und Diskussionsstrukturen anschlussfähig sind. Die Chance, dass die Praxisakteure sich mit den Evaluationsergebnissen auseinandersetzen (müssen), ist größer als bei einer externen Evaluation, und die Möglichkeiten, kritische Fragen zu stellen und weniger „betriebsblind" zu agieren, sind aufgrund der Distanz der internen Evaluatoren zu den Praxisakteuren größer als bei einer Selbstevaluation. Gleichzeitig kann innerhalb der Organisation eine höhere Evaluationskompetenz geschaffen werden, wenn die interne Evaluation von entsprechend fortgebildeten Personen mit Querschnittsaufgaben (Planungsaufgaben, Qualitätsbeauftragte oder weitere Funktionen in Stabsstellen) wahrgenommen sowie häufiger und nicht nur in Ausnahmesituationen realisiert wird.

Jedoch bleiben die internen Evaluatoren trotz ihrer partiellen Distanz zum Handlungsfeld und trotz der Rollendifferenzierung Mitglieder der Organisation, in der die Evaluationen stattfinden. Sie sind Bestandteil dieser Organisation und hinsichtlich ihres Status abhängig vom jeweiligen Auftraggeber, mit dem sie auch in anderen Konstellationen kooperieren müssen. Ebenso sind sie abhängig von der internen Organisationsdynamik, die auch ihr Handeln in Richtung eigener strategischer Kalküle beeinflussen kann (Festigung des eigenen Status, strategische Ausrichtung der Evaluation in internen Konflikten, Förderung oder Verhinderung bestimmter Organisationsentwicklungen oder bestimmter fachlich-konzeptioneller Vorstellungen etc.). Nicht zuletzt handelt es sich bei den Evaluatoren auch um Kollegen, deren Bereitschaft zu kritischer Interpretation und allzu großer Irritation durch die von anderen Mitarbeitern implizit vermittelte Erwartung zu einer „kollegialen Rücksichtnahme" beeinflusst werden kann – erst recht, wenn die Evaluatoren in anderen Bezügen auf eine gute Kooperation mit diesen Mitarbeitern angewiesen sind.

KOLLEGIALE FREMDEVALUATION	
VORTEILE / CHANCEN	**NACHTEILE / RISIKEN**
• hohe Sachkenntnis vom Arbeitsfeld • relativ große Distanz zu den internen Handlungs- und Interpretationsmustern der Praxisakteure • relativ große Unabhängigkeit • aufgrund der Fachkenntnis Möglichkeit, fachlich anschlussfähige Interpretationen zu liefern • Einbringen von Perspektiven aus Organisationen mit ähnlichen Aufgaben („von außen") • Zurückdrängen von Machtbezügen zugunsten von egalitären Beziehungen „unter Kollegen"	• Misslingen der Nähe-Distanz-Relation • begrenzte Kenntnis von einer Organisation mit der Gefahr, Erfahrungen aus eigenen Organisationszusammenhängen unreflektiert zu übertragen • Einbindung in ein gemeinsames fach- und sozialpolitisches Feld, ggf. mit entsprechenden Konkurrenzen • relativ hoher Aufwand für die Beteiligten

Tab. 4: Vor- und Nachteile kollegialer Fremdevaluation

Die kollegiale Fremdevaluation ist ein Arrangement, bei dem versucht werden soll, nicht nur die Probleme der Selbstevaluation (insbesondere die Gefahr des Ausblendens kritischer Aspekte) und der externen Fremdevaluation (insbesondere geringe Feldkenntnis mit der Folge methodischer Unzulänglichkeiten und daraus resultierender Akzeptanzprobleme) zu umgehen, sondern darüber hinaus auch noch das Problem der mangelnden organisationalen und mentalen Unabhängig-

Vor- und Nachteile kollegialer Fremdevaluation

keit der internen Fremdevaluatoren zu bewältigen. Der Unterschied zur internen Fremdevaluation liegt darin, dass die Evaluation von außen erfolgt: Die Organisation, die Programme oder Handlungsfelder zur Untersuchung „freigibt", verspricht sich einen Außenblick, der aber dadurch „gemildert" wird, dass dieser Außenblick von Personen kommt, die etwas „von der Sache verstehen", also Fachleute („Kollegen") hinsichtlich des zu evaluierenden Gegenstands sind. Von der guten Sachkenntnis zum Arbeitsfeld, in dem evaluiert werden soll, und von der relativ großen Unabhängigkeit der Evaluatoren erwartet man sich produktive, fachlich anschlussfähige Impulse zur Bewertung und Weiterentwicklung der untersuchten Praxis. Und weil es „Kollegen" sind, soll die Evaluation nicht in einem durch Machtbezüge geprägten sozialen Rahmen, sondern in einem möglichst egalitären Kontext stattfinden, wodurch die Akzeptanz des Verfahrens durch die Beteiligten und Betroffenen sich erhöhen soll. Fremdheit und Kollegialität als Markierungspunkte dieses Evaluationsarrangements verdeutlichen die Eckpunkte der Nähe-Distanz-Relation, die bei jeder Evaluation neu und im Detail auszutarieren ist. „Fremd" sind die Evaluatoren, weil sie selbst nicht als Verantwortliche in der untersuchten Fachpraxis agieren, und „kollegial" sind sie, weil sie ausreichende Fachkenntnisse zum Gegenstand aufweisen, der untersucht und bewertet werden soll (Berg-Lupper/Lüders 2008, 54).

Risiken bei der kollegialen Fremdevaluation bestehen zunächst darin, dass die notwendige Nähe-Distanz-Relation nicht gelingt: wenn „Kollegialität" nicht in erster Linie in sachlicher Hinsicht (gemeinsame Fachkenntnisse zum untersuchten Handlungsfeld) interpretiert wird, sondern vorwiegend in sozialer Hinsicht, als Appell an Zurückhaltung im Bewertungsurteil, oder wenn im Evaluationsteam so viel kollegiale Nähe besteht, dass die Möglichkeiten des „fremden Blicks" eingeschränkt werden. Der Verweis von „Kollegialität" im Verfahren kann so viel Raum einnehmen, dass daraus Hemmnisse für transparente, kritische Bewertungen resultieren und den Wert der Evaluation reduzieren können. Wenn andererseits im Erleben der Beteiligten der Faktor „Fremdheit" überwiegt, ist mit solchen Akzeptanzproblemen zu rechnen, die als latentes Problem externe Evaluationen erschweren. Hinzu kommt, dass die Kollegialität bei der Kenntnis der Evaluatoren in den jeweiligen fachlichen Fragen darin einmünden kann, dass diese ihre Erfahrungen aus der eigenen Organisation unreflektiert auf die zu evaluierenden Organisationen übertragen. Weil das, was in den „eigenen" Organisationen der Evaluatoren fachlich vernünftig sein kann, nicht immer angesichts der Verhältnisse in einer anderen Organisation gleichermaßen sinnvoll sein muss, kann eine solche mangelnde Beachtung der Differenzen zwischen Organisationen auch Fehler im Evaluationsverfahren und bei der Interpretation der Evaluationsergebnisse nach sich ziehen. Neben dem relativ hohen Aufwand besteht ein weiteres Problem bei der kollegialen Fremdevaluation in der strukturellen Begrenzung von „Kollegialität" durch Konkurrenz im jeweiligen Handlungsfeld. Gerade in Zeiten stärker werdender Wettbewerbsrhetorik in der Sozialen Arbeit befinden sich die Einrichtungen in zunehmenden Konkurrenzsituation (vgl. u. a. Hensen 2006). Sie konkurrieren um Nachfrager/Klienten und Aufträge („Marketing"), um günstige Positionen in der kommunalen Sozialpolitik, um legitimatorische Ressourcen (u. a. im Hinblick auf die Zuerkennung von „Wirksamkeit" ihrer Angebote) und um das Ansehen als „wirtschaftlich" gewertete Angebote (gutes Verhältnis von Kosten und erwartbarem Nutzen). Der auf Konkurrenz ausgerichtete Rahmen setzt Grenzen für die beabsichtigte „Kollegialität" (Merchel 2008, 20 f).

Zur kollegialen Fremdevaluation existieren bisher nur wenig praktische Erfahrungen. Dokumentiert ist vor allem das Verfahren der „Kollegialen Visitation", bei dem sich mehrere Jugendämter mit einer ähnlichen Größe und Komplexität zu einem „Vergleichsring" zusammengeschlossen haben und ein Evaluationsverfahren zu vorher abgesprochenen Themen verabredet und durchgeführt haben (Bethlehem et al. 2001; daran angelehnt auch Pauly/Gaugel 2008). Solche Verfahren siedeln sich im Grenzbereich zwischen Evaluation und „kollegialer Organisationsberatung" an.

Wenig Erfahrungen zur kollegialen Fremdevaluation

Wichtig für eine produktive Durchführung von kollegialen Fremdevaluationen ist der soziale Rahmen, der für dieses Arrangement konstruiert wird. Ob die Spannung zwischen Kollegialität und Fremdheit ausbalanciert und damit produktiv gemacht werden kann, scheint ein zentraler Faktor zu sein, an dem sich die Tragfähigkeit dieses Evaluationsarrangements entscheidet. Der Versuch im Schulbereich, mit einem System der „Schulinspektion" ein am Gedanken der kollegialen Fremdevaluation ausgerichtetes Evaluationsverfahren zu initiieren und zu systematisieren, scheint nur begrenzt förderliche Wirkungen zu zeigen (Böttcher/Kotthoff 2007). In der Sozialen Arbeit wäre eine solche „verordnete" Form der Evaluation angesichts andersartiger Strukturen (Pluralität von Trägern und Konzepten, relative Autonomie der einzelnen Organisationen, Konkurrenzbezüge zwischen Organisationen etc.) kaum realisierbar und wenig nützlich. Vielmehr muss hier bereits bei der Konstruktion der Evaluatorenteams das Prinzip der Kollegialität stärker zum Tragen kommen, damit ein sozialer Kontext

Zentrale Bedeutung: sozialer Rahmen

entstehen kann, bei dem Akzeptanzhürden reduziert und gleichzeitig die Optionen für einen kritischen Blick aufrecht erhalten werden. Abschließend solle einige *Leitfragen* benannt werden, deren Erörterung den Akteuren in einer Organisation helfen kann, zu einer *Entscheidung über ein angemessenes Evaluationsarrangement* zu gelangen. Um über ein Arrangement für eine Evaluation entscheiden zu können, die mit guten Aussichten auf eine erfolgreiche Verfahrensrealisierung und auf eine produktive Auseinandersetzung mit den Ergebnissen gestartet werden kann, sollten sich Auftraggeber, Leitung und Mitarbeiter der Einrichtung insbesondere mit folgenden Fragen beschäftigen:

Was ist bei der Entscheidung über ein Evaluationsarrangement zu bedenken?

- Mit welcher grundlegenden Zielrichtung wird die Evaluation angestoßen: mit einem internen oder externen Kontrollzweck oder einem auf Entwicklung ausgerichteten Zweck (Konzeptionsentwicklung, Qualitätsentwicklung, Organisationsentwicklung)?
- Ist die zentrale Fragestellung der Evaluation oder die Situation, die hinter dem Interesse an einer Evaluation steht, mit einem hohen oder einem geringen Konfliktpotenzial verbunden?
- Ist die Fragestellung oder das Problem, das zur Evaluation führt, von Mitarbeitern bzw. Mitarbeitergruppen (Teams) formuliert worden, von Personen mit einer höheren Stellung in der Hierarchie (Leitung, Vorstand, Träger) oder Personen bzw. Personengruppen außerhalb der Organisation?
- Wird im Hinblick auf eine glaubwürdige Darstellung der Evaluationsergebnisse nach außen oder auch nach innen eine Evaluation benötigt, bei der man den Evaluationsakteuren ein hohes Maß an Objektivität und an Evaluationskompetenz zuspricht?
- Wie viel Evaluationskompetenz ist in der eigenen Organisation vorhanden oder kann kurzfristig geschaffen werden? An welchen Stellen innerhalb der Organisation ist diese Kompetenz angesiedelt?
- Wie viel Motivation und Bereitschaft, sich mit Evaluationsmethoden auseinanderzusetzen, existiert innerhalb der Organisation?
- Gibt es innerhalb der Organisation Personen, auf die man bei methodischen Schritten und Problemen im Evaluationsverlauf zur Beratung zurückgreifen kann?
- Ist ein Budget vorhanden, das man für Evaluationsaufträge einsetzen kann? Welche Bereitschaft besteht innerhalb der Organisation, Ressourcen (Geld, Arbeitskraft, Zeit) für Evaluation einzusetzen?
- Wie komplex ist die Fragestellung, die im Rahmen der Evaluation untersucht werden kann? Wie viel Komplexität bei einer Evaluationsfragestellung trauen sich die Akteure in einer Organisation für die eigene Bearbeitung zu?

- Ist eine Bewertung durch interne Akteure für die Evaluationsziele ausreichend oder benötigt man Rückmeldungen auf der Basis einer professionellen Außensicht?
- Wenn eine Außensicht für erforderlich gehalten wird: Wem wird zugetraut, Verlauf und Ergebnisse der Evaluation so zu gestalten und zu vermitteln, dass sie bei den Praxisakteuren und Interessenträgern voraussichtlich auf Akzeptanz stoßen, d. h. dass sie die Evaluation als Grundlage für eine produktive Diskussion zur Weiterentwicklung annehmen?
- Wie viel Distanz zum Handlungsfeld bzw. Untersuchungsgegenstand ist auf Seiten der Evaluatoren notwendig, um kritische Fragen und darauf ausgerichtete Evaluationsergebnisse erzeugen zu können, die der Organisation ein wirkungsvolles Feedback geben und zur Weiterentwicklung anregen?
- Besteht die Möglichkeit, das Interesse an der Evaluation der eigenen Arbeit mit dem Interesse von Kollegen aus anderen Einrichtungen (mit relativ geringen Konkurrenzbezügen zur eigenen Einrichtung) an einer Evaluation zu deren Arbeit zu verknüpfen? Lassen sich für mehrere Organisationen ähnliche Fragestellungen finden, die gemeinsam, kollegiale Evaluationsarrangements zulassen?

Wenn am Ende der sorgfältigen Erörterung solcher Fragen eine Tendenz zu einem bestimmten Evaluationsarrangement gefunden wurde, sollten die nachfolgenden Fragen diskutiert werden:

- Worin bestehen die größten Risiken des anvisierten Evaluationsarrangements?
- Lassen sich Maßnahmen finden, um diese Risiken zu reduzieren?

Ausschalten lassen sich die in der Dynamik von Evaluation enthaltenen Risiken nicht, man kann lediglich versuchen, sie zu reduzieren. Dazu muss man sich bei der Wahl eines Evaluationsarrangements bewusst mit ihnen auseinandersetzen.

3.3 Inhaltliche Schwerpunkte einer Evaluation

Die inhaltlichen Schwerpunkte einer Evaluation können sich, ähnlich wie bei der Aufteilung von Qualitätsebenen (Merchel 2010a, 42 ff), auf Konzepte, Strukturen, Prozesse und Ergebnisse richten.

Eine *Konzeptevaluation* bezieht sich auf das Konzept, den Handlungsplan eines Projekts bzw. eines Aufgabenbereichs. Sie beschäftigt sich z. B. mit den Fragen nach

Konzeptevaluation

- dem Grad der Übereinstimmung zwischen den Grundannahmen des Konzepts und aktuellen fachlichen Standards;

- dem angemessenen Verhältnis zwischen allgemein formulierten Leitzielen und konkreten Handlungszielen;
- der Plausibilität in der Verbindung zwischen Zielen und Interventionen in einem Programm;
- der Übereinstimmung der Programmziele mit den Anforderungen der Zielgruppe, der Auftraggeber oder anderer gesellschaftlicher Interessenträger.

Strukturevaluation

Eine *Strukturevaluation* untersucht den Handlungsrahmen eines Programms bzw. eines Aufgabenbereichs und bearbeitet z. B. Fragen nach

- der Angemessenheit räumlicher, finanzieller und personeller Rahmenbedingungen;
- der qualifikatorischen Eignung der Mitarbeiter bzw. bestimmter Mitarbeitergruppen;
- der angemessenen Erschließung und Nutzung von Ressourcen (z. B. im Hinblick auf Potenziale Ehrenamtlicher);
- den Auswirkungen der Struktur (z. B. Orte der Angebote, Öffnungszeiten) auf die Inanspruchnahme der Angebote durch Adressaten.

Prozessevaluation

Eine *Prozessevaluation* stellt die fachliche Umsetzung eines Programms bzw. das fachliche Handeln in einem Aufgabenbereich in den Mittelpunkt. Evaluationsfragen dieser Art können sich z. B. richten auf

- die Einheitlich- oder Unterschiedlichkeit von Handlungsabläufen bei verschiedenen Organisationseinheiten (Teams, Abteilungen, Sachgebieten) und/oder bei verschiedenen Mitarbeitern;
- die Angemessenheit des Methodeneinsatzes in einem Programm (z. B. Umsetzung methodischer Handlungsschritte beim case management; Gestaltung verschiedener Phasen in einem Elternbildungskurs; Reagieren auf das Brechen von Regeln in einer Jugendwohngruppe, die mit den Jugendlichen vereinbart worden sind);
- das Zusammenspiel unterschiedlicher Interventionen (z. B. Hilfeleistungen und Kontrollinterventionen beim Umgang mit Familien, in denen Kinder dem Risiko einer Kindeswohlgefährdung ausgesetzt sind, oder Handeln von Pädagogen in einer Heimgruppe und von Lehrern bei Kindern, die unregelmäßig die Schule besuchen);
- die Vorteile und Nachteile einzelner Angebote und Handlungsformen.

Ergebnisevaluation

Eine *Ergebnisevaluation* thematisiert die Folgen und Nebenfolgen oder die Wirkungen eines Programms bzw. des Handelns in einem Arbeitsbereich. Im Fokus stehen dabei z. B. Fragen nach

- dem Grad der Umsetzung von Programmzielen;
- den Auswirkungen des Programms bzw. der Handlungen auf die Lebensverhältnisse der Adressaten;
- den Veränderungen im Handeln der Adressaten, die wahrscheinlich durch das Programm hervorgerufen bzw. auf das Programmhandeln der Akteure zurückzuführen sind (vgl. Kap. 5);
- der Zufriedenheit verschiedener Beteiligter (Fachkräfte, Leitungspersonen, Adressaten, Kooperationspartner) und Interessenträger (Finanzierer, politische Akteure, für das Image und/oder die Unterstützung wichtige Organisationen im Umfeld der Einrichtung) mit Verlauf und Ergebnissen des Programms;
- den unerwarteten oder unbeabsichtigten, eher positiven oder eher problematischen, negativen Nebenfolgen des Programms bzw. des Handelns im Arbeitsbereich.

Eine weitere Differenzierung, die vor allem die inhaltlichen Schwerpunkte der Ergebnisevaluation aufgliedert und mit Unterscheidungen anreichert, findet man bei Kirkpatrick (zit. nach Atria et al. 2006, 577 f). Er unterscheidet vier „Ebenen" der Zielerreichung eines Programms, die zum Gegenstand der Evaluation werden können:

Schwerpunkte bei Ergebnisevaluation

- *Reaktionsebene*: Hier geht es um die Frage, wie die Programmadressaten auf ein Angebot, eine Maßnahme reagieren (mit Interesse, Abwehr, Gefallen oder spontanem Missfallen etc.). Ein Beispiel ist die Evaluation der Reaktion von Kindern/Jugendlichen auf das Angebot der Schulsozialarbeiter zu einem Selbstbehauptungstraining oder zu einem Computerkurs im Rahmen der Nachmittagsangebote an einer Schule. Eine wohlwollende Haltung gegenüber dem Angebot ist noch keine Garantie für Erfolg, aber eine wichtige motivationale Voraussetzung für Erfolg. Eine Evaluation auf dieser Ebene betrachtet nicht nur Ergebnisse, sondern reicht auch in die Konzeptevaluation hinein.
- *Lernebene*: Hier steht die Evaluation von Einstellungsänderungen, von Erweiterungen des Wissens und der Fertigkeiten im Mittelpunkt. So würde z. B. evaluiert, ob die teilnehmenden Kinder und Jugendlichen eine adäquate Einstellung zur Bedeutung eigener Wünsche im Vergleich zu den Wünschen anderer erworben haben (also Selbstbehauptung nicht mit Rücksichtslosigkeit verwechseln) oder ob sie etwas über die Informationsmöglichkeiten des Internets und die Problematik einer extensiven Computernutzung in ihrer Freizeit wissen.
- *Verhaltensebene*: Da die meisten Programme oder Interventionen auf eine Verhaltensänderung bzw. Verhaltensformung zielen, soll der Transfer des im Programm Gelernten auf Alltagssituationen evaluiert werden. Bezogen auf das Beispiel der beiden Kurse: der Grad des Gelingens von Selbstbehauptung in konflikthaften Alltagssituationen oder der konkrete Umgang der Kinder und Jugendlichen mit dem Computer. Dabei könnte u. a. gefragt werden: In welchem Ausmaß wird der Computer nicht nur zu Spielzwecken, sondern auch zur Informationsgewinnung genutzt? Wer-

den unterschiedliche Informationen abgerufen (nicht nur im Rahmen der Freizeit, sondern auch zu schulischen Zwecken)? Hat sich die Zeit vor dem Computer reduziert bei denjenigen Kindern/Jugendlichen, die vorher viel Zeit vor dem Computer verbracht haben, und ist das Freizeitverhalten bei diesen Kindern/Jugendlichen vielfältiger geworden?
- *Ergebnisebene*: Obwohl auf den ersten Blick „Ergebnisse" bei den Adressaten des Programms assoziiert werden, meint Kirkpatrick hier jedoch eine andere „Ergebnis-Ebene", nämlich die bei der Organisation bzw. im System erzeugten Ergebnisse. Evaluiert werden sollen Folgen in der Organisation und in deren Umfeld: Veränderungen in den Effektivitäts- oder Effizienzstrategien, Kostenrückgang oder Kostenerhöhung durch das Programm, Änderung politischer Reaktionen, Veränderungen in der öffentlichen Meinung etc. Bei dem erwähnten Beispiel würde man etwa evaluieren, ob die Konflikthäufigkeit in den Pausen sich verändert hat, ob die Lehrer die zurückhaltenden Schüler eher wahrnehmen, ob im Unterricht die Computernutzung gezielter eingesetzt wird etc.

Die vier genannten „Ebenen", auf die die inhaltlichen Schwerpunkte einer Ergebnisevaluation ausgerichtet sein können, sind hierarchisch zu verstehen: In der Regel setzt eine Evaluation auf einer bestimmten Ebene die Evaluation auf den darunter liegenden Ebenen voraus. Je höher die Ebene, desto komplexer ist die Evaluationsfragestellung angelegt und desto größer wird der Aufwand für eine solche Evaluation sein. Die von Kirkpatrick benannten „Ebenen" bilden eine gute Differenzierung bei der Ergebnisevaluation, und die „erste Ebene" rückt darüber hinaus einen Aspekt der Konzeptevaluation in den Blick. Bei der Diskussion in einer Einrichtung, welches Arrangement und welche inhaltlichen Schwerpunkte für eine Evaluation gewählt werden sollen, können die damit eingebrachten Unterscheidungen zu einer größeren Klarheit hinsichtlich der eigenen Erwartungen an eine Evaluation und der Reichweite des dann zu entwickelnden Evaluationskonzepts führen.

3.4 Zusammenfassung in Leitsätzen

Genereller Zweck: summativ oder formativ

- Evaluation kann zwei *generellen Zwecksetzungen* dienen: Eine summative Evaluation zieht Bilanz, indem sie Daten erhebt zur Bewertung des Verlaufs, der Ergebnisse und der Wirkungen eines Programms, während die formative Evaluation eine Rückmeldung über Programmverlauf und Zwischenergebnisse ermöglicht, aufgrund derer die Akteure den weiteren Prozess gestalten und Impulse zur Verbesserung setzen können. Die beiden Zwecktypen markieren generelle Tendenzen, jedoch sind sie nicht trennscharf; es existiert ein Zwischenbereich, in dem sich beide Zwecktypen je nach Sichtweise auf die jeweilige Evaluation überlagern.

- Die *Arten oder Arrangements der Evaluation* lassen sich differenzieren nach der Position derjenigen Personen, die eine Evaluation durchführen: interne und externe Evaluation; sowie nach dem Verhältnis der Evaluationsakteure zu dem zu evaluierenden Gegenstand: Fremdevaluation oder Selbstevaluation. Fremdevaluationen ermöglichen einen kritischen, distanzierten Blick von außen auf den zu evaluierenden Gegenstand, können aber bei den Praxisakteuren auf Akzeptanzhürden stoßen. Selbstevaluationen erhöhen die reflexiven Fähigkeiten der Praxisakteure und zielen auf unmittelbaren Nutzen für die Praxis, gehen jedoch mit dem Risiko eines mangelnd kritischen Blicks einher. Dieses Risiko resultiert aus der kaum vorhandenen Distanz zwischen Evaluatorenrolle und der Rolle der Praxisverantwortlichen. **Differenzierung nach Position der Evaluatoren**

- Inhaltliche Schwerpunkte einer (Programm-)Evaluation können sein: Konzepte, Strukturen, Prozesse, Ergebnisse. Ferner lassen sich zum Schwerpunkt „Ergebnisse" Evaluationen danach unterscheiden, welche „Ebene" der Zielerreichung eines Programms sie vorwiegend ansprechen: die Ebene der Reaktion auf ein Programm, die Ebene des Lernens (Einstellungen, Wissen, Fähigkeiten), die Ebene des Verhaltens (Transfer in den Alltag) und die Ebene der umfassenderen organisations- und systembezogenen Ergebnisse. **Inhaltliche Schwerpunkte**

- Vor Beginn einer Evaluation sollten sich Akteure, Auftraggeber und gegebenenfalls weitere Interessenträger darüber verständigen, welchem Zweck die Evaluation dienen soll, welches Evaluationsarrangement der Ausgangssituation, den Zwecken und Erwartungen angemessen sind, welche Risiken in dem gewählten Evaluationsarrangement enthalten sind und durch welche Maßnahmen diese Risiken reduziert werden können sowie auf welche inhaltlichen Schwerpunkte die Evaluation sich richten soll. Eine genaue Diskussion und explizite Entscheidungen zu diesen Fragen helfen zum einen, die mit der Evaluation verbundenen Erwartungen und die Anforderungen an eine Evaluation abzuklären. Zum anderen erleichtern sie eine bewusste Planung der einzelnen Schritte des Evaluationsverlaufs und die Auswahl der Evaluationsmethoden. **Explizite Verständigung auf Zweck und Arrangement**

4 Verfahrensschritte und Methoden: Wie plant und realisiert man eine Evaluation?

Verfahrensschritte mit Entscheidungsbedarf

Im Mittelpunkt dieses Kapitels stehen die genauere Planung und Durchführung einer Evaluation. Wenn im Vorfeld bereits eingehend der Anlass einer Evaluation, die Interessen und Erwartungen der unterschiedlichen Beteiligten und Interessenträger sowie die grundlegenden Arrangements und inhaltlichen Schwerpunkte der geplanten Evaluation erörtert und möglicherweise bereits basale Entscheidungen dazu getroffen worden sind, stehen die Akteure dann vor der Aufgabe, den genauen Ablauf, die Verfahrensschritte, Methoden und die einzusetzenden Instrumente zur Datenerhebung zu planen. Der Ablauf einer Evaluation lässt sich aufteilen in sieben Verfahrensschritte, zu denen Entscheidungen getroffen werden müssen. Die sieben Verfahrensschritte sind in Abbildung 3 benannt und mit der zentralen Fragestellung charakterisiert, die im jeweiligen Verfahrensschritt zu bearbeiten und zu beantworten ist. In den Abschnitten dieses Kapitels (4.1 bis 4.7) werden die Anforderungen und die methodischen Vorgehensweisen zu den einzelnen Verfahrensschritten differenziert erörtert.

Schriftliches Evaluationskonzept

Die Planung zu den einzelnen Verfahrensschritten mündet ein in ein – möglichst schriftliches – *Evaluationskonzept*, in dem die wichtigsten Elemente des Evaluationsverlaufs und die darin einbezogenen Personen oder Personengruppen kurz dargestellt sind. Ein schriftliches Evaluationskonzept

- schafft Transparenz für alle Beteiligten,
- zwingt dazu, sich Rechenschaft über die wesentlichen Festlegungen und Absprachen zu geben,
- erweist sich als ein Hilfsmittel, um offene Punkte in den Blick zu bekommen und um mögliche Divergenzen zwischen den Beteiligten genauer wahrnehmen und zur Sprache bringen zu können.

In das schriftliche Evaluationskonzept gehen die zentralen Absprachen zu den einzelnen Verfahrensschritten ein, insbesondere zu

Verfahrensschritte und Methoden: Wie plant und realisiert man eine Evaluation? 61

- Evaluationsziel, Gegenstand der Evaluation und Fragestellung für die Evaluation;
- Evaluationsform/Evaluationsarrangement;
- einsetzbaren Evaluationsmethoden;
- Verantwortlichen, Beteiligten und zu Informierenden bei den einzelnen Verfahrensschritten;
- Informationswegen und Informationsregeln; Orten für die Präsentation und Diskussion der Evaluationsergebnisse;
- dem Zeitplan;
- erforderlichen Ressourcen (Personal-, Sach- und Kostenaufwand).

Vor allem bei externen Evaluationen und bei internen Fremdevaluationen bedarf es einer genauen Auftragsklärung zwischen Auftraggebern und Evaluatoren sowie einer genauen Rollenklärung im Hinblick auf die oben genannten Aspekte.

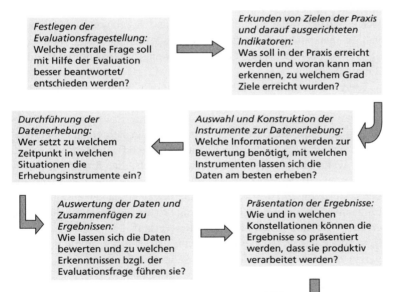

Abb. 3: Verfahrensschritte einer Evaluation

4.1 Festlegen der Evaluationsfragestellung

Auslöser für Evaluation

Am Beginn der Überlegung, ob man eine Evaluation in Gang setzen soll, steht ein Auslöser, in der Regel eine „Störung": ein Unwohlsein hinsichtlich der Gegebenheiten und Geschehnisse im Arbeitsalltag, Zweifel am eigenen Handeln, Unsicherheit im Hinblick auf die Effekte des eigenen Handelns, Anforderungen und Kritik von außen, Konflikte/Spannungen mit Adressaten/Interessengruppen/anderen Organisationen oder intern im Team bzw. zwischen einzelnen Personengruppen in der Organisation; es kann sich aber auch um eine kurz- oder mittelfristige Existenzbedrohung von Einrichtungen, öffentliche Diskussionen zur eigenen Einrichtung mit negativen Image-Effekten, die Planung eines neuen Angebots oder einer Angebotsänderung, Unklarheiten bei der Bewältigung zusätzlicher Arbeitsanforderungen etc. handeln. Daher ist zunächst zu erörtern, welche Beiträge zu einer möglichen Problembewältigung in einer solchen Situation durch Evaluation erschlossen werden sollen. Lässt sich überhaupt mit Hilfe von Evaluationsergebnissen die „Störung" mit einem bestimmten Maß an Erfolgsaussicht bearbeiten? „Lohnt" sich die Mühe einer Evaluation? Lassen sich die an der Situation Beteiligten voraussichtlich von Evaluationsergebnissen beeindrucken und sind sie grundsätzlich bereit, Evaluationsergebnisse als bedeutsame Größe in ihr weiteres Denken und Handeln aufzunehmen?

Erörterung des Sinns einer Evaluation

Es geht also darum, zu Beginn explizit den „Sinn" einer Evaluation zu erörtern. Es muss klargestellt werden, welche Erwartungen die Beteiligten an eine Evaluation richten und ob die Erwartungen einigermaßen tragfähig sind. Dadurch verschafft man sich einen ersten Eindruck davon, wer welche Interessen mit einer Evaluation verbindet. Auch wenn zu Beginn möglicherweise nicht alle Erwartungen bewusst gemacht und präzisiert werden können – einige Personen werden taktisch mit ihren Erwartungsäußerungen umgehen, einige Erwartungsmuster bleiben noch diffus, einige Erwartungen entwickeln sich erst oder verändern sich im Evaluationsverlauf –, so sollten die Beteiligten doch den Versuch unternehmen, Erwartungen möglichst transparent zu machen. Dies kann insbesondere helfen,

- den Aufwand für Evaluation angemessen zu positionieren und zu rechtfertigen,
- Störungen im Evaluationsverlauf zu reduzieren,
- Hinweise zu erhalten für eine adäquate, an Erwartungshaltungen anknüpfende (spätere) Interpretation von Ergebnissen.

Am Beginn steht also eine Entscheidung darüber, welcher Ausschnitt der beruflichen Realität in welcher Weise untersucht, also durch systematische Datenerhebung beobachtet werden soll. Damit einher geht eine Entscheidung, was Gegenstand der Evaluation sein soll und welcher Zwecktypus, welches Arrangement und welche inhaltlichen Schwerpunkte (vgl. Kap. 3) das Profil der Evaluation bestimmen sollen. Damit werden die *Evaluationsziele* erkennbar, also das, was mit der Evaluation erreicht werden soll und worauf die Beteiligten sich geeinigt haben. Alle diese Entscheidungen haben einen wertenden Charakter: Bewertung setzt also nicht erst dann ein, wenn Evaluationsergebnisse vorhanden sind und im Hinblick auf die Evaluationsfragestellung interpretiert werden, sondern bereits mit der Definition des Gegenstands und der zentralen Fragestellung der Evaluation. Ob z. B. die Praxisakteure in einer Kindertageseinrichtung ihr Problem der Unzufriedenheit mit der Umsetzung eines Sprachförderungsprogramms in der Perspektive „mangelnde methodische Kompetenz der Fachkräfte", „Überforderung durch vielfältige Leitungsanforderungen", „zu hohe Erwartungen und mangelnde Kooperationsbereitschaft der Eltern" oder „fehlende bzw. unangemessene Fachberatung des Jugendamtes oder des Wohlfahrtsverbandes" interpretieren und dementsprechend die Evaluation ausrichten, markiert bereits zu Beginn der Problemwahrnehmungsphase eine Bewertungsentscheidung hinsichtlich der Ziele und der Richtung einer Evaluation.

Entscheidung zu Profil und Zielen der Evaluation

Die Formulierung der Evaluationsfragestellung fußt also auf *Hypothesen* zu den Problemzusammenhängen, die in den Köpfen der Beteiligten vorhanden sind (v. Spiegel 2001, 62 f). Häufig werden diese Hypothesen nicht explizit genannt, sondern sie verbergen sich hinter einzelnen Äußerungen zum Sachverhalt. Wenn man sich um eine Offenlegung der impliziten Hypothesen bemüht, wird den Beteiligten deutlich, wie vielfältig die inhaltlichen Evaluationsschwerpunkte und die Evaluationsfragestellungen sein können und wie abhängig sie von den hypothetischen Annahmen zum Problem, vom Hintergrund und zu den vermuteten Ursachen dieses Problems sind. Zum reflektierten Festlegen einer Evaluationsfragestellung bedarf es somit einer expliziten Offenlegung und Diskussion verschiedener Probleminterpretationen und Hypothesen zu möglichen „Ursachen" des Problems: worin eigentlich das Problem besteht, warum das Problem existiert, worauf es hinweist etc. Die Evaluationsfragestellung markiert eine begründete Auswahl zu den Hypothesen, denen man in der Evaluation nachgehen will: Wer will was vor dem Hintergrund welcher Annahmen zu welchem Zweck wissen? Mit einer auf diese Frage-Elemente ausgerichteten

Explizite Hypothesenbildung

wertenden Entscheidung sollten die Beteiligten sich darüber bewusst sein, „dass sie damit zugleich das Spektrum und die Reichweite der erwartbaren Ergebnisse definieren" und dass dies meistens im Evaluationsprozess nur mit einigem Aufwand und möglicherweise mit Spannungen zwischen Beteiligten verändert werden kann (Lüders/Haubrich 2006, 14).

Ressourcen und organisatorischer Rahmen

Mit der Festlegung der Evaluationsziele und der daraus abgeleiteten Evaluationsfragestellung wird diskutierbar, in welchen Evaluationsarrangements das Verfahren sich bewegen soll. Die Entscheidung für eine Evaluationsfragestellung sollte mit dem Bewusstsein für die benötigten *Ressourcen* (Zeit, Personal, Geld) und den *organisatorischen Rahmen* (Evaluationsakteure, Evaluationsteam und dessen Zusammensetzung, Kontaktperson zu externen Evaluatoren etc.) verbunden sein, in den das Evaluationsverfahren eingebettet werden soll. Die interessanteste und sorgfältig abgewogene und zwischen den Beteiligten diskutierte Fragestellung für eine Evaluation bleibt folgenlos, wenn nicht die Ressourcen und der organisationale Rahmen kalkuliert und eingeplant werden, die für ihre effektive Bearbeitung erforderlich sind.

Risiko-Abschätzung

Zur bewussten Auswahl und Entscheidung für eine Evaluationsfragestellung gehört auch eine *Einschätzung der Risiken*, die mit dem Verfolgen der Fragestellung und dem darauf ausgerichteten Evaluationsarrangement verbunden sind. Solche Risiken können liegen

- *im methodischen Bereich*: z. B. bei der mangelnden Konkretisierung der Praxisziele, in unzulänglichen Kenntnissen bei der Konstruktion von Erhebungsinstrumenten, in der begrenzten Kooperationsbereitschaft von „Datenlieferanten" (z. B. der Adressaten bei Adressatenbefragungen zur Ergebnisevaluation oder der mangelnden Bereitschaft bestimmter Mitarbeiter, sich beobachten zu lassen) etc.;
- *in der sozialen und organisationalen Dynamik*: z. B. bei der Zusammensetzung von Evaluatorenteams, durch (latente oder offene) Konflikte zwischen potenziellen „Gewinnern" und „Verlierern" einer Evaluation, durch Unbehagen von Mitarbeitern gegenüber einem Transparentmachen ihrer Arbeit, durch befürchteten einseitigen machtbetonten Umgang der Leitung mit der Evaluation und ihren Ergebnissen etc.
- *im Umfeld der Organisation*: z. B. durch Unsicherheit der Verarbeitung der Ergebnisse im politischen Raum, aufgrund von Konkurrenzverhältnissen zu anderen Organisationen etc.

Eine frühzeitige Analyse der Risikobelastung bei bestimmten Evaluationsfragestellungen und Evaluationsarrangements hilft, eine realistische Grundlage für eine Erfolg versprechende Evaluation zu schaffen, Maßnahmen zur Reduzierung von Risiken zu erörtern und die Chance zu erhöhen, dass man von möglichen Störungen im Evaluationsverlauf nicht allzu sehr überrascht wird.

Zusammenfassung: Wie wird die Fragestellung der Evaluation festgelegt und was ist dabei zu beachten?

- Ausgangssituation: Was ist der Anlass für die Überlegung, eine Evaluation durchzuführen? Worin liegt die „Störung", die zu der Überlegung führte?
- Welche Hypothesen bestehen zur Interpretation des Problems, zu dessen Hintergrund und zu möglichen Ursachen?
- Welche Erwartung verbindet man mit einer Evaluation im Hinblick auf eine Problembearbeitung?
- Wer bringt welche Erwartung und welche Interessen in die Diskussion um die Evaluation ein?
- Welche Hypothesen zu den Problemzusammenhängen werden für plausibel gehalten und sollen in die zentrale Evaluationsfragestellung überführt werden? Was ist Gegenstand der Evaluation und worin besteht das Evaluationsziel?
- In welchem Evaluationsarrangement (Zweck, Form und inhaltliche Schwerpunkte der Evaluation) lässt sich die Evaluationsfragestellung am besten bearbeiten?
- Welche Ressourcen und welcher organisatorische Rahmen werden benötigt, um einen befriedigenden Evaluationsverlauf zu ermöglichen?
- Welche Risiken im methodischen Bereich, in der sozialen und organisationalen Dynamik und im Umfeld der Organisation können möglicherweise das Evaluationsvorhaben beeinträchtigen? Mit welchen Maßnahmen können die Risiken begrenzt werden?

4.2 Erkunden von Praxiszielen und darauf ausgerichteten Indikatoren

Mit Evaluationen soll untersucht werden, ob und in welchem Ausmaß in der Praxis Zustände erreicht worden sind, die man mit Maßnahmen, Angeboten, Interventionen realisieren wollte. Somit richten sich Evaluationen immer in irgendeiner Weise auf Ziele der Praxis. Bei einer Konzeptevaluation gerät in den Blick, wie weit die Praxisakteure ihr Ziel umsetzen konnten, ein Konzept zu formulieren, das die zentralen Anforderungen der Fachdiskussion aufnimmt, das für die wichtigsten Kommunikationspartner verständlich und hinreichend konkret ist, das den Anforderungen der wichtigen Interessenträger („stakeholder") entspricht, das eine Leitorientierung für das Alltagshandeln bietet usw. Bei einer Strukturevaluation wird gefragt, ob die

Elementare Bedeutung von Praxiszielen

strukturellen Gegebenheiten (Personalqualifikation, räumliche Gegebenheiten, Lage der Einrichtung, Ausstattung, Finanzmodalitäten, Organisationsstrukturen) dem Ziel entsprechend gestaltet sind, dass sie fachliches Handeln nicht behindern, eine flexible Handhabung von Angeboten möglich machen, für die Nutzung von Adressaten attraktiv wirken usw. Hinsichtlich der Prozesse setzen sich Praxisakteure Ziele wie z. B. verbindliche Einhaltung von Absprachen durch alle Kollegen, angemessene Balance zwischen Verbindlichkeit allgemeiner Regeln einerseits und flexiblen Handlungsmöglichkeiten im Einzelfall andererseits, systematischer Einbezug der Ressourcen der Adressaten im sozialpädagogischen Handeln usw.; im Rahmen der Prozessevaluation kann überprüft werden, ob und wie diese prozessbezogenen Ziele umgesetzt werden. Der Ergebnisevaluation ist bereits im Begriff die Zieldimension inhärent. Hier wird z. B. überprüft, ob und in welchem Ausmaß eine Einrichtung das Ziel „Zufriedenheit der Adressaten mit dem Angebot" oder „Akzeptanz im sozialpolitischen kommunalen Bereich" erreicht oder ob sie pädagogische Wirkungen erzeugen kann, für die sie vom Auftraggeber finanziert wird (z. B. Stabilisierung der familiären Lebens- und Erziehungsbedingungen bei der ambulanten Erziehungshilfe oder das Ziel „Integration in das Arbeitsleben" bei berufsbildenden Integrationskursen für junge Menschen mit sozialen Beeinträchtigungen). Bei *allen* inhaltlichen Schwerpunkten einer Evaluation stehen Ziele der Praxis im Hintergrund – nicht nur bei der Ergebnisevaluation, bei der die Zielorientierung sofort greifbar ist. Bei jeder Evaluation wird untersucht, ob und in welchem Ausmaß ein Zielzustand erreicht wird, den die Praxisakteure mit ihrem Handeln anstreben.

Implizite und explizite Praxisziele

Der Umgang mit Praxiszielen kann bei Evaluationen vielfältige Schwierigkeiten mit sich bringen. Häufig sind Praxisziele so abstrakt formuliert, dass sie kaum überprüfbar sind. Bisweilen verfolgen Praxisakteure mit ihren Handlungen implizit Ziele, die sie aber explizit nicht diskutiert haben und auf Nachfrage kaum benennen können. Oder die alltäglichen Routinen sind so dominant geworden, dass die ehemals formulierten Ziele kaum mehr eine Bedeutung für das Handeln haben (Motto: „Warum brauche ich Ziele, wenn ich doch weiß, was ich tun muss!?"). Wenn Evaluation ins Spiel kommt, werden die Praxisakteure angeregt, sich genauer Rechenschaft darüber abzulegen, welche Ziele sie mit ihren Aktivitäten verfolgen. Zumindest für einen Teilbereich müssen bisher implizit gehaltene Ziele explizit und damit transparent gemacht werden. Damit erhält Evaluation einen nützlichen Nebeneffekt: Die Praxisakteure werden angeregt, sich ihrer Ziele klarer zu werden, sich über ihre Ziele zu verständigen und vor diesem Hintergrund möglicherweise ihre Handlungen, die teilweise zu Routinehandlungen geworden sind, neu zu bewerten. Dass darüber hinaus neben der Präzisierung von Zielen auch die Aufmerksamkeit auf die in der Praxis bisweilen vernachlässigte Dimension der Ergebnisse und Wirkungen gerichtet wird und Überlegungen zur Präzisierung von Ergebniszielen angeregt werden, macht einen weiteren positiven Nebeneffekt von Evaluation – ihren Prozessnutzen im Hinblick auf die Methodisierung des Handelns in der Sozialen Arbeit – aus (Müller-Kohlenberg 2006, 90).

Die hier angesprochenen Praxisziele müssen deutlich unterschieden werden von den Evaluationszielen:

Unterschied zwischen Praxiszielen und Evaluationszielen

- Die zentrale Frage bei *Praxiszielen* lautet: Was wollen die Praxisakteure mit ihren Konzepten, Methoden, Maßnahmen, Handlungen erreichen?
- Bei einem *Evaluationsziel* antwortet man auf die Frage: Zu welchem Zweck sollen im Rahmen einer Evaluation Daten erhoben und für die Bewertung eines Untersuchungsgegenstandes genutzt werden?

Beide Zielformen sprechen unterschiedliche Sachverhalte an, die bei Evaluationsdiskursen und bei der Planung von Evaluationsvorhaben unterschieden werden müssen. Ansonsten werden leicht Missverständnisse erzeugt, oder es besteht die Gefahr, dass man sich unter einem undifferenzierten Zielbegriff nur auf eine Zielform begrenzt und dabei wichtige Aspekte aus der anderen Zielform vernachlässigt.

Wenn man bei der Erkundung von Praxiszielen Konzeptionen von Einrichtungen liest oder Personen aus Einrichtungen befragt, trifft man auf unterschiedliche Zielformulierungen mit unterschiedlichem Konkretisierungsgrad – von „Es ist uns daran gelegen, dass Kinder hier Anregungen zu ihrer Persönlichkeitsentfaltung erhalten" oder „Menschen mit Behinderungen sollen hier ein Leben in Würde führen können" über „Die Jugendlichen sollen die Fähigkeiten erwerben, die sie für eine selbstständige Lebensführung brauchen" bis hin zu „Die Kinder sollen an mindestens drei Tagen in der Woche ohne besondere Aufforderung ihre Hausaufgaben in Angriff nehmen und sich dabei mindestens eine halbe Stunde konzentriert mit den Hausaufgaben beschäftigen".

Konkretisierung von Praxiszielen

Für die verschiedenen Konkretisierungsgrade bei den Zielformulierungen sind in der Fachliteratur Vorschläge zur Differenzierung des Zielbegriffs gemacht worden, z. B.:

Differenzierung von Zielformulierungen

- Liebald (1998, 37 ff) differenziert in „Richtziele, Grobziele, Feinziele", wobei die Richtziele abgeleitet werden aus einer „Vision/Leitidee" und die Feinziele überführt werden in konkrete „Aufgaben".
- Beywl/Schepp-Winter (1999, 42 ff) fassen ihre Dreigliederung des Zielsystems in die Begriffe „Leitziel, Mittlerziel, Handlungsziel".
- V. Spiegel (2008, 138 f) nimmt bei ihrer Unterscheidung in „Wirkungsziele, Teilziele und Handlungsziele" nicht die o. g. Logik der zunehmenden Konkretisierung (von allgemeinen zu konkreteren Zielformulierungen) auf, sondern sie differenziert zwischen dem Adressatenbezug („Wirkungsziele") und dem Bezug auf das prozesshafte Handeln der Fachkräfte („Handlungsziele"). Die Kategorie der „Teilziele" liegt quer dazu und spricht die zeitliche Dimension der Zielplanung an: Weil Ziele bisweilen Zustände mit längerer Zukunftsperspektive kennzeichnen, ist es sinnvoll, für überschaubare Zeiträume realistische Zwischenzustände (Teilziele) zu definieren, die sich auf dem Weg zum Erreichen der mittel- oder längerfristigen Wirkungsziele befinden.

Kritik an deduktiven Zielkonzepten

Die Differenzierung in unterschiedliche Konkretisierungsgrade und die damit einhergehende Logik der Deduktion (logische Ableitung) von einer abstrakten Zielformulierung hin zu immer konkreter werdenden Zielebenen ist für die Praxis der Evaluation nicht immer hilfreich. Bei einer Evaluation führen solche Differenzierungen schnell zu wenig ergiebigen und zeitaufwändigen Bemühungen um eine „korrekte" Zuordnung: „Befinden wir uns schon auf der Ebene der Grobziele oder bei den Mittlerzielen oder diskutieren wir noch auf der Ebene der Leitziele oder gar der Vision?" – „Steht das gewählte Feinziel tatsächlich in einer logischen Ableitungsreihe zu dem darüber liegenden Grobziel?" Bei solchen Diskussionen um eine – vermeintlich „saubere", aber diese Eindeutigkeit nie erreichende – Zielsystematik droht der Zweck, nämlich die Durchführung einer für die Praxis bedeutsamen Evaluation, aus dem Blick zu geraten. Stattdessen sollte man sich pragmatisch nach der Frage richten: Welchen Zustand wollen wir mit unserem Handeln erreichen und wie können wir diesen Zustand so charakterisieren, dass wir den Grad der Zielerreichung intersubjektiv plausibel bewerten können? Bei einer solchen Ausrichtung an Praxiszielen ist die Unterscheidung in prozessbezogene Ziele (in der Differenzierung bei v. Spiegel (2008): Handlungsziele) und ergebnisbezogene Ziele (v. Spiegel: Wirkungsziele) sinnvoll. Während sich die *Ergebnisziele* auf die Adressaten oder weiteren Interessenträger richten, markieren die *Prozessziele* den angestrebten Zustand im Handeln der Praxisakteure (z. B. „alle Fachkräfte sollen die abgesprochenen Regeln beim Umgang mit den Jugendlichen verbindlich umsetzen" – „alle Fachkräfte sollen die einzelnen Phasen des case managements anwenden können und ihre Rolle als case manager abgrenzen können"). Wenn für solche prozess- und ergebnisbezogenen Praxisziele dann in der Diskussion Begründungen gefordert und gesucht werden („Warum soll dieses Praxisziel für uns so bedeutsam sein und für die Evaluation so hervorgehoben werden?"), kommt man über den Weg der Begründungen („induktiv") auch zu den relevanten Leitzielen/Richtzielen mitsamt deren normativem Hintergrund und zu den damit in Verbindung stehenden Mittler- oder Grobzielen. Mit der Konzentration auf Praxisziele erfolgt der Zugriff auf die Zielebene aus einer pragmatischen Sicht, die die Evaluation dadurch weiterbringt, dass abstrakte und mühevolle, logisch immer brüchige Ableitungsdiskussionen („vom Leitbild der Einrichtung über generelle Zielorientierungen bis hin zur alltagsbezogenen konkreten Zielebene") vermieden werden.

Nun sind Praxisziele in der Regel so allgemein formuliert, dass der Zielerreichungsgrad nicht unmittelbar verlässlich erhoben werden kann. Man benötigt also Hinweise („Indikatoren"), die ein Urteil darüber erlauben, ob und in welchem Ausmaß ein Ziel als realisiert eingeschätzt werden kann. Solche Indikatoren bilden den Anknüpfungspunkt für konkrete Erhebungsfragen, auf deren Grundlage dann in einer Evaluation Daten gesammelt und ausgewertet werden. Die Verfahrenslogik ist in Abbildung 4 verdeutlicht.

Notwendigkeit einer Konkretisierung durch Indikatoren

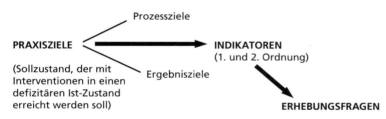

Abb. 4: Überführung von Praxiszielen in Erhebungsfragen

Praxisziele werden gefasst als anzustrebende Zustände, die sich positiv von einem als „defizitär" empfundenen Ist-Zustand abheben und bei dem die Akteure davon ausgehen, dass die Veränderungen vom Ist- zum Sollzustand zumindest teilweise auf ihre Interventionen (Maßnahmen, Angebote, Handlungsweisen) zurückgeführt können. Die Evaluation richtet sich auf das Ergebnis, den Soll-Zustand (Ergebnisziele), oder auf die Interventionen, mit denen die Praxisakteure auf den Ist-Zustand einwirken in dem Bestreben, die mit der Intervention beabsichtigte positive Veränderung des Ist-Zustandes in Richtung Soll-Zustand zu erreichen (Prozessziele).

Formulierungsregeln für Praxisziele

Bei der Formulierung oder Erkundung von Praxiszielen, die für eine Evaluation ausgewählt werden, sind einige Formulierungsregeln hilfreich, durch die der Evaluationsprozess erleichtert werden kann (Beywl/Schepp-Winter 1999, 22):

- Ziele sollen positiv formuliert sein. Zielbeschreibungen, die auf die Vermeidung eines Zustands oder auf die Abgrenzung zu einem problematischen Zustand gerichtet sind, charakterisieren nicht den erwünschten Zustand, sondern sagen nur aus, was möglichst nicht eintreten soll. Sie haben eine geringere Orientierungswirkung (man weiß nicht, wie statt eines vermiedenen Zustands der erwünschte Zustand aussehen soll) und vermögen nur begrenzt Motivation anzustoßen.
- Ziele sollen eine Herausforderung für die Praxisakteure darstellen. Sie müssen zum einen im Einflussbereich der handelnden Akteure angesiedelt sein, und zum anderen sollen sie so formuliert sein, dass sie zwar erreichbar, aber gleichzeitig so anspruchsvoll sind, dass zu ihrem Erreichen einige Energie von den Akteuren entfaltet werden muss.
- Ziele sollen so verfasst werden, dass der Zielzustand, die Zielgruppe und möglichst der Zeitpunkt der Zielerreichung markiert werden.
- Die Ziele sollen dem Stand der fachlichen Erkenntnisse und Entwicklung in dem jeweiligen Arbeitsfeld entsprechen und berufsethisch vertretbar sein. Die Praxisziele, die Ausgangspunkt für eine Evaluation sind, sollen in einem professionellen Referenzrahmen verankert sein und im Hinblick auf einen solchen fachlichen Kontext legitimiert werden können. Ein gutes Beispiel für ein Dokument, in dem ein solcher Referenzrahmen für ein Arbeitsfeld beschrieben wurde, ist das „Handbuch LEWO", in dem zu unterschiedlichen Aufgabenbereichen dieses Arbeitsfeldes der Stand der Fachdiskussion zusammengefasst wird und daraus Qualitätsmaßstäbe abgeleitet werden (Schwarte/Oberste-Ufer 2001). Mithilfe eines solchen Werkes kann gut überprüft werden, wie sich eine Zielformulierung in den fachlichen Kontext des Arbeitsfeldes einordnet. Nicht für jedes Arbeitsfeld kann auf solche Zusammenfassungen zum fachlichen Stand zurückgegriffen werden, aber in jedem Arbeitsfeld besteht zumindest eine Anzahl „fachlicher Standards", vor deren Hintergrund Praxisziele legitimiert werden müssen.
- Ziele sollen in einer konkretisierten Weise formuliert werden – im Idealfall so, dass die Suche nach Indikatoren bereits in eine bestimmte Richtung gelenkt und erleichtert wird und dass auf diese Weise Messbarkeit gut hergestellt werden kann.

Operationalisierung als Wertungsvorgang

Da die Praxisziele in der Regel noch nicht so formuliert sind, dass sie konkrete Sachverhalte ansprechen, die unmittelbar beobachtet oder gemessen werden können, müssen sie operationalisiert werden. Mit „Operationalisierung" wird der Vorgang bezeichnet, bei dem die noch relativ abstrakten Praxisziele durch messbare oder beobachtbare Ereignisse oder Zustände konkretisiert werden. Bei der Operationalisierung werden sichtbare oder messbare Hinweise (*Indikatoren*) festgelegt, die plausibel darauf schließen lassen, zu welchem Grad ein Praxisziel erreicht worden ist. Die Indikatorenbildung ist immer ein Auswahlprozess:

- Zum einen muss diskutiert werden, welcher Indikator als bedeutsamer Hinweis für das Erreichen eines Praxisziels gewertet werden soll. Ob z. B. für das Ergebnisziel „die Kinder sollen Konfliktsituationen gewaltfrei lösen" der Indikator „... bearbeiten Konflikt durch Reden ohne Einsatz körperlicher Mittel" oder der Indikator „... bearbeiten Konflikt ohne sprachliche Schimpfäußerungen und ohne Einsatz körperlicher Mittel" gelten soll, ist eine wertende Entscheidung.
- Zum anderen muss häufig aus pragmatischen Gründen eine Rangfolge zwischen Indikatoren hergestellt werden, weil wegen des damit verbundenen Aufwands nicht alle Indikatoren untersucht werden können und / oder weil möglicherweise zu dem einen oder anderen Indikator nur begrenzt Erhebungen möglich sind (z. B. wegen der Vertraulichkeit von Beratungssituationen, wegen der Unzumutbarkeit von unmittelbaren Beobachtungen, wegen der Weigerung von Mitarbeitern, eine bestimmte Messmethode zuzulassen etc.).

Die Beteiligten reduzieren also die Komplexität eines Praxisziels mit der Entscheidung für bestimmte, in ihrer Sicht relevante und pragmatisch messbare Indikatoren und nehmen damit wiederum eine Bewertung vor. Diese wertbestimmten Setzungen müssen begründet werden, genauso wie der stringente logische Bezug zwischen Praxisziel und Indikatoren nachvollziehbar darzulegen ist.

Auch Indikatoren können noch unterschiedliche Konkretisierungsgrade aufweisen. So kann man z. B. für das Praxisziel einer Heimerziehungseinrichtung formulieren „die Jugendlichen sollen in zunehmendem Maße ihren Alltag selbstständig bewältigen können". Bei der Suche nach Indikatoren fallen dann die Bereiche ins Auge, die den Alltag ausmachen und die Teilfähigkeiten zu einer Selbstständigkeit erfordern: Wohnung / Zimmer sauber halten, alleine aufstehen und zur Schule / zur Arbeit gehen, sich Essen zubereiten, auf Gesundheit und Hygiene achten, eigene Freizeit gestalten, sich soziale Kontakte suchen und diese aufrechterhalten u. a. Damit wäre das Praxisziel in einem ersten Schritt konkretisiert. Wenn es nun um Beobachtungen geht, würden die Beobachter konsequent weiterfragen, worauf sie achten müssten, wenn sie z. B. nachvollziehen wollen, ob der Indikator „auf Gesundheit und Hygiene achten" realisiert wird. Oder ob es für den Indikator „sich Essen zubereiten" bereits ausreicht, wenn der Jugendliche sich an drei oder vier Tagen der Woche Ravioli aus der Dose aufwärmt oder Tiefkühlpizza im Backofen zubereitet, oder ob der Indikator erst dann als

Konkretisierungsgrade von Indikatoren

erfüllt gelten soll, wenn der Jugendliche sich an mindestens zwei Tagen in der Woche ein warmes Gericht mit frischem Gemüse zubereitet. Die erste Aufteilung in verschiedene Alltagsbereiche, bei der das Ziel „selbstständige Alltagsbewältigung" in Teilfertigkeiten aufgegliedert wird, könnte man eine Formulierung von „*Indikatoren erster Ordnung*" nennen. Die weitere Verfeinerung und Vertiefung dieser Indikatoren in genauere Beobachtungskategorien wären dann als „*Indikatoren zweiter Ordnung*" zu fassen. Auf welche Tiefenebene der Indikatorenbildung man bei einer Evaluation vordringen sollte, ist pragmatisch zu entscheiden. Es richtet sich nach den Messinstrumenten, die man anwendet, und nach dem sozialen Rahmen, innerhalb dessen die Ergebnisse diskutiert und ausgewertet werden. So können in dem genannten Beispiel die Pädagogen in den Wohngruppen sich zunächst mit relativ groben Einschätzungen begnügen und die Diskussion über die Ergebnisse der Einschätzungen der einzelnen Pädagogen zu den verschiedenen Jugendlichen auch (im Sinne eines nützlichen Nebeneffekts) als einen Prozess der Verständigung über unterschiedliche Wahrnehmungen der Pädagogen bei bestimmten Jugendlichen und über mögliche unterschiedliche pädagogische Normen nutzen. In einem solchen Fall würde die Formulierung von Indikatoren erster Ordnung ausreichen, die dann z. B. in einem Einschätzungsbogen umgesetzt werden, den alle Pädagogen in regelmäßigen Abständen (z. B. jedes halbe Jahr) für alle Jugendlichen ausfüllen.

Tab. 5: Einschätzungsbogen nach Merchel (2010a, 148)

	KANN DER/DIE JUGENDLICHE NACH UNSERER EINSCHÄTZUNG (BITTE ANKREUZEN):					
	SEHR GUT					GAR NICHT
	1	2	3	4	5	6
Wohnung/Zimmer sauber halten						
allein aufstehen und zur Schule gehen						
sich Essen zubereiten						
auf Gesundheit und Hygiene achten						
eigene Freizeit gestalten						
sich soziale Kontakte suchen						

In anderen Zusammenhängen kann es jedoch angebracht sein, die einzelnen „Indikatoren-Kategorien" weiter zu konkretisieren und Indikatoren zweiter Ordnung hinzuzufügen, um statt der Einschätzung durch die Pädagogen eine genauere Beobachtung zu ermöglichen.

Umstritten ist, ob bei der Indikatorenbildung von vornherein „Erfolgsspannen" angegeben werden sollen. Mit „Erfolgsspannen" sind Werte gemeint, die erreicht sein sollen, damit die Praxisakteure ihr Handeln als zufriedenstellend ansehen können: Mit welchem Ergebniswert sind wir zufrieden? Welcher Wert sollte dafür mindestens gegeben sein (Minimum) und welcher Wert bedeutet ein hohes Maß an Zufriedenheit (Maximum)? Die Befürworter der frühen Festlegung solcher Erfolgsspannen (z. B. v. Spiegel 2001, 73 f) sehen darin den Vorteil, dass Anspruchsniveaus transparent gemacht werden und dass durch die frühzeitige Festlegung normative Vorgaben gemacht werden, an denen die Beteiligten die Evaluationsergebnisse messen müssen. Dadurch werden spätere „geschönte" Interpretationen der Ergebnisse erschwert – nach dem Motto: „Wenn wir vorher schon unser Anspruchsniveau festgelegt haben, ist das ein Maßstab, an dem wir uns auch nachher messen müssen." Allerdings ist die Gefahr des routinierten Selbstbetrugs damit nicht umgangen: Zum einen kann das Anspruchsniveau am Anfang so niedrig gesetzt werden, dass man auf jeden Fall bei den späteren Evaluationsergebnissen sicher sein kann, nicht allzu schlecht abzuschneiden, und zum anderen wird man sicherlich auch später noch „gute Gründe" finden, um die anfangs gesetzte Erfolgsspanne zu „berichtigen" und dadurch möglicherweise besser abzuschneiden. Deswegen kann man auch gegen eine frühzeitige Festlegung von Erfolgsspannen plädieren und argumentieren, dass so die Neigung zu einer willkürlichen und wenig nützlichen „Messlatten-Logik" unterstützt wird, bei der die Auswertung sich vorwiegend auf die Frage konzentriert, ob man denn „die Latte übersprungen" habe. Auf diese Weise kann eine komplexere Auswertung unterlaufen werden, bei der die Praxisakteure sich umfassend mit der Bedeutung der Ergebnisse auseinandersetzen und zu einer differenzierten Einschätzung ihrer Zielerreichung gelangen können.

Angabe von „Erfolgsspannen" umstritten

An die Indikatoren schließen unmittelbar die *Erhebungsfragen* an. Im logischen Ablauf ist zu erörtern, welche Fragen im Rahmen einer Erhebung zu stellen sind und welche Informationen erforderlich sind, um die Ausprägung der Indikatoren untersuchen zu können, damit man auf dieser Grundlage auf den Umsetzungsgrad eines Praxisziels schließen kann. In den Erhebungsfragen wird deutlich, welche Daten benötigt werden, um einigermaßen verlässliche und plausible

Ableitung von Erhebungsfragen aus Indikatoren

Einschätzungen vornehmen zu können. Mit den Erhebungsfragen wird auch die Richtung für die Datenerhebung angegeben: Es wird entschieden, welche Informationen die Datenerhebung erzeugen soll, und damit werden Anhaltspunkte für die Diskussion zu den angemessenen Methoden und Instrumenten für die Datenerhebung geliefert. Mit der Formulierung der Erhebungsfragen wird in der Evaluationsplanung der Anschluss an die Erwartungen der Akteure markiert: die Verbindung zu den „Entscheidungszwecken", für die die Akteure die Evaluation in Gang gesetzt haben. Denn die nachfolgende Datenerhebung hat dem Evaluationsziel entsprechende, „relevante" Befunde zu liefern. „Befunde, die zwar als ‚ganz interessant' aufgenommen werden, bei denen es aber für das Entscheidungshandeln keinen Unterschied ausmacht, ob sie so oder anders ausfallen, sind irrelevant, sind Verschwendung von Evaluationsressourcen." (Kromrey 2005, 60) Die genaue Ableitung der Evaluationsfragen aus Praxiszielen und daraus geschlussfolgerten Indikatoren verhindert eine solche unklare Datenerhebung und hilft, das Gefühl der Unverhältnismäßigkeit von Aufwand und Nutzen einer Evaluation nicht aufkommen zu lassen oder zumindest zu begrenzen.

Prozessnutzen von Evaluationsplanung

Im Übrigen sei darauf hingewiesen, dass eine solche Form der Evaluationsplanung einen produktiven Nebeneffekt, einen Prozessnutzen mit sich bringt. Wenn eine Organisation häufiger Evaluationen betreibt und dabei die hier erläuterten Arbeitsschritte durchläuft (Wahrnehmung einer als Defizit empfundenen Situation, Erörterung von Hypothesen, Festlegung der generellen Evaluationsfragestellung, Erkundung oder Definition von Praxiszielen und darauf ausgerichteten Indikatoren, Ableitung von Erhebungsfragen), dann erwerben die Organisation und ihre Mitglieder etwas Elementares für die Herausbildung von kontinuierlichem Organisationslernen: „vordringlich *beantwortbare* Fragen zu stellen" statt der großen bekenntnishaften Debatten unter solchen Konzeptbegriffen wie Lebensweltorientierung, Sozialraumorientierung, Klientenbezug, Empowerment, Partizipation, Normalisierung usw.(Wolff/Scheffer 2003, 350) – ein nicht zu gering zu schätzender Nebeneffekt!

> **Zusammenfassung: Was ist in Bezug auf Praxisziele zu beachten?**
>
> - Welche Praxisziele verfolgen die Akteure in der Organisation? Welche dieser Prozessziele und/oder Ergebnisziele sollen in die Evaluation einbezogen werden?

- Formulierung der einzubeziehenden Praxisziele unter folgenden Kriterien: positiver sprachlicher Duktus; Markieren einer Herausforderung; möglichst konkrete Benennung von Zielzustand, Zielgruppe und angestrebtem Zeitpunkt der Zielerreichung.
- Operationalisierung der Praxisziele/Indikatorenbildung: An welchen Hinweisen (Indikatoren) lässt sich erkennen/beobachten/messen, ob und in welchem Ausmaß ein Praxisziel erreicht ist?
- Formulierung der Erhebungsfragen und damit Festlegung des Datenbedarfs: Zu welchen, aus den Indikatoren abzuleitenden Fragen werden Daten benötigt, die erhoben werden sollen, um die Ausprägung der Indikatoren untersuchen und bewerten zu können?

4.3 Auswahl und Konstruktion der Instrumente zur Datenerhebung

Bei der Formulierung der Erhebungsfragen wird erkennbar, welcher Bedarf an Informationen besteht, um zu tragfähigen Antworten zu gelangen, mit deren Hilfe der Grad der Umsetzung der Praxisziele bewertet werden kann. Nachdem dabei deutlich geworden ist, welche Informationsbereiche für die Datenerhebung relevant sind, muss nun dafür gesorgt werden, dass nicht allgemeine „Informationen", sondern möglichst präzise auf die Erhebungsfragen abgestimmte „Daten" erhoben werden: „Daten sind Informationen, die im Rahmen eines Erhebungsprozesses gewonnen und für die angestrebte Auswertung zielgerichtet aufbereitet worden sind." (Meyer 2007, 224) „Datenerhebung" erfolgt also nicht zufällig, sondern systematisiert. Es müssen somit bei diesem Verfahrensschritt Modalitäten der Datenerhebung festgelegt und entsprechende Instrumente erarbeitet werden.

Nicht allgemeine „Informationen", sondern „Daten"

4.3.1 Überlegungen zur Auswahl von Erhebungsmethoden

Für eine praxisbezogene Evaluation haben sich folgende, aus der empirischen Sozialforschung stammende Erhebungsmethoden als nützlich und anwendbar erwiesen:

- schriftliche Befragung (Fragebogenerhebung),
- mündliche Befragung (Interviews),
- Beobachtung (teilnehmend – nicht teilnehmend),
- Analyse von in einer Organisation vorhandenen Daten (z. B. Besucherstatistiken, Belegungsstatistiken),
- Analyse vorhandener Dokumente (z. B. Hilfepläne, Gruppenbücher).

Schwerpunkt bei quantitativen Erhebungsmethoden

Der Schwerpunkt liegt im Bereich der quantitativen Erhebungsmethoden. Erhebungsmethoden, die aus der qualitativen Sozialforschung stammen, werden in der Evaluationspraxis in weitaus geringerem Maße angewendet. Selbst in der Evaluations*forschung* haben die quantitativen Methoden ein deutliches Übergewicht, während die qualitativen Methoden (Flick 2006; Lüders/Haubrich 2003) nur selten bei einem Projekt der Evaluationsforschung im Mittelpunkt stehen. Die Dominanz der quantitativen Erhebungsmethoden mag damit zusammenhängen, dass die Auftraggeber für eine Evaluation oder diejenigen, die die Evaluation in ihrer Praxis realisieren wollen, eher an vermeintlich „harten Fakten" interessiert sind und die Deutung der in qualitativen Erhebungsverfahren gewonnenen Daten diesem Bedürfnis nicht in ausreichendem Maße entspricht. Zum anderen ist insbesondere im Hinblick auf die mit der Praxis stärker verknüpften Evaluationen zu berücksichtigen, dass eine tragfähige Interpretation von qualitativ erhobenen Daten einen Aufwand und eine methodische Kompetenz voraussetzt, die bei Praxisakteuren nicht so häufig anzutreffen ist. Dass auch bei der Erhebung und Verarbeitung quantitativ gewonnener Daten methodische Unzulänglichkeiten aufgrund mangelnder Kompetenz existieren, ist sicherlich nicht zu bestreiten. Jedoch ist die Unsicherheit bei der Erhebung und Interpretation von in qualitativen Verfahren gewonnenen Daten bei den Praxisakteuren zumeist deutlich größer.

Kriterien für die Entscheidung zu Erhebungsmethoden

Für die Entscheidung, welche Erhebungsmethode für eine Erhebungsfrage ausgewählt werden soll, sind insbesondere folgende Gesichtspunkte zu erörtern (Burkard/Eikenbusch 2000, 110 ff; Heiner 2001b, 39 ff):

- *Angemessenheit und Tragfähigkeit der mit der Erhebungsmethode erzeugten Ergebnisse für das Erhebungsziel*: Selbstverständlich sollen nur solche Erhebungsmethoden realisiert werden, die zur Erhebungsfrage, zur Zielsetzung der Evaluation und zum Untersuchungsgegenstand passen. Wenn z. B. die Erhebungsfrage lautet „Wie häufig haben sich Jugendliche, die in einer betreuten Wohnform begleitet werden, in einer Woche eine warme Mahlzeit zubereitet, die aus mehr bestand als einem Erwärmen eines Fertiggerichts?" dann wird die Erhebungsmethode „protokollarische Aufzeichnung der Jugendlichen" eher einigermaßen verlässliche Daten liefern als eine Befragung der Freunde der Jugendlichen. Und auch eine Erhebung zu den Einschätzungen der wichtigsten sozialen Kontaktpartner, welche Bedeutung sie einer „gesunden Ernährung" zusprechen und ob sie der Meinung sind, dass der betreffende Jugendliche sich „gesund ernähre", würde keine relevanten Ergebnisse zur Beantwortung der Erhebungsfrage liefern können. Ein anderes Beispiel: Die reine Besucherstatistik eines Jugendzentrums sagt nichts darüber aus, wie weit die Jugendlichen mit den Angeboten zufrieden sind (es könnte ja sein, dass ein erheblicher Teil der Jugendlichen vornehmlich mangels Alternativen bei den örtlichen Freizeitangeboten kommt) und erst recht nicht darüber, ob das Jugendzentrum in der Lage ist, soziales Lernen zu fördern.

- *Glaubwürdigkeit der mit der Erhebungsmethode erzeugten Ergebnisse beim Zielpublikum*: Neben der methodischen Angemessenheit muss auch die voraussichtliche Akzeptanz der Ergebnisse bei denjenigen einkalkuliert werden, denen die Ergebnisse präsentiert werden sollen. Mit „Akzeptanz" ist hier nicht gemeint, ob das Zielpublikum mit den Inhalten einverstanden ist, sondern ob es ein Vertrauen in die Erhebungsmethode hat. Wenn markante Teile des Zielpublikums bei der Vorlage von Befragungsergebnissen der Meinung sind, die Anlage der Befragung sei bereits tendenziös gewesen (wegen der Art der Fragen oder weil vor allem solche Personen befragt worden seien, die von vornherein eine bestimmte Meinungstendenz erwarten ließen), wird man mit einer solchen Befragung und möglicherweise überhaupt mit der Befragungsmethode keine adäquate Evaluationswirkung erzielen können. Oder wenn sich Mitarbeiter in ihrer Arbeit durch die Erhebungsmethode (Analyse von Hilfeplänen oder Nutzerstatistik) nicht ausreichend in ihrer Arbeit abgebildet sehen („Das trifft nicht das, womit wir täglich konfrontiert sind."), hat dies Glaubwürdigkeitsverluste in der Evaluation zur Folge. Für die Evaluationsakteure ist hier wichtig, dass sie bei der Planung der Erhebungsschritte die Perspektive derjenigen einbeziehen, die die Evaluationsergebnisse zur Kenntnis nehmen und als bedeutsam bewerten sollen. Sie müssen sich fragen, ob die mit einer bestimmten Erhebungsmethode erzeugten Ergebnisse in den Augen ihrer Evaluationsadressaten wahrscheinlich für glaubwürdig gehalten und unter methodischen Gesichtspunkten von diesen akzeptiert werden könnten.
- *Aufwand, zeitliche Perspektiven und vorhandene Ressourcen*: Es ist zu kalkulieren, welche personellen und sachlichen Ressourcen vorhanden sind, um den mit einer Erhebungsmethode verbundenen Aufwand bewältigen zu können. Beobachtungsmethoden, die möglicherweise gute Daten liefern würden, aber nur mit erheblichem Aufwand (z.B. Videoaufzeichnungen oder akustische Aufzeichnungen und deren Auswertung; zeitaufwändige teilnehmende Beobachtungen) realisiert werden können, müssen häufig aus pragmatischen Gründen unbeachtet bleiben. Wenn das Bemühen um eine breite Datenbasis mit viel Zeit und Aufwand verbunden ist und keine Finanzmittel vorhanden sind oder andere Gründe daran hindern, Externe mit der Datenerhebung zu beauftragen, wird man sich pragmatisch an der Frage orientieren, mit welchem Aufwand und welchen Erhebungsmethoden eine sachlich noch akzeptierbare schmalere Datenbasis erzeugt werden kann. Auch die zeitliche Perspektive, die für eine Evaluation angelegt wird, hat eine Bedeutung: Wenn die Praxisakteure an relativ schnellen Ergebnissen interessiert sind, wird man vielleicht eher zu Fragebogenerhebungen greifen als zu Beobachtungen, für die ein größerer Zeitraum anzusetzen ist, und eher zu Erhebungen in kurzen Zeiträumen als zu Langzeitstudien oder eher zu strukturierten Gruppeninterviews als zu einer größeren Zahl von Einzelinterviews.

- *Akzeptanz der Erhebungsmethode bei den „Datenlieferanten"*: Jede Erhebung kann nur so gut sein wie die Kooperationsbereitschaft derjenigen, bei denen die Daten erhoben werden. Dies trifft für eine Befragung, bei der sich die Befragten gegenüber den Fragebögen öffnen oder zu einem Interview bereit sein müssen, ebenso zu wie bei der Beobachtung. Wenn z. B. eine teilnehmende Beobachtung in Elternbildungskursen aus Evaluationssicht als eine angemessene Datenquelle angesehen würde, aber die Kursleiterinnen damit nicht einverstanden wären und die Beobachtung nur durch ein „Machtwort" der Einrichtungsleitung ermöglicht werden könnte, ist eine solche Erhebungsmethode mit großer Wahrscheinlichkeit wenig sinnvoll; die anschließende Debatte zu den Ergebnissen wäre so belastet, dass die Evaluationsergebnisse vermutlich kaum produktiv verarbeitet würden. Oder wenn die Erhebungsmethode „gegenseitige Analyse von Hilfeplänen anhand von vorher definierten Kriterien" auf massiven Widerstand stößt, weil in der Organisationskultur die unausgesprochene Norm herrscht „einzelfallbezogene Aufzeichnungen werden allenfalls von der eigenen Teamleitung eingesehen, nicht aber von anderen Kollegen, erst recht nicht von Kollegen aus einem anderen Team", dann lässt sich eine solche Erhebungsmethode erst dann sinnvoll einsetzen, wenn die zugrunde liegende Norm kritisch diskutiert und eine vorsichtige Öffnungstendenz bei den Mitarbeitern erreicht worden ist. In der Zwischenzeit müssten dann andere Erhebungsmethoden bevorzugt werden. Die Erhebungsmethoden müssen somit auch vor dem Hintergrund einer bestimmten Organisationskultur abgewogen werden.
- *Kompetenz im Umgang mit der Erhebungsmethode – auf Seiten der Evaluationsakteure und auf Seiten der „Datenlieferanten"*: Es ist eigentlich banal, aber als ein „Merkpunkt" ist darauf hinzuweisen, dass selbstverständlich diejenigen, die die Daten „liefern" sollen, auch dazu in der Lage sein müssen. Es können also nur solche Personen mit einem Fragebogen befragt werden, die in der Lage sind zu lesen, und zwar so, dass sie nicht nur mehr oder weniger mühsam Buchstaben aneinanderreihen, sondern im Lesen auch Sinn zu erfassen vermögen. Ferner muss die Erhebungsmethode abgestimmt sein auf die „mentale Kompetenz", die Bereitschaft der potenziellen „Datenlieferanten", sich auf die Methode einzulassen. So ist z. B. fraglich, ob bei Jugendlichen in einem Jugendzentrum das Verteilen von Fragebögen auf deren Bereitschaft stößt, sich in dieser Form befragen zu lassen und ernsthafte Antworten auf die Fragen zu geben. Die Evaluationsakteure müssen sich Rechenschaft darüber abgeben, ob ihre Erhebungsmethode angemessen auf die Kompetenz und die Bereitschaft derjenigen abgestimmt ist, die die Daten liefern sollen.

Dass darüber hinaus sich auch die Evaluationsakteure sorgfältig und gewissenhaft überlegen müssen, ob sie selbst die hinreichende methodische Kompetenz zur Anwendung einer bestimmten Erhebungsmethode haben und ob sie möglicherweise vor diesem Hintergrund zu einer „zweitbesten Alternative" greifen sollten, versteht sich von selbst.

Bei der Erwägung und Entscheidung zu den Erhebungsmethoden sind also sowohl Überlegungen einzubeziehen, die sich auf verfahrenslogische Aspekte der Erhebung richten, als auch solche Gesichtspunkte, bei denen das soziale Feld angesprochen ist, in dem sich die Evaluation bewegt. Dabei sind gleichermaßen Kriterien der verfahrenslogischen Korrektheit wie pragmatische Kalküle zur Ausrichtung an den jeweils vorfindbaren Gegebenheiten bedeutsam.

Die für die Wahl von Erhebungsmethoden entscheidenden Fragen sind somit:

- Liefert die Erhebungsmethode tragfähige und ausreichend verlässliche Daten, um die Erhebungsfrage sachlich gehaltvoll beantworten zu können?
- Wird die Erhebungsmethode bei denen, die mit den Ergebnissen konfrontiert werden, als sachlich plausibel und sozial akzeptabel bewertet?
- Ist das konzipierte Erhebungsverfahren vom Aufwand und von den zeitlichen Perspektiven her praktikabel? Werden mit vertretbarem Aufwand relativ schnell Ergebnisse erzeugt?
- Wird die gewählte Erhebungsmethode bei denen, die die Daten liefern sollen, akzeptiert? Besteht eine störende Spannung zu den Normen und Traditionen, also zur Organisationskultur in derjenigen Organisation, in der die Erhebung stattfinden soll?
- Sind die Kompetenzen, die für die Anwendung der Erhebung auf Seiten der „Datenlieferanten" erforderlich sind, vorhanden? Verfügen auch die Evaluationsakteure über die für die Erhebung erforderlichen Kompetenzen?

Die Entscheidung über die für die Erhebungsfragen angemessenen Erhebungsmethoden mündet in einen *Datenerhebungsplan*. Er gibt Antwort auf die Frage: Auf welche Weise erhalten die Evaluationsakteure zu welchem Zeitpunkt von wem welche Informationen? (Beywl/ Schepp-Winter 2000, 39) In dem Datenerhebungsplan

Datenerhebungsplan

- wird zunächst erwogen, ob und zu welcher Erhebungsfrage und in welchem Umfang auf bereits vorhandene Daten (Statistiken, Arbeitsberichte etc.) zurückgegriffen werden kann;
- werden die Erhebungsinstrumente festgehalten und kurz begründet;
- wird angegeben, wer die für die Erhebungsfragen relevanten Informationen/Daten geben kann;
- wird festgelegt, wer für die Datenerhebung verantwortlich ist und wer sich an der Datenerhebung beteiligen kann;
- werden Zeitpunkte (wann ist die Erhebung sachlich sinnvoll?) und Zeiträume für die Erhebung (auf welchen zeitlichen Korridor sollen die Daten sich beziehen?) angesprochen.

Begrenzung des Umfangs der Erhebung

Der Umfang der Datenerhebung soll möglichst „sparsam" konzipiert werden, um die Beteiligten nicht zu überfordern und ihre Motivation nicht zu gefährden. Die zu erhebende Datenmenge sollte auf den zur Beantwortung der Erhebungsfragen erforderlichen Umfang konzentriert werden (nicht nach dem Motto vorgehen: „was uns sonst noch so interessiert..."). In der Regel ist es sinnvoll, die für eine Erhebungsmethode konstruierten Instrumente (Fragebögen, Beobachtungsbögen, Analyseraster zur Dokumentenanalyse etc.) vor dem „ernsthaften" Einsatz zu testen (Pretest), um auf Korrekturbedarf aufmerksam zu werden.

4.3.2 Schriftliche Befragung

Wege einer Befragung

Schriftliche Befragungen erfolgen anhand eines Fragebogens, der an die Befragten persönlich (durch die Evaluationsakteure selbst oder von ihnen Beauftragte) verteilt oder verschickt werden kann. Bei der gesamten Konstruktion des Fragebogens und den Überlegungen zur Verteilung und zum Modus der Rückgabe sollen solche Modalitäten ausgewählt werden, die zum einen die Chance zu einer möglichst ehrlichen Beantwortung der Befragten wahren und zum anderen für eine möglichst hohe Rücklaufquote förderlich sind. Die Chancen für einen guten Rücklauf verbessern sich, wenn man den postalischen Weg vermeidet, sondern die Fragebögen zu Zeiten und an Orten ausgibt, die einen Kontakt mit den Befragten ermöglichen: bestenfalls werden die Fragebögen direkt vor Ort ausgefüllt und auch wieder zurückgegeben. Dann muss man allerdings dafür sorgen, dass die Befragten sich unbeeinflusst und unbeobachtet in ihrem Antwortverhalten wähnen können und dass eine elementare Anonymität gesichert wird (z. B. durch die Bitte, ausgefüllte Fragebögen in einen im Sekretariat befindlichen geschlossenen Kasten zu werfen).

Begrenzte Möglichkeit, Fakten zu erfragen

Ein Fragebogen dient dazu, Meinungen, Einschätzungen, Wünsche, Empfindungen oder Wahrnehmungen von Befragten zu erkunden. Wenn es dagegen um die Information zum Verhalten von Personen geht, sind in der Regel Methoden der Beobachtung oder statistischen Erhebung (Zählung) angemessen. Fakten werden nur sehr begrenzt durch Fragebögen erfragt. So kann die Frage „Durch wen haben Sie vom Angebot unserer Beratungsstelle erfahren?" sinnvoll sein, wenn es um die Erkundung der Zugangswege zu dieser Beratungsstelle geht. Die Frage „In welchem Stadtteil wohnen Sie?" oder die Frage an Kinder und Jugendliche „Wie lange brauchst Du, wenn Du zu Fuß von Deiner Wohnung zum Jugendzentrum gehst?" kann helfen, den Einzugsbereich einer Einrichtung genauer zu bestimmen. Aber schon eine Frage wie „Wie viele Stunden bist Du in der Woche durchschnittlich im Jugendzentrum?", verbunden mit der Frage „Wie viel Zeit am Tag verbringst Du ungefähr am Fernsehgerät?" bringt nur begrenzt Erkenntnisse zum Freizeitverhalten von Kindern und Jugendlichen und zur relativen Attraktivität des Jugendzentrums im Vergleich zu anderen Freizeitaktivitäten. Denn ob die Befragten hier tatsächlich in der Lage sind, Angaben mit faktenähnlicher Verlässlichkeit zu machen, ist sehr fraglich. Es würde sich wohl eher um ungefähre Einschätzungen handeln. Somit sollte man im Rahmen einer Evaluation mit vermeintlichen Fragen zu Fakten in einem Fragebogen zurückhaltend sein; zumindest sollte man bei den Interpretationen den begrenzten Aussagewert der Antworten auf solche Fragen bedenken.

Schriftliche Befragungen haben den Vorteil, dass man zeitgleich relativ viele Meinungen oder Einschätzungen einholen kann und damit eine breite Basis für die Bewertungen innerhalb einer Evaluation erhält; ferner lässt sich durch entsprechende Arrangements die Anonymität im Erleben der Befragten so weit gewährleisten, dass sie in relativ großer persönlicher Unabhängigkeit ihre Einschätzungen im Fragebogen niederlegen. Würde man eine ähnlich breite Basis mit mündlichen Befragungen (Interviews) herstellen wollen, wäre dies mit erheblich höherem Aufwand verbunden. Ferner könnte der Wechsel zu Interviews zu einer sachlichen Verschiebung der Ergebnisse führen, weil die Befragten dann möglicherweise nicht mehr so sehr auf eine anonyme Verwertung ihrer Antworten vertrauen. **Vorteile schriftlicher Befragungen**

In der Regel geht man davon aus, dass die Befragten den Fragebogen eigenständig, also ohne den Einfluss Dritter auf ihr Antwortverhalten, und allein bearbeiten, d. h. ohne die Dynamik der Gruppe und ohne Absprachen zwischen mehreren Befragten. Man sollte in einer Evaluation versuchen, die Bedingungen so zu gestalten (z. B. durch entsprechende Formen und Orte der Fragebogenverteilung), dass ein möglichst großer Teil der Fragebogenbearbeitung tatsächlich entsprechend dieser Leitvorstellung verläuft. **Eigenständige Bearbeitung von Fragebögen**

Fragebögen können vollständig standardisiert oder teilstandardisiert sein. *Vollständig standardisierte Fragebögen* enthalten nur geschlossene Fragen, also Fragen mit Antwortvorgaben, aus denen die Befragten ihre Antwort auswählen und markieren. *Teilstandardisierte Fragebögen* enthalten zu einem gewissen Anteil auch Fragen, bei denen die Befragten ihre Antwort frei formulieren können (offene Fragen). Die für eine Evaluation konstruierten Fragebögen weisen meist einen relativ hohen Grad an Standardisierung auf. Dieser hat den Vorteil, **Standardisierungsgrad**

- dass dadurch die Auswertung erleichtert wird (relativ hoher Aufwand bei der Durchsicht und Kategorisierung von offenen Antworten);
- dass damit quantifizierte und in der Interpretation eindeutigere Rückmeldungen ermöglicht werden;
- dass durch die vorgegebenen Antwortalternativen die Evaluationsakteure präziser erkunden können, was sie auch wissen wollen – im Vergleich zur breiten Antwortpalette, die bei offenen Fragen erzeugt wird.

Nachteile hoch standardisierter Befragungen

Jedoch haben geschlossene Fragen und damit ein hoher Standardisierungsgrad auch Nachteile. Sie engen den Blick ein auf das, was die Evaluationsakteure bei der Konstruktion des Fragebogens bereits als Annahmen einbringen. Die Antwortoptionen sind notwendigerweise eingeschränkt durch das, was die Evaluationsakteure für relevant halten oder was ihnen als potenziell bedeutsam in den Sinn kommt.

„In einem standardisierten Fragebogen sind üblicherweise explizit oder implizit Vorannahmen darüber eingeflossen, welche Kategorien, welche Themen, welche Dimensionen hinsichtlich der Dienstleistung von Bedeutung sind. Nur danach wird gefragt. Abweichende Einstellungen, Wünsche oder Gefühlslagen der Befragten können kein Gehör finden. ... So wird ... Expertenmacht durch die Problemdefinition ausgeübt und (ebenso einengend) eine Vorgabe gemacht, welche Gefühle und Meinungen mitteilenswert sind." (Müller-Kohlenberg 2001, 77)

Die Evaluationsakteure sollten sich der Vorteile, aber auch der Grenzen eines hohen Standardisierungsgrades bei Fragebögen bewusst sein. Als generelle Regel für den Grad der Standardisierung bzw. für den Anteil offener Fragen in einem Fragebogen kann gelten:

- Der Anteil der offenen Fragen in einem Fragebogen sollte begrenzt werden, um den Auswertungsaufwand nicht zu groß werden zu lassen, um möglichst präzise Antworten auf bereits vorhandene relativ präzise Erhebungsfragen zu erhalten, und um den Anteil von Antwortverweigerungen aufgrund eines von den Befragten als hoch empfundenen Schreibaufwands zu reduzieren.
- Die offenen Fragen sollten für diejenigen Erhebungsinhalte reserviert werden, bei denen die Evaluationsakteure noch über wenig Informationen hinsichtlich der sachlichen Implikationen und Dimensionen des Fragebereichs verfügen oder in denen die Evaluationsakteure bewusst die Vielfalt der Perspektiven zu einer bestimmten Fragestellung überprüfen wollen.

Methodische Regeln für Fragebögen

Um einen fachlich gehaltvollen und in seinen Ergebnissen aussagefähigen Fragebogen konstruieren zu können, bedarf es der Beachtung einiger methodischer Regeln. Dazu gehört u. a., dass die Antwortvorgaben sachlich der Frage und dem Frage-Inhalt angemessen sind. Mit den Antwortvorgaben sollen die Antworten der Befragten in vergleichbare Kategorien eingeordnet werden. Voraussetzung dafür ist eine verständliche und logisch konsistente Antwortformulierung. Tabelle 6 gibt Auskunft über verschiedene *Möglichkeiten zur Vorgabe von Antworten* (Beywl/Schepp-Winter 2000, 52; Meyer 2007, 244):

ARTEN DER ANTWORTVORGABEN:	BEISPIEL:
Anreiz zu offenen Antworten	An der Tagesstätte (für Menschen mit psychischen Behinderungen) gefällt mir besonders gut: 1. .... 2. .... 3. .... An der Tagesstätte gefällt mir gar nicht: 1. .... 2. .... 3. ....
Alternativvorgabe (ja/nein; stimme zu/stimme nicht zu)	Hast Du im letzten Jahr einen Kurs in unserem Jugendzentrum besucht? ☐ ja ☐ nein Einige Jugendliche haben den Vorschlag gemacht, die Öffnungszeiten des Jugendzentrums an Wochentagen zu verkürzen und dafür am Sonntagnachmittag das Jugendzentrum zu öffnen. Wie ist Deine Meinung dazu? ☐ stimme dem Vorschlag zu ☐ stimme dem Vorschlag nicht zu
Mehrfachauswahl mit Rangordnung	Welche Angebote der Schulsozialarbeiter findest Du für Dich am interessantesten (Du kannst drei Angebote angeben: beim besten Angebot trage bitte die Zahl 1 ein, beim zweitbesten die Zahl 2 und beim drittbesten die Zahl 3): ☐ Hilfe bei den Hausaufgaben ☐ Sportangebote ☐ Musikkurs ☐ Selbstbehauptungstraining ☐ Gespräche bei Problemen mit den Lehrern ☐ Gespräche bei Problemen mit anderen Schülern ☐ Computerkurs ☐ andere Angebote – welche? ....

Tab. 6: Antwortvorgaben für Fragebögen

ARTEN DER ANTWORTVORGABEN:	BEISPIEL:
Mehrfachauswahl ohne Rangordnung	Wie sind Sie auf unsere Beratungsstelle aufmerksam geworden? (Mehrfachantworten möglich) ☐ durch Hinweise von Freunden und Bekannten ☐ durch Zeitungsartikel ☐ durch Hinweise von Sozialarbeitern ☐ durch ausliegende Informationsblätter ☐ durch Informationsplakate ☐ durch Informationsstände der Beratungsstelle bei Veranstaltungen ☐ auf anderen Wegen – welche? ....
Skala mit Alternativen, vorgegebener Rangordnung und einer Antwortmöglichkeit	An wieviel Tagen in der letzten Woche haben Sie Alkohol getrunken? ☐ gar nicht ☐ an einem und/oder zwei Tagen ☐ an drei und/oder vier Tagen ☐ an vier und/oder mehr Tagen
Skala mit kategorialer Skalierung (Ausmaß/Intensität)	Geben Sie bitte an, wie Sie sich mit Ihren Anliegen und Schwierigkeiten vom Berater verstanden gefühlt haben: ☐ 1 habe mich sehr gut verstanden gefühlt ☐ 2 ☐ 3 ☐ 4 ☐ 5 habe mich gar nicht verstanden gefühlt Wenn wir uns treffen, hatte mein Betreuer/meine Betreuerin ausreichend Zeit, um mit mir die wichtigsten Dinge zu besprechen. (Bitte kreuzen Sie an!) ☐ immer ☐ meistens ☐ manchmal ☐ selten ☐ nie (oder, wenn man die „Tendenz zur Mitte" vermeiden möchte:) Wie zufrieden bist Du mit Deinem Verhältnis zu Deinen Eltern und zu Deinen Geschwistern? ☐ sehr zufrieden ☐ nicht schlecht, aber könnte besser sein ☐ nicht so zufrieden ☐ sehr unzufrieden

Die Antwortalternativen sollen inhaltlich präzise und klar voneinander abgegrenzt sein. Bei geschlossenen Fragen sollen alle Antwortmöglichkeiten vorhanden sein, so dass jeder Befragte sich eindeutig zu einer Frage positionieren kann. Da sich möglicherweise aber nicht jeder Befragte aufgrund mangelnder Erfahrungen oder mangelnder Kenntnisse zu allen Fragen positionieren kann, sollte überlegt werden, bei bestimmten Fragen die Antwortkategorie „weiß nicht/kann ich nicht beantworten" einzufügen.

Abgegrenzte Antwortalternativen

Welche Form von Antwortvorgaben man wählt, hängt zum einen mit der sachlichen Logik der Frage zusammen, zu der die Art der Antwortvorgabe passen muss, und zum anderen mit der Einschätzung der wahrscheinlichen Reaktion der Befragten. Können die Befragten die erforderliche Abstraktionsleistung erbringen, um auf einer Fünferskala, bei der lediglich die Pole 1 und 5 sprachlich charakterisiert sind, die Zwischenwerte adäquat einzuschätzen, oder benötigen Sie eine sprachliche Konkretisierung aller Skalenwerte? Assoziieren die Befragten vermutlich eine Fünferskala mit der Logik der Schulnoten und ist aus Sicht der Evaluationsakteure eine solche Assoziation akzeptabel? Kann man bei einem Anreiz zu einer offenen Antwort davon ausgehen, dass die Befragten in der Lage sind, ihre Einschätzung „auf den Punkt zu bringen" und aufzuschreiben? Bei den Modalitäten zu Antwortvorgaben müssen die methodischen Erwägungen immer die Position, die Kompetenz und den vermutlichen Antworthorizont der Befragten einbeziehen. Ein sachlicher und methodisch gut konstruierter Fragebogen nützt wenig, wenn diejenigen, die befragt werden sollen, sich intellektuell, mental oder sozial überfordert oder nicht angemessen angesprochen fühlen.

Zur Wahl der Antwortvorgaben

Auch in der Formulierung von Fragen sollte man bei der Fragebogenkonstruktion ausreichend sorgfältig vorgehen. Zunächst besteht die generelle Anforderung, bei der Frageformulierung die zu Befragenden mit ihrem Sprachstil, ihren Verstehensmöglichkeiten und ihren vermutlichen Assoziationen zu Begriffen und Redewendungen in den Blick zu nehmen und darauf die Frageformulierung auszurichten. Es geht hier nicht darum, sich sprachlich der Zielgruppe anzubiedern, indem man versucht, ihren „Slang" zu kopieren (was in der Regel sachlich kaum funktioniert und bisweilen peinliche Züge annimmt). Es geht vielmehr um das Bemühen, zielgruppengerecht zu formulieren, sich also Rechenschaft darüber zu geben, ob die Zielgruppe die im Fragebogen verwendete Sprache so versteht, wie die Formulierungen der Fragenden gemeint sind. Ein gutes Beispiel für eine zielgruppengerechte Sprache zeigt Müller-Kohlenberg (1997) in ihrem Frage-

Zur Formulierung von Fragen

bogen, der in der außerschulischen Jugendbildung eingesetzt wurde. Im Rahmen einer Wirkungsevaluation (Vorher-Nachher-Messung) sollten die Jugendlichen einen Fragebogen mit Einstellungsskalen ausfüllen. Es handelte sich um eine siebenstufige Skala, bei denen jeweils die Endpole (1 und 7) durch Statements charakterisiert waren. Die Statements lauteten u. a.:

- „Wenn ich etwas nicht verstanden habe, dann lasse ich nicht locker." (1) – „Wenn ich etwas nicht verstanden habe, dann kratzt mich das nicht." (7)
- „Wenn ich mich über jemanden ärgere, gerate ich sofort in Wut." (1) – „Wenn ich mich über jemanden ärgere, behalte ich die Nerven und rede mit ihm." (7)
- „Probleme von Berufswahl und Arbeitssuche bespreche ich mit anderen." (1) – „Probleme von Berufswahl und Arbeitssuche mache ich mit mir allein aus." (7)

Solche Formulierungen sind für die Zielgruppe verständlich und bewegen sich im Rahmen ihres Sprachverhaltens, ohne verkrampft einen „Jugendjargon" nachahmen zu wollen.

Regeln für eine gute Frageformulierung

Neben dieser generellen Forderung zur Wahl einer angemessenen Sprachweise sind weitere *Regeln* zu beachten, *die eine gute Frageformulierung erleichtern sollen* (Beywl/Schepp-Winter 2000, 53 f; Burkard/Eikenbusch 2000, 116 f; Meyer 2007, 239 ff):

- *Einfache Worte verwenden*: Fachausdrücke, Abkürzungen, Ausdrücke aus einer zielgruppenspezifischen Sprache (Jugendsprache, regionale Mundart etc.) sollten nur dann verwendet werden, wenn man begründet darauf vertrauen kann, dass alle Befragten sie verstehen.
- *Eindeutige Begriffe verwenden*: Alle Befragten sollten ein weitgehend identisches Verständnis zu einem Begriff haben. Der Interpretationsspielraum der eingesetzten Begriffe sollte möglichst gering sein. Nach dieser Regel sollten z. B. die Begriffe „cool" oder „trendy" auch aus einem Fragebogen, der sich Jugendliche wendet, herausgehalten werden; die Begriffe lösen bei verschiedenen befragten Jugendlichen unterschiedliche Assoziationen aus, die die sachliche Eindeutigkeit der Ergebnisse einschränken.
- *Kurze Formulierungen, keine verschachtelten Sätze einsetzen*: Eine Frage sollte nicht mehr als 20 Worte beinhalten und in der Satzstruktur unkompliziert sein. Nicht alle Befragten sind leidenschaftliche Leser und den Umgang mit einem komplexeren Satzbau gewohnt.
- *Neutrale Begriffe benutzen*: Begriffe, die möglicherweise bei den Befragten belastet sind (z. B. als rassistisch oder geschlechterdiskriminierend empfunden werden), sollten vermieden werden. Hier ist wiederum das vermutliche Sprachempfinden der Befragten, nicht der Befrager maßgeblich!

- *Keine Tendenz zu bestimmten Antworten nahe legen*: Suggestivfragen („Sind Sie auch der Meinung, dass ...?" oder „Wie weit stimmen Sie der Meinung zu, dass ...?") oder Fragen, bei denen eine soziale Erwünschtheit bestimmter Antworten erkennbar wird („Wie weit werden in Ihrer Einrichtung die gesetzlichen Datenschutzbestimmungen als bedeutsam angesehen?"), sind unzulässig, weil sie gegen das Gebot der Ergebnisoffenheit von Evaluationen verstoßen.
- *Fragen nur auf einen Sachverhalt beziehen und für einen weiteren Sachverhalt eine eigene neue Frage formulieren*: Die Frage, ob nach Einschätzung des Befragten die Öffnungszeiten einer Erziehungsberatungsstelle den Anforderungen der Adressaten und den Erwartungen der Politiker und des Jugendamtes entsprechen, kann logisch ebenso wenig in einer Antwortvorgabe beantwortet werden wie die Frage an die Nutzer der Beratungsstelle, ob sie die jeweilige Beratungsperson als kompetent und freundlich erlebt haben.
- *Doppelte Negationen vermeiden*: Ein Statement wie „Ohne eine adäquate Ausstattung mit Spielmaterial werden sich Situationen, in denen die Kinder unzufrieden sind, nicht vermeiden lassen", zu dem man sich auf Fünferskala (1 = stimme voll zu; 5 = lehne völlig ab) positionieren soll, ist zu kompliziert, und man muss davon ausgehen, dass ein Teil der Befragten vermutlich den logischen Bezug zwischen Statement und Antwortvorgaben nicht im Sinne der genauen Formulierungslogik verstanden hat und deren Ankreuzverhalten folglich nicht präzise ihre Meinung wiedergibt – abgesehen davon, dass in dem Beispiel der Begriff „adäquat" der Regel der begrifflichen Eindeutigkeit widerspricht und ersetzt werden muss durch einen Begriff, der genauer angibt, welche Dimension von „Angemessenheit" in der Frage angesprochen werden soll (z. B. anregungsreiches, ausreichend viel, abwechslungsreiches Spielmaterial o. ä.).

Reihenfolge der Fragen

Neben den Regeln zur Frageformulierung und Auswahl der Antwortvorgaben sollte man sich auch darüber Gedanken machen, wie man die einzelnen Fragen zueinander positioniert. Thematisch auf einen ähnlichen Sachverhalt bezogene Fragen sollten in der Regel im Befragungsablauf zusammengehalten werden. Thematisch möglicherweise heikle Fragen sollten nicht an den Anfang des Fragebogens gestellt werden, sondern erst nach einigen „Aufwärmfragen" eingebracht werden, bei denen sich die Befragten in den Fragebogen „hineindenken" können. Hier gilt die Regel: „Nicht gleich mit der Tür ins Haus fallen! Bei dreisten Fragen an falscher Stelle landet der Fragebogen auf dem Altpapier." (Kirchhoff et al. 2003, 27) Wobei hier ergänzend auf die Anforderung verwiesen wird, die „inhaltlich dreisten Fragen" durch das Bemühen um neutrale Formulierungen so „verträglich" zu machen, dass sie bei den Befragten nicht allzu sehr den emotionalen Widerstand aktivieren.

Umfang des Fragebogens

Auch der Umfang des Fragebogens und die Zeit, die ein „durchschnittlicher Befragter" für die Bearbeitung des Fragebogens benötigt, sind bedeutsam, um die Konzentrationsfähigkeit der Befragten nicht zu überfordern und dadurch die Aussagekraft der Ergebnisse zu wahren und einen möglichst hohen Rücklauf erreichen zu können. Fragebögen, die im Rahmen von praxisbezogenen Evaluationen verwendet werden, sollten einen Umfang von zwei bis maximal drei Seiten und eine Bearbeitungszeit von maximal zehn bis zwölf Minuten nicht übersteigen. Die voraussichtliche zeitliche Inanspruchnahme durch die Befragung und die vermutliche zeitliche Belastbarkeit sind allerdings zielgruppenspezifisch differenziert zu betrachten und dementsprechend zu variieren. Z. B. werden ältere Kinder und Jugendliche sich mit einem Fragebogen vielleicht höchstens sieben bis acht Minuten auseinandersetzen wollen, während man Eltern, die eine Erziehungsberatungsstelle nutzen, vielleicht eine Bearbeitungsdauer von zwölf bis 15 Minuten zutrauen kann. Und bei Personen, die eher leseungewohnt sind, wird man eine längere Bearbeitungszeit für den Fragebogen einkalkulieren müssen, als bei sozialpädagogischen Fachkräften, denen der Umgang mit einem Fragebogen eigentlich keine Mühe bereiten sollte.

Layout des Fragebogens

Die *optische Gestaltung (Layout) eines Fragebogens* hat ebenfalls Bedeutung dafür, ob und wie intensiv sich die Befragten auf die Evaluation einlassen wollen, und damit für die erreichbare Rücklaufquote. Daher sollten Evaluationsakteure die Aufforderung ernst nehmen: „Logische Regeln und optische Gesichtspunkte beim Fragebogenaufbau berücksichtigen!" (Kirchhoff et al. 2003, 27) Denn zum einen unterstreicht eine übersichtliche und optisch konsistente Gestaltung die „sachliche Seriosität" des Fragebogens und reduziert Missverständnisse beim Lesen. Zum anderen wird ein optisch gut gestalteter Fragebogen von den Befragten bereitwilliger zur Hand genommen; die Motivation, sich an der Befragung zu beteiligen, wird durch eine ansprechende Optik unterstützt.

Zusammenfassung in Prüffragen:

- Ist der Rahmen für die Befragung (Zeit und Ort der Verteilung, Rückgabemodalitäten etc.) so gewählt, dass die Befragten den Fragebogen möglichst unbeeinflusst von anderen Personen bearbeiten können und so eine hohe Rücklaufquote erreicht werden kann?
- Ist das Verhältnis von geschlossenen zu offenen Fragen angemessen? Ist bei offenen Fragen begründet, warum diese Frageform gewählt wurde?
- Sind bei der Formulierung der Fragen und der Antwortvorgaben die Perspektive und die Verstehensweisen der Befragten ausreichend bedacht worden?

- Sind die Fragen zielgruppengerecht formuliert? Werden einfache Worte, eindeutige Begriffe und neutrale Begriffe verwendet? Sind die Fragen in kurzer Form gefasst und offen formuliert (ohne Antworttendenzen nahe zu legen)? Sprechen die Fragen jeweils nur einen Sachverhalt an?
- Sind die Antwortvorgaben logisch mit der Frage verkoppelt?
- Sind die Antwortvorgaben inhaltlich präzise, klar voneinander abgegrenzt und vollständig?
- Sind Überlegungen zu einem logisch schlüssigen, adressatengerechten und motivierenden Aufbau und Umfang des Fragebogens angestellt worden?
- Ist der Fragebogen optisch einladend gestaltet?

4.3.3 Interviews/strukturierte Gespräche

Mit Interviews oder themenbezogen strukturierten Gesprächen können Informationen gewonnen werden, die in der stärker standardisierten Form des Fragebogens vernachlässigt werden. In mündlichen Befragungs- und Gesprächssituationen können Aspekte erkundet werden, die in schriftlichen Befragungen nur schwer zu eruieren sind, so u. a. (Müller-Kohlenberg/Kammann 2000, 115): *Stellenwert von Interviews*

- unerwünschte Nebenwirkungen (die man aufgrund eigener Unwissenheit nicht gezielt erfragen kann);
- erwünschte, willkommene Nebenwirkungen;
- kausale Wirkfaktoren, die sich im Programmverlauf als relevant erwiesen haben, von denen man aber vorher wenig wusste;
- Wünsche und Erwartungen an eine Maßnahme, die von den „offiziellen" Programmzielen und den Zielen der für das Programm verantwortlichen Akteure abweichen.

Solche Aspekte, die noch nicht oder nicht so deutlich im Blick der Evaluationsakteure liegen und in Fragebögen auch nicht in den Blick kommen, weil Antwortvorgaben einen „geschlossenen Blick" erzeugen, können mit Interviewgesprächen, die offene Fragen erlauben und die die Möglichkeit zu Rückfragen und weiterführenden Fragen geben, besser zutage gefördert werden. Daher eignet sich das Interviewgespräch vor allem für solche Situationen, in denen die Evaluationsakteure den Evaluationsgegenstand nicht ausreichend genau kennen oder selbst noch unsicher bezüglich der genauen Evaluationsfragen und der möglichen Antwortbreite sind. Hier können Interviewgespräche zur Exploration dienen: ihre Ergebnisse können dazu verwendet werden, einen Fragebogen genauer ausrichten zu können. Interviewgespräche können aber auch bei einer relativ kleinen zu befragenden Zielgruppe als alleinige Erhebungsmethode oder parallel *Explorative Funktion von Interviews* zu einer Fragebogenerhebung geführt werden, um die Datenbasis für eine Bewertung des Evaluationsgegenstandes zu verbreitern und auszudifferenzieren.

Nachteile von Interviews

Der Vorteil des Interviewgesprächs, in die Tiefe gehen zu können und vorher weniger bekannte Aspekte zutage zu fördern, ist auf der anderen Seite mit Nachteilen verbunden: Das Führen und die Auswertung der Gespräche erfordern einen höheren zeitlichen und personellen Aufwand, wodurch die Befragungspopulation erheblich kleiner sein muss als bei einer schriftlichen Erhebung. Die Auswertungsmodalitäten sind nicht so genau wie bei einer schriftlichen Befragung, da die Interpretation der Gesprächsergebnisse in einem höheren Maße von der Wahrnehmung und Einschätzung der auswertenden Personen abhängig ist als die Auswertung von Fragen mit geschlossenen Antwortvorgaben. Da in Evaluationen, bei denen im Rahmen der Datenerhebung Interviewgespräche eine maßgebliche Rolle spielen, weniger Personen befragt werden können, sind die Kriterien für die Auswahl der zu befragenden Personen wichtig und besonders begründungsbedürftig (Beispiel für ein Kriterium: Auswahl von „Schlüsselpersonen" mit hervorgehobener Bedeutung oder besonderer Kenntnis im zu evaluierenden Feld).

Interview als soziale Situation

Ein weiteres Charakteristikum von Interviewgesprächen, das gleichermaßen förderliche wie problematische Folgen für die Verlässlichkeit der Datenerhebung nach sich ziehen kann, ist der *Einfluss der Interviewerpersonen*. Interviews sind in weitaus stärkerem Maße „soziale Situationen" als Fragebogenerhebungen. In Gesprächssituationen besteht ein höheres Maß an Einflussnahme durch das Verhalten der Interviewerpersonen, auch dann, wenn diese sich bewusst um eine Reduzierung ihres Einflussverhaltens bemühen. Die Anwesenheit einer Person bei der Befragung, die Art, in der die Fragen formuliert werden, die Möglichkeit zur Rückfrage und die Akzentuierungen in den Antworten auf die Rückfrage – diese und weitere Faktoren konstituieren bereits durch die Anwesenheit eines Interviewers eine soziale Dynamik, die einen Einfluss auf den Verlauf der Datenerhebung ausübt. Bemühungen, die Interviewerpersonen auf ähnliche Verhaltensweisen auszurichten (durch Verhaltensanweisungen, durch „Interviewerschulungen" o. ä.), sind notwendig, um die personenbezogenen Einflusspotenziale auf die Interviewergebnisse zu reduzieren, jedoch bleibt immer die „soziale Situation" des Interviews, mit der gerechnet werden muss. Dieser Aspekt erhält dann eine zugespitzte Bedeutung, wenn die Interviewer die Befragten aus anderen Zusammenhängen persönlich kennen oder wenn sogar berufliche Bezüge zwischen diesen

Personen existieren – möglicherweise mit Konfliktgeschichten, besonderen gegenseitigen Sympathien o. ä. Hier ist genau zu überlegen, ob die Interviewäußerungen eventuell durch solche persönlichen Bezüge so beeinflusst werden, dass der sachliche Wert der Aussagen beeinträchtigt wird. In solchen Fällen sollte man die Interviews in anderen Personenkonstellationen führen.

Interviews können *mit Einzelpersonen und mit Gruppen* geführt werden. Beim Gruppeninterview sind zwei Faktoren zu beachten: Zum einen sind in dieser Konstellation die Durchführung (Gesprächsführung, Protokollführung/Aufzeichnung) und die nachfolgende Auswertung schwieriger, was eine Begrenzung zur Größe der Gruppe auf max. vier bis fünf Personen zur Folge hat; zum anderen muss die Gruppendynamik als Einflussfaktor für das Antwortverhalten der Gruppenmitglieder einkalkuliert werden. In einem eher vertraulichen Rahmen des Zweiergesprächs werden „heikle" Informationen und Einschätzungen vermutlich eher artikuliert als in einer Gruppensituation, bei der die sich äußernden Gruppenmitglieder immer die Reaktionen der anderen Gruppenmitglieder im Blick haben und bei der möglicherweise Gruppennormen die Äußerungen Einzelner beeinflussen. Ferner muss der Interviewer bei Gruppeninterviews darauf achten, dass eine Interviewsituation gewahrt bleibt und nicht die Dynamik einer Gruppendiskussion zwischen den Gruppenmitgliedern Überhand gewinnt und damit nur begrenzt auswertbare Informationen zur Evaluationsfrage geliefert werden. **Einzelinterviews und Gruppeninterviews**

Bei Interviewgesprächen ist vorher der beabsichtigte *Grad an Standardisierung* zu bestimmen. Drei Standardisierungsmodi lassen sich bei Interviewgesprächen unterscheiden: **Modalitäten der Standardisierung**

- *starke Standardisierung*: Der Interviewverlauf entspricht einer Fragebogenerhebung. Die Fragen und die Antwortvorgaben liegen dem Befragten nicht schriftlich vor, sondern werden dem Befragten von einem Interviewer gestellt. Die Situation unterscheidet sich von der schriftlichen Befragung lediglich dadurch, dass der Interviewer durch die Art des Vorlesens Nuancen setzen kann, dass Rückfrageoptionen bestehen und dass durch die Gesprächssituation der Interviewte zu einer relativ schnellen, spontanen Antwort gedrängt wird, während er bei einer schriftlichen Befragung die Möglichkeit einer längeren Erwägung zu den Antworten hat.
- *Teilstandardisierung*: Offene und geschlossene Fragen, die in einem Erhebungsbogen niedergelegt sind, werden miteinander kombiniert. Bei den offenen Fragen hat der Interviewer die Möglichkeit zur Nachfrage (Verständnisnachfragen und Fragen, die zu weiterer inhaltlicher Tiefe der Antworten führen).

- *Leitfadengestützte Interviews*: Für das Interview sind hier eine Themenliste und darauf bezogene Leitfragen vorgegeben, die im Gespräch erörtert werden und den Verlauf thematisch prägen sollen. Zu den Themen und Leitfragen sollten innerhalb des Interviewgesprächs Informationen erhoben werden, jedoch muss der Gesprächsverlauf nicht unbedingt der vorher fixierten Abfolge auf der Themenliste entsprechen. Trotz der vorherigen Überlegungen zu Leitfragen kann nicht im engeren Sinne von „Standardisierung/Teilstandardisierung" gesprochen werden. Es handelt sich um eine relativ „offene" Interviewsituation, zu deren Verlauf außer der „abzuarbeitenden" Liste von Themen und Leitfragen keine Vorgaben bestehen. Die Möglichkeiten der Interviewpersonen zur Nuancierung und Akzentsetzung bei Themen und Gesprächsaspekten sind hier relativ groß.

Ohne Bedeutung für Evaluation: narrative Interviews

Das „narrative Interview" kann im Rahmen von Evaluation außer Betracht bleiben. Es handelt sich dabei um eine offene Erzählform, bei der der Interviewer sich darauf beschränkt, durch allgemeine Impulsfragen die generelle Richtung des Interviews vorzugeben. Im Verlauf der Erzählungen des Interviewten beschränken sich die Impulse des Interviewers darauf, allzu große Ausuferungen der Erzählungen (z. B. Ausweichen auf ein anderes thematisches Terrain) zu korrigieren und weitere Themen als Impulse für den Erzählverlauf einzubringen (Glinka 2009). Das narrative Interview ist eher für Forschungskontexte bedeutsam (Bohnsack 2007) und für praxisbezogene Evaluationen mit ihrem deutlichen Zielbezug unangemessen – neben weiteren Gründen wie den differenzierten methodischen Anforderungen und dem Aufwand, den die Modalitäten für die Auswertung von narrativen Interviews mit sich bringen (genaue Transkription etc.). Für die praxisbezogene Evaluation kann diese Methode der Datenerhebung vernachlässigt werden, weil beim narrativen Interview der Zielbezug, der noch beim leitfadengestützten Interview verfolgt werden kann, deutlich reduziert wird zugunsten eines thematisch weniger festgelegten „Erzählmodus".

Dokumentation der Interviewaussagen

Grundlage für das Führen von Interviews ist das *Erstellen eines Erhebungsbogens* (bei teilstandardisierten Interviews) oder eines Interviewleitfadens (bei offenen Interviewgesprächen). Ferner muss eine Form der Aufzeichnung festgelegt werden: entweder elektronisch (in der Regel akustische Aufzeichnung) oder die schriftliche Protokollform. Bei schriftlichen Protokollen sollte vorher ein Schema entworfen werden, das auf die thematische Gliederung des Leitfadens ausgerichtet ist. Ein solcher Protokollbogen kann z. B. wie in Tabelle 7 strukturiert sein (Burkard/Eikenbusch 2000, 129).

GESPRÄCHS-THEMEN/FRAGEN	EINSCHÄTZUNG/AUSSAGE DES BEFRAGTEN	GEÄUSSERTE BE-GRÜNDUNGEN ZUR AUSSAGE	GEÄUSSERTE IDEEN/VOR-SCHLÄGE ZUR VERÄNDERUNG
1.			
2.			
3.			
4.			
………			
………			

Tab. 7: Beispielhafter Protokollbogen

Vor dem Interview müssen die benötigte Zeitdauer sowie günstige Orte und Zeiten für einen störungsfreien Verlauf erwogen werden. Vor und/oder zu Beginn des Interviews sind mit den Interviewten der Zweck der Erhebung, die Verwendung der Aufzeichnung bzw. des Protokolls und der Datenschutz zu erörtern. Es muss transparent sein, dass und in welcher Weise die Äußerungen der Interviewten bei der Auswertung und Präsentation der Ergebnisse anonymisiert werden. Selbstverständlich ist auch ein Modus anzubieten und zu vereinbaren, in dem die Befragten über die Ergebnisse der Evaluation informiert werden.

Orte und Zeiten für einen guten Interviewverlauf

Einige Verhaltensregeln für Interviewer sollten beachtet werden, um zu aussagefähigen und auswertbaren Interviewergebnissen zu gelangen (Burkhard/Eikenbusch 2000, 129 ff):

Verhaltensanforderungen an Interviewer

- Redeanteile des Interviewers sollten so gering wie möglich gehalten werden und sich auf Fragen, Nachfragen und kurze Erläuterungen (bei Nachfragen des Befragten) begrenzen.
- Leitfragen sind ein Orientierungsschema, aber kein Korsett, in das man einen Gesprächsverlauf hineinzwängen muss.
- Der Gesprächsverlauf sollte im Blick behalten und einfühlsam und vorsichtig gelenkt werden.
- Bewertende verbale oder nonverbale Reaktionen auf die Äußerungen des Befragten sind zu vermeiden.
- Fragen und Nachfragen sollen in möglichst einfacher Form formuliert werden. Dabei sind inhaltliche tendenziöse oder gar suggestive Formulierungen zu umgehen.
- Bei Nachfragen darf nur das bessere Verstehen oder das Bedürfnis nach inhaltlicher Tiefe der Antworten (z. B. Begründungen oder Differenzierungen) im Vordergrund stehen. Formulierungen, die der Befragte als Zweifel am bisher Gesagten oder gar als Kritik empfinden könnte, sind ebenfalls zu vermeiden.
- Der Interviewer muss seine Rolle als fragende Person wahren und sich nicht von seiner Fragehaltung abbringen lassen. Fragt der Befragte den

Interviewer nach seiner Meinung oder versucht er, den Interviewer in eine Diskussion zu verwickeln, muss der Interviewer dies frühzeitig wahrnehmen und der Versuchung zu eigener Meinungsäußerung widerstehen. In einer höflichen, für den Befragten akzeptierbaren Äußerung muss sich der Interviewer auf seine Rolle des Fragenden begrenzen.
- Das Interviewgespräch sollte abgeschlossen werden mit einem Dank an den Befragten und nochmaligen kurzen Verweisen zur Verarbeitung der Ergebnisse und zur künftigen Information des Befragten über die Ergebnisse.

Zusammenfassung in Prüffragen:

- Aus welchen Gründen wird die Erhebungsmethode „Interviewgespräch" bevorzugt? Welche speziellen Informationen erhofft man sich von der aufwändigeren Erhebungsform „Interview", die nicht durch die weniger aufwändigere und mehr Befragte einbeziehende Erhebungsform „Fragebogen" erlangt werden können?
- Welche Kriterien werden der Auswahl der zu befragenden Personen zugrunde gelegt?
- Welche sozialen Faktoren können die Interviewsituation beeinflussen? Welche Maßnahmen wurden getroffen, um den Einfluss dieser Faktoren auf Verlauf und Ergebnisse der Interviews zu reduzieren?
- Sind Gründe für Einzelinterviews oder Gruppeninterviews abgewogen worden? Bei einer Entscheidung für Gruppeninterviews: Welche Vorkehrungen sind getroffen, um eine prägende Bedeutung der Gruppendynamik für die Ergebnisäußerungen zu vermeiden?
- Welcher Grad der Standardisierung wurde gewählt? Sind Risiken und Potenziale des gewählten Standardisierungsgrades abgewogen worden?
- Ist ein Erhebungsbogen oder Leitfaden erstellt worden? Sind die für die Anwendung dieser Instrumente angemessenen Verhaltensanforderungen mit den Interviewern besprochen worden?
- Hat eine Instruktion der Interviewer zu den „Verhaltensregeln für Interviewer" (Regeln und deren Begründungen) stattgefunden?
- Sind Absprachen zu Formen der Antwortendokumentation getroffen?
- Welche zeitlichen, räumlichen und sozialen Arrangements wurden gewählt, um einen möglichst störungsfreien Ablauf der Interviews zu gewährleisten?
- Sind die Verwendung der Erhebungsergebnisse und die Handhabung des Datenschutzes geklärt?

4.3.4 Beobachtungen

Beobachtungen für Verhalten und Prozesse

Beobachtungen als Methode der Datenerhebung bei einer Evaluation kommen dann in Betracht, wenn Verhaltensweisen, Interaktionen oder Prozessabläufe in den Blick genommen werden sollen. Demgegenüber lassen sich Einstellungen, Meinungen, Motive, Gefühle durch Beobachtungen nicht erheben, sondern müssen erfragt werden.

Die Charakterisierung von Anforderungen an eine „methodisch gute" Beobachtung durch Meyer (2007) lassen die Schwierigkeiten erkennen, wenn man Beobachtungen im Rahmen einer Evaluation einsetzen will:

Anforderungen an „gute Beobachtung"

> „Die methodischen Probleme einer Beobachtung sind dann am geringsten, wenn die beobachteten Personen nicht von dem Vorgang der Beobachtung unterrichtet wurden, die beobachtenden Personen nicht aktiv in den Ablauf der beobachteten Handlungen eingreifen und die Vorgehensweise bei der Beobachtung aufgrund ihrer starken Strukturierung personenunabhängig zu den selben Erfassungsergebnissen führt." (Meyer 2007, 267)

Die drei genannten Anforderungen sind bei Datenerhebungen mit Beobachtungsverfahren generell schwer zu realisieren. Dies gilt erst recht für Beobachtungen im Rahmen von praxisbezogenen Evaluationen:

- Eine verdeckte Beobachtung, bei der die beobachteten Personen über die Tatsache der Beobachtung nicht in Kenntnis gesetzt worden sind, stößt zum einen auf ethische Bedenken, weil hier beobachtete Personen zu Objekten gemacht werden und weil dies den Geboten der Offenheit und des fairen Verhaltens widerspricht. Zudem wäre hier das Prinzip des Datenschutzes verletzt, das auf Information und Zustimmung zu einer Datenerhebung ausgerichtet ist. Zum anderen sind mit diesen ethischen Bedenken auch methodische Gründe verbunden: Gerade bei sozialen Dienstleistungen, die auf aktive Koproduktion und Partizipation ausgerichtet sind, dürfen Adressaten und Mitarbeiter nicht zu einem uninformierten Objekt einer Datenerhebung degradiert werden.
- Die Forderung, dass die beobachtenden Personen nicht aktiv in das beobachtete Geschehen eingreifen dürfen, ist einerseits selbstverständlich. Denn nur in einer weitgehend unverfälschten Situation können Beobachtungen gemacht werden, die als Daten für die Evaluationsfragen brauchbar sind. Andererseits verändert die Anwesenheit einer Person, die in der Alltagssituation normalerweise nicht zugegen ist, immer die Situation und kann die Beteiligten zu Verhaltensweisen veranlassen, die sie sonst nicht, nicht in dieser Form oder in dieser Intensität zeigen. Die reine Anwesenheit einer Beobachtungsperson transformiert die Situation und kann die Beteiligten in ihrem Verhalten beeinflussen.
- Die möglichst personenunabhängige Erfassung von vorher festgelegten Merkmalen einer Situation oder Verhaltensweisen von Personen markiert ebenfalls eine plausible Anforderung, ist jedoch nur begrenzt realisierbar. Selbst wenn die Beobachtungsgegenstände gut konturiert sind, wenn die Beobachtungskriterien relativ konkret gefasst und gut voneinander abgegrenzt sind und wenn die Beobachtungsbögen eine differenzierte Dokumentation des Beobachteten herausfordern, ist der „subjektive Faktor" nicht gänzlich zu eliminieren. Denn es beobachten immer Menschen mit subjektiven Wahrnehmungen, die zum einen aus den vielen Eindrücken, die sie in einer Situation erreichen, bestimmte Wahrnehmungen herausfiltern und

die zum anderen über die Bedeutung des Wahrgenommenen im Sinne der Evaluationsfrage und der Beobachtungskategorien entscheiden müssen.

Risiken bei Beobachtungen im Rahmen von Evaluation

Das von Meyer (a. a. O.) für Beobachtungen formulierte Ideal markiert einen Maßstab, an dem man sich orientieren muss, wenn man Beobachtungsmethoden im Rahmen einer Evaluation einsetzt; jedoch muss man sich auch darüber bewusst sein, dass man sich durch entsprechend methodische Arrangements diesem Maßstab bestenfalls stark annähern, ihn aber letztlich nicht einlösen kann. Die *Risiken bei der Wahl von Beobachtungsmethoden* zur Datenerhebung sind damit deutlich:

- das Risiko, dass die beobachteten Personen ihr Verhalten im Bewusstsein des „Beobachtet-Werdens" verändern (strategisch ausrichten, Selbstdarstellungsbedürfnisse aktivieren etc.);
- das Risiko der Beeinflussung der Beobachtungssituation und einer veränderten Situationsdynamik durch die Anwesenheit eines Beobachters;
- das Risiko der begrenzten „Objektivität" der Beobachtung aufgrund subjektiver Wahrnehmungen und Zuordnungen durch die Beobachter;
- der relativ große Aufwand bei der Vorbereitung der Beobachtung und bei der Zusammenführung und Auswertung der Beobachtungsergebnisse.

Nutzen von Beobachtungsmethoden

Die *Potenziale von Beobachtungen für praxisbezogene Evaluationen* bestehen vor allem darin, dass bei dieser Form der Datenerhebung ein unmittelbarer Einblick in Praxisverläufe und Verhaltensweisen der Programmadressaten möglich wird und eine Bewertung nicht allein auf der Ebene von Einschätzungen, Meinungen, Empfindungen erfolgt, die bei Befragungen im Zentrum stehen. Damit kann ein korrigierender Blick im Hinblick auf die ansonsten in Befragungsergebnissen zum Ausdruck gebrachten Tendenzen entwickelt werden. Denn es ist durchaus möglich, dass die Eindrücke und Meinungen der befragten Personen nicht kongruent sind zu den sichtbaren Verhaltensweisen dieser Personen. Die subjektive Wahrnehmung von Jugendlichen, dass ihnen die Teilnahme an einem Anti-Aggressionstraining geholfen hat und sie jetzt mit ihren aggressiven Impulsen sozialverträglicher umgehen können, muss nicht unbedingt in Übereinstimmung stehen zu einer merklichen Veränderung der Verhaltensweisen dieser Jugendlichen, wenn man einen Vergleich zieht zwischen dem Beginn und dem Ende des Trainings oder einem Zeitpunkt sechs Monate danach. Neben ihrer begrenzten Fähigkeit zur Selbsteinschätzung hat möglicherweise das gute Klima, in dem der Kursleiter das Training gestaltet hat, zu einer großen Zufriedenheit der Jugendlichen und damit zu einer insgesamt guten Erfolgsbewertung durch die Jugendlichen geführt, die sich aber nur begrenzt im nachfolgenden Verhalten der Jugendlichen niederschlägt. Hier könnte eine Beobachtung wichtige Erkenntnisse für die Evaluation liefern und die Befragung sinnvoll ergänzen.

Bei den *Beobachtungsmethoden* lassen sich unterscheiden:

Verschiedene Beobachtungsmethoden

- *verdeckte und offene Beobachtung*: Während bei einer offenen Beobachtung die beobachteten Personen vorher darüber informiert werden, dass und in welchen Situationen sie beobachtet werden, erhalten sie bei verdeckten Beobachtungen davon keine Kenntnis.
- *teilnehmende und nicht teilnehmende Beobachtung*: Bei der nicht teilnehmenden Beobachtung steht der Beobachter gänzlich außerhalb oder zumindest am Rande des zu beobachtenden Feldes. Er ist in keiner Weise in die Interaktionen des zu beobachtenden Feldes eingebunden und er bemüht sich darum, die Auswirkungen seiner Anwesenheit im Rahmen der Beobachtung gering zu halten. Demgegenüber lässt sich bei der teilnehmenden Beobachtung der Beobachter zumindest teilweise auf die Interaktionen im Feld ein, um aus einer stärkeren Innenperspektive seine Beobachtungen machen und interpretieren zu können. Dabei muss er in der Lage sein, Distanz zu wahren zwischen seinen Rollen als Beobachter und als Teilnehmer und sich in Situationen der partiellen Teilnahme gleichzeitig beobachtend „an den Rand zu stellen".

Eine dritte Unterscheidung in strukturierte (nach standardisiertem Raster vorgehende) und unstrukturierte (mit einer allgemeinen Anweisung unterlegte) Beobachtung, die man in einigen Veröffentlichungen findet (z. B. Meyer 2007, 265 f), wird hier nicht aufgenommen, weil sie für die praxisbezogene Evaluation keine Bedeutung hat. Da im Rahmen einer Evaluation Daten erhoben werden müssen, die keinen explorativen Zweck verfolgen, sondern Antworten auf eine konkretisierte Evaluationsfrage ermöglichen sollen, können im Grundsatz nur strukturierte Beobachtungen sinnvoll sein.

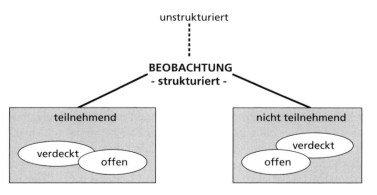

Abb. 5: Formen strukturierter Beobachtung

Zulässigkeit verdeckter Beobachtungen?	Für die zu Beginn dieses Abschnitts deutlich formulierte Ablehnung einer verdeckten Beobachtung gibt es gute ethische und methodische Gründe, jedoch sollte man sich auch klar machen, dass in der Praxis Beobachtungen und deren Dokumentationen zu bestimmten, in der Regel eng begrenzten Verhaltensweisen erfolgen, die nicht gegenüber den beobachteten Personen offengelegt werden und die dennoch aus methodischen Gründen sinnvoll sind für eine Evaluation und auch nicht ohne weiteres als ethisch verwerflich zu werten sind. So ist es z. B. durchaus plausibel und akzeptabel, wenn Pädagogen in einer Wohngruppe in einem bestimmten Zeitraum in ihrem Gruppenbuch eine „Statistik" darüber führen, wie häufig und bei welchen Anlässen in Essenssituationen Konflikte zu verzeichnen sind und welche Jugendlichen den Konflikt initiiert oder verschärft haben. Aus einer solchen Beobachtungssequenz können die Pädagogen im Team präziser erörtern, welche Situationen besonders konfliktförderlich waren, ob und wie ihre pädagogisch gemeinten Interventionen zur Konfliktlösung oder Konfliktverschärfung beigetragen haben und an welchen Punkten sie künftig möglicherweise ansetzen können, um die Essenssituation stärker zu einem für alle positiver erlebten Gruppenereignis zu machen. Man kann darüber streiten, ob man die Jugendlichen im Vorhinein über diese Aufzeichnungen informieren sollte. Aber wenn sich die Pädagogen entscheiden würden, dies nicht zu tun, weil eine solche Kenntnis die Interaktions- und Beobachtungssituation vielleicht beeinträchtigen könnte, dann wäre dies nicht unbedingt als ethisch fragwürdig oder methodisch unzulässig zu werten. Es kann also durchaus Beobachtungssequenzen geben, die in den Alltag integriert sind, einen eher verdeckten Charakter haben und als sinnvoll für Evaluationen und ethisch vertretbar eingeschätzt werden können. In solchen oder ähnlichen Arrangements kommen auch verdeckte Beobachtungen in praxisbezogenen Evaluationen der Sozialen Arbeit vor und können auch dort mit methodischem Gewinn eingesetzt werden. Ansonsten gilt, dass im Grundsatz die offene Form der Beobachtung Priorität haben soll.
Teilnehmende und nicht teilnehmende Beobachtung	In der Regel wird man für Beobachtungen im Rahmen von Evaluationen die nicht teilnehmende Form wählen, um die untersuchten Effekte nicht durch eigene Interaktionen im Untersuchungsfeld zu verfälschen und um sich auf Beobachtungen und deren Dokumentation während des Beobachtungszeitraums besser konzentrieren zu können. Hier gilt es, den „Störungsanteil", der durch die Anwesenheit einer beobachtenden Person quasi „automatisch" entsteht, durch sensible Arrangements möglichst gering zu halten. Allerdings gibt es gerade

bei praxisbezogenen Evaluationen, bei denen Arrangements der Selbstevaluation oder der internen Fremdevaluation praktiziert werden, Konstellationen, bei der auch die teilnehmende Beobachtung umgesetzt wird. Das oben skizzierte Beispiel von den Pädagogen in der Wohngruppe kann nicht nur als verdeckte, sondern auch als teilnehmende Beobachtung kategorisiert werden. Die Pädagogen beobachten in dem Feld, in dem sie ihren beruflichen Alltag haben und in dem sie auch bei den Beobachtungssequenzen (Essenssituationen) in ihrer Pädagogenrolle beteiligt sind. Das Einnehmen der Beobachterrolle neben der pädagogischen Akteursrolle setzt einerseits eine Fähigkeit zur (professionellen) Distanznahme voraus, fördert aber andererseits die Herausbildung dieser Distanz durch die vorherige Absprache der Beobachtungskategorien und durch den Zwang, die eigenen Wahrnehmungen so zu strukturieren, dass sie in dem Beobachtungsdokument festgehalten werden können.

Um die Beobachtungen auf die Sachverhalte auszurichten, die für die Beantwortung der Evaluationsfragen bedeutsam sind, also um die Beobachtungen in relevante „Daten" überführen zu können, bedarf es zum einen der Verständigung auf Beobachtungskategorien und zum anderen der Erarbeitung von und der Einigung auf Dokumentationsformen, in denen die Beobachtungen festgehalten werden können. Dies ist mit „Standardisierung" gemeint. Ohne eine solche Standardisierung kann keine Vergleichbarkeit hergestellt werden zwischen verschiedenen Beobachtern und zwischen den Beobachtungen zu verschiedenen Situationen; ohne eine solche Vergleichbarkeit hätten die Beobachtungen als „Daten" für eine Evaluation keinen Wert. *Beobachtungskategorien* strukturieren und konzentrieren die Wahrnehmung der Beobachter auf bestimmte Sachverhalte, die in einem relevanten Bezug zu einer Evaluationsfrage stehen. Die Beobachtungsgegenstände müssen klar benannt werden: Welches Verhalten, welche Interaktionen, welche Prozessverläufe sollen in welchen Situationen beobachtet werden, und worauf soll bei diesen Beobachtungen besonderer Wert gelegt bzw. was genau soll dabei beobachtet werden? Weil in der Regel bei praxisbezogenen Evaluationen die Situationen, in denen beobachtet werden soll, relativ komplex sind und verlässliche Beobachtungen sich nur auf wenige Aspekte beziehen können, muss die Beobachtung auf wenige Kategorien begrenzt werden. Eine strenge Ausrichtung auf die Daten, die für eine Evaluationsfrage relevant sind, erleichtert die erforderliche Beschränkung bei den Beobachtungskategorien. Für das Festhalten und Systematisieren der Beobachtungen sind *Beobachtungsbögen bzw. Schemata für Beobachtungsprotokolle* erforderlich. Das Übertragen

Standardisierung

der Beobachtungen in Protokollbögen ermöglicht das zusammenführende Auswerten verschiedener Beobachtungen zu einem Gesamtergebnis. Dazu sollten die Beobachtungsbögen einen relativ hohen Grad von Standardisierung aufweisen und die einzelnen Ausprägungen eines Beobachtungsmerkmals relativ präzise beschreiben. So sollten sich z. B. Beobachter vorher klar werden, wann einem Kind in einer Hausaufgabensituation bei der Ansprache der Erzieherin eine offene, eine zurückhaltend oder eine abwehrende Reaktion zugesprochen wird.

Ein Beispiel für sehr genaue Beobachtungs- und Bewertungsschemata ist zu finden in der „Kindergarten-Skala", die zur Evaluation (als Grundlage für Qualitätsbewertung und Qualitätsentwicklung) herangezogen werden kann (wobei hier geschulte Beobachter eingesetzt werden) (Tietze et al. 2001). Für verschiedene Aktivitätsbereiche, die eine „gute Kindertageseinrichtung" ausmachen, sollen Beobachter ein Urteil zwischen den Ziffern 1 (unzureichend) und 7 (ausgezeichnet) abgeben. Bei den ungeraden Skalenstufen werden jeweils Aspekte angegeben, die – neben dem Einlösen der Anforderungen auf den vorherigen Stufen – mindestens erreicht sein müssen (mit ja beantwortet werden müssen), damit die entsprechende Qualitätsstufe „bescheinigt" werden kann. Die geraden Skalenziffern werden dann angekreuzt, wenn die vorherige ungerade Stufe vollständig erreicht ist und von der darüber liegenden ungeraden Stufe die Hälfte der dort skizzierten Anforderungen realisiert worden sind. Ergänzende Hinweise in dem Beobachtungsbogen sollen Unklarheiten bei der Zuordnung reduzieren. Im Förderbereich „sprachliche und kognitive Anregungen" kann die Beschreibung der zu beobachtenden Qualitätsstufen wie in Tabelle 8 aussehen (Tietze et al. 2001, 30).

Tab. 8: Bewertungsschema im Förderungsbereich „sprachliche und kognitive Anregungen"

1: unzureichend	1.1 Sehr wenige Bücher zugänglich. 1.2 Erzieherin initiiert selten Aktivitäten zur Förderung des Sprachverständnisses (z. B. selten Zeiten für Geschichten, Erzählen; wenig individuelles Vorlesen).
2	
3: minimal	3.1 Einige Bücher zugänglich (z. B. während des Freispiels stehen den Kindern genügend Bücher zur Verfügung, sie brauchen sich nicht darum zu streiten). 3.2 Täglich mindestens eine von der Erzieherin initiierte Aktivität zur Förderung des Sprachverständnisses eingeplant (z. B. Vorlesen, Geschichten erzählen, Bildergeschichten).
4	

5: gut	5.1	Eine breite Auswahl an Büchern ist an einem wesentlichen Teil des Tages zugänglich (wird genauer in einer Anmerkung erläutert).
	5.2	Einige zusätzliche Materialien zur Sprachförderung werden täglich genutzt.
	5.3	Bücher befinden sich in einer Leseecke.
	5.4	Bücher, Sprachmaterialien und Aktivitäten sind angemessen für die Kinder der Gruppe (wird genauer in einer Anmerkung erläutert).
	5.5	Erzieherin liest in verschiedenen Situationen Bücher vor (z. B. während des Freispiels, vor dem Schlafen, zur Erweiterung einer Aktivität).
6		
7: ausgezeichnet	7.1	Bücher und Materialien zur Sprachförderung werden ausgetauscht, um das Interesse der Kinder aufrechtzuerhalten.
	7.2	Einige Bücher beziehen sich auf laufende Aktivitäten oder Themen in der Gruppe (z. B. Bücher zu jahreszeitlichen Themen werden aus der Bibliothek ausgeliehen).

Ein anderes Beispiel: Ein Beobachtungsbogen zu den Effekten eines Selbstbehauptungskurses, der für eher ängstliche und zurückhaltende Kinder oder Jugendliche durchgeführt wird, könnte wie in Tabelle 9 aussehen.

Tab. 9: Beobachtungsbogen am Beispiel eines Selbstbehauptungskurses

BEOBACHTUNG AM				
	TEILNEHMENDE KINDER / JUGENDLICHE			
VERHALTENSWEISEN:	**1**	**2**	**3**	**4**
eigenen Wunsch • geäußert • begründet				
eigene Empfindung sprachlich geäußert				
Kritik an anderen Teilnehmern geäußert Kritik an Kursleitung geäußert Kritik begründet				
an Übung mitgemacht • freiwillig • nach persönlicher Aufforderung				
in kontroverser Diskussion • eigene Position eingebracht • eigene Position begründet				

Verhalten bei Konflikten: • Rückzug • eigene Position geäußert • eigene Position begründet • verbal aggressive Äußerung • körperlich aggressive Äußerung				
was sonst noch bei einem bestimmten Kind/Jugendlichen aufgefallen ist.......... (ggf. auf eigenem Blatt dokumentieren)				

Subjektive Einflussfaktoren

Zu den einzelnen Beobachtungskategorien wäre jeweils die Anzahl entsprechender Äußerungen bzw. Verhaltensweisen in einer Strichliste zu dokumentieren. Zwischen den Beobachtern müsste vorher genauer erörtert werden, bei welchen Äußerungen man in welcher Kategorie zählt; möglicherweise könnte man mit Beispielen (sogenannten „Ankerbeispielen") Konkretisierungshilfen anbieten, um die Variationsbreite bei den Einschätzungen verschiedener Beobachter zu reduzieren. Man könnte eine Beobachtung anhand des Bogens am Beginn, in der Mitte und am Ende des Selbstbehauptungskurses durchführen, um Effekte einschätzen zu können. Ferner könnte man den Bogen in verschiedenen Kursgruppen einsetzen, um zu erörtern, ob möglicherweise unterschiedliche Methoden von Kursleitern zu verschiedenartigen Effekten führen.

Die Beispiele geben einen Eindruck von den Möglichkeiten, aber auch von der Schwierigkeit, Beobachtungen so zu strukturieren und zu standardisieren, dass die subjektiven Einflussfaktoren auf Seiten der Beobachter nicht zu stark ins Gewicht fallen. Man muss versuchen, diese subjektiven Faktoren zu reduzieren: durch möglichst genaue Beobachtungskategorien und darauf ausgerichtete Dokumentationsbögen, durch die gemeinsame Erörterung von typischen Beispielen für einzelne Beobachtungskategorien, durch Beobachterschulungen anhand von Videosequenzen. Man kann diese subjektiven Faktoren jedoch nur begrenzen, ganz auszuschalten sind sie nicht. Aus der „subjektiven Seite der Beobachtung" können Probleme der mangelnden Akzeptanz der Ergebnisse von Beobachtungen resultieren. Die Resultate sind immer anfällig für den Vorwurf einer mangelnden Objektivität. Daher eignen sich Beobachtungen als Verfahren der Datenerhebung auch selten für Evaluationen, die vor einem konfliktbehafteten Hintergrund erfolgen. Bei solchen Konstellationen müssen die Beobachtungen von – in der Regel externen – Evaluatoren durchgeführt werden, die bei allen Praxisakteuren ein von Sachlichkeit und Unparteilichkeit geprägtes Ansehen genießen. Ansonsten kann überlegt werden, ob Beobachtungen als Ergänzung zu anderen Erhebungsmethoden eingesetzt werden, um zusätzlich zu anders erhobenen Informationen weitere Daten in die Bewertungsdiskussion einspeisen zu können.

Der aufwändigste Teil der Beobachtungen liegt in der Phase der Vorbereitung, von deren Sorgfalt die Brauchbarkeit der Daten für die Evaluation abhängt. Neben der Festlegung der Beobachtungsmethode und neben der genauen Konstruktion von Beobachtungskategorien und Beobachtungsbögen müssen weitere Aspekte genau bedacht und geplant werden:

Sorgfältige Vorbereitung von Beobachtungen

- erforderliche Zeitressourcen für die Vorbereitung, Durchführung und Auswertung der Beobachtung;
- Anzahl der Beobachtungen, die für die Erhebung aussagefähiger Daten erforderlich sind;
- „typische" Situationen, in denen die zu beobachtenden Verhaltensweisen, Interaktionen oder Prozesse stattfinden und die daher für eine Evaluationsfrage relevant sind und sich für die Beobachtung eignen;
- angemessene Orte und Zeitpunkte für die Beobachtung;
- als Beobachter einsetzbare (und für diese Aufgabe bereite) Personen, die hinsichtlich ihres Verhältnisses zu den an der beobachteten Situation beteiligten Personen unbelastet sind (in keinem Abhängigkeitsverhältnis, in keinem konflikthaften Spannungsverhältnis, in keinem besonderen Freundschaftsverhältnis stehen), wodurch die Glaubwürdigkeit der Beobachtung in Zweifel gezogen werden könnte.

Die genannten verschiedenartigen Aspekte machen deutlich, dass es sich bei Beobachtungen um sehr sorgfältig zu planende Erhebungsmodalitäten handelt, die zwar einen Datenbereich zugänglich machen, der durch Befragungen und Interviews nicht ohne weiteres zugänglich ist, die aber auch mit Risiken verbunden sind, zu deren Reduzierung viele Vorkehrungen getroffen werden müssen. Die Risiken ziehen besondere methodische Anforderungen nach sich, die bewältigt werden müssen, damit am Ende einer Beobachtung verwendbare Daten im Sinne der Evaluationsfragen stehen und nicht Beobachtungsergebnisse, deren Wert für die Evaluation fraglich ist und bei denen sich nachher die skeptische Frage nach dem Nutzen für den hohen Aufwand aufdrängt.

Bewältigung von Risiken

Zusammenfassung in Prüffragen:

- Welche Verhaltensweisen, Interaktionen oder Prozessverläufe sollen Gegenstand der Beobachtung werden? In welchem genauen Bezug stehen sie zu den Evaluationsfragen? Sind die Beobachtungsgegenstände gut abgegrenzt?

104　Verfahrensschritte und Methoden: Wie plant und realisiert man eine Evaluation?

- Welche Form der Beobachtung wird ausgewählt: teilnehmende oder nicht teilnehmende, eher verdeckte oder offene? Wie wird die gewählte Form begründet (insbesondere: Begründung bei einer eher verdeckten Beobachtungsform)?
- Welche Vorkehrungen werden getroffen, um die Bedeutung der subjektiven Faktoren auf Seiten der Beobachter zu begrenzen?
- Durch welche Maßnahmen und Arrangements wird versucht, die Wirkung der Anwesenheit eines Beobachters auf die Dynamik der beobachteten Situation einzugrenzen?
- Sind Beobachtungskategorien klar definiert und abgegrenzt?
- Sind praktikable und hinreichend differenzierte Beobachtungsbögen konstruiert, um nachvollziehbare und nützliche Daten erzeugen zu können?
- Wie wurden die Beobachter mit den Beobachtungsinstrumenten vertraut gemacht? Sind Vorkehrungen für möglichst einheitliche Modalitäten der Beobachtungen getroffen worden?
- Wurden Beobachter ausgewählt, denen man aufgrund ihrer persönlichen Unabhängigkeit zum Beobachtungsfeld Glaubwürdigkeit zuspricht?
- Ist der organisatorische Rahmen für die Beobachtungen (Zeitressourcen; angemessene Situationen, Orte und Zeitpunkte für die Beobachtung; Anzahl der Beobachtungen) erwogen worden?

4.3.5 Analyse vorhandener Daten und Dokumente

„Datenerhebungen" im Alltag von Organisationen

Nicht alle Daten, die zur Antwort auf Erhebungsfragen erforderlich sind, müssen neu erhoben werden. Manche Informationen sind bereits vorhanden, müssen systematisiert aufbereitet und für Evaluationszwecke verfügbar gemacht werden. Man führt in einer Einrichtung Besucher- oder Nutzerstatistiken, legt Statistiken über Belegungsanfragen von Jugendämtern an oder macht im Rahmen von leistungsbezogenen Abrechnungsverfahren Aufzeichnungen über die Verwendung von Arbeitszeit (Zeiten für unmittelbaren Klientenkontakt, Zeiten für einzelfallbezogene Schreibtischarbeiten, Zeiten für Teamberatungen und organisationsbezogene Aktivitäten etc.). Sinnvollerweise sollte man fragen, ob solche Datensammlungen auch für Zwecke der Evaluation genutzt werden können. Manchmal muss bei Daten, die bereits erhoben wurden, noch eine Merkmalskategorie hinzugefügt werden (z. B. Geschlecht oder Altersklasse der Nutzer/Besucher), um auf diese Weise die Informationssammlung dem Datenbedarf der Evaluation anzupassen. Ferner werden auch in anderen Dokumenten (z. B. in Hilfeplänen, Protokollen von Team- oder Dienstbesprechungen oder Qualitätszirkeln etc.) Informationen über Arbeitsprozesse niedergelegt, die möglicherweise Hinweise für die Beantwortung von Evaluationsfragen enthalten. Bei einer Evaluation ist sorgfältig zu prüfen, ob bereits vorhandene Datensammlungen und Dokumente, die zunächst für andere Zwecke erstellt worden sind, Informationen enthalten, die für Evaluationszwecke nutzbar sind. Allerdings ist hier auf die Reihenfolge solcher Erwägungen zu achten: Am Beginn steht die Formulierung der Evaluationsfrage, und dann erfolgt die Prüfung, ob für diese Evaluationsfrage die vorhandenen Daten und Dokumente aussagfähige Informationen liefern können. Problematisch wäre die umgekehrte Reihenfolge, bei der man mit Blick auf die vorhandenen Daten fragt, wie man eine Evaluationsfrage stellen müsste, damit man keine eigene Datenerhebung benötigt, sondern auf vorhandene Datensätze zurückgreifen könnte. Im Zentrum steht also zunächst das Erkenntnisinteresse, von dem aus der Datenbedarf zu definieren ist, und anschließend daran die Frage nach vorhandenem Daten- und Dokumentenmaterial.

Bei den bereits vorhandenen Daten ist zu prüfen, ob die zunächst für andere Zwecke erhobenen Daten auch für den spezifischen Evaluationszweck einsetzbar sind. Eine Besucherstatistik für einen Nachbarschaftstreff könnte möglicherweise anders aussehen – wenn man einerseits zum Zweck der Evaluation und Darstellung, ob die Einrichtung überhaupt „wahrgenommen" wird – bereits eine Person als „Besucher" zählt, die „nur mal kurz reinschaut" oder andererseits hinsichtlich der Evaluationsfrage, ob durch die Einrichtung soziale Kontakte gefördert werden, erst dann eine Person als „Besucher" zählen will, wenn jemand für einen Zeitraum von mindestens ca. zehn Minuten in der Einrichtung geblieben ist. Die Aussagefähigkeit der vorhandenen Daten für eine spezifische Evaluationsfrage ist also zu überprüfen. Für den Fall, dass weitere Differenzierungen erforderlich sind, muss verabredet werden, in welcher Weise die bisherige Datenerhebung für einen künftigen Zeitraum mit den notwendigen Differenzierungen angereichert werden kann.

Einsetzbarkeit vorhandener Daten für Evaluationszwecke

Daten, die in Einrichtungen häufig vorhanden sind und gegebenenfalls im Rahmen von Evaluationen verwendbar sind, können z. B. verfügbar sein als

Arten verfügbarer Daten

- *Besucher-, Nutzer- oder Teilnehmerstatistiken*: Entsprechende Statistiken sind unterschiedlich je nach Erhebungsmerkmalen (z. B. Geschlecht, Alter, Wohnbereich etc.) und je nach Differenzierung der Erhebungskategorien (z. B. grobe oder feine Altersgruppen). Viele Einrichtungen sind aufgrund von gesetzlichen Bestimmungen oder aufgrund von Anforderungen im Rahmen der finanziellen Förderung angehalten, statistische Daten zu erheben. Bisweilen sind die Erhebungsmerkmale durch gesetzliche Bestimmungen vorgegeben, z. B. in der Kinder- und Jugendhilfestatistik gemäß §§ 98, 99 SGB VIII.

- *Belegungs- und Belegungsanfragenstatistik*: In einigen Einrichtungen werden nicht nur Belegungsstatistiken geführt, die Differenzierungen nach Personenmerkmalen und Zeiträume (z. B. Monate) enthalten, sondern es werden darüber hinaus auch die Belegungsanfragen dokumentiert, z. B. nach Merkmalen wie: von welcher Institution/welchem Jugendamt aus welcher Region, für welche Person (Geschlecht, Alter, Typus des Hilfebedarfs), zu welchem Zeitpunkt.
- *Kennzahlen, die dem betriebswirtschaftlichem Controlling entnommen sind*: Mit Controlling wird eine betriebswirtschaftliche Steuerungs- und Gestaltungsfunktion bezeichnet, bei der mit Hilfe eines differenzierten Berichtswesens mögliche Abweichungen der realen Werte zu den betriebswirtschaftlichen Planungsgrößen frühzeitig erkannt und die Abweichungen analysiert werden können, um auf dieser Grundlage Steuerungsentscheidungen zur besseren Zielerreichung im betriebswirtschaftlichen Bereich vorzubereiten (Bachert/Pracht 2004; Moos/Peters 2008, 42 ff). Die zur Überprüfung und Steuerung erforderlichen Informationen müssen definiert, beschafft, zu Kennzahlen verdichtet und zu Daten aufbereitet werden. Im Rahmen von Controlling werden unterschiedliche Kennzahlen konstruiert: finanzwirtschaftliche Kennzahlen (z. B. zur Liquidität, zur Budget-Einhaltung, zum Kostenanteil verschiedener Bereiche wie Sachkosten, Raumkosten, Personalkosten, Materialkosten etc.), personalwirtschaftliche Kennzahlen (z. B. Teilnahme an Fortbildungen, Krankheitsquote, Fluktuationsrate etc.), Prozesskennzahlen (z. B. Reaktionszeit auf Anfragen und/oder Beschwerden, Pünktlichkeit, Wartezeiten der Adressaten, Bearbeitungszeit pro „Klientenfall" etc.). Wenn solche Kennzahlen im Rahmen des Controlling erhoben werden, liegen Überlegungen zu deren Nutzbarkeit im Rahmen der Evaluation nahe.
- *Zeiterfassungen*: Arbeitszeiten von Fachkräften werden manchmal im Hinblick auf bestimmte Handlungsbereiche erfasst und zugeordnet, weil dies für die Abrechnung von Leistungen oder für die Finanzierungskalkulation erforderlich ist. Wenn solche Zeiterfassungen vorhanden sind, können sie im Hinblick auf ihre Nutzbarkeit für Evaluationsfragen geprüft werden. Dies wird jedoch selten der Fall sein, weil der Zweck solcher Maßnahmen vielfach stärker in einer betriebswirtschaftlichen, auf Finanzierungsmodalitäten bezogenen Ausdifferenzierung liegt und weil demgegenüber in der Regel bei der Evaluation andere Kategorien für eine Zeiterfassung relevant werden. Im Rahmen einer Evaluation geht es jedoch häufig um ein genaueres Wissen über die Aufteilung von Arbeitszeiten: Z. B. benötigt man Wissen zu der Frage „Wie viel Zeit wird für welche Tätigkeitsbereiche aufgewendet?", um eine Basis zu erhalten für eine nachfolgende Diskussion zur Angemessenheit der Zeitverwendung entsprechend den Aufgaben und Zielen der Organisation. Dann sind zumeist eigene Zeitbudgetanalysen anhand eines Zeiterfassungsbogens erforderlich, dessen Kategorien genau auf die Evaluationsfrage und das Aufgabenfeld ausgerichtet sein müssen (als ein Beispiel dafür: der Zeiterfassungsbogen einer Beratungsstelle bei Landgrebe 2001, 160ff).

Bei statistischem Material, das nicht bereits in der Einrichtung vorhanden ist, sondern zu Evaluationszwecken erhoben werden muss, ist ähnlich wie bei anderen Erhebungsmethoden nach dem Aufwand-Nutzen-Verhältnis zu fragen. Wenn statistische Erhebungen mit begrenztem Aufwand durchgeführt oder, wie z. B. die Zeiterfassung, auf einen eingrenzbaren, für die Situation typischen Zeitraum beschränkt werden können und dabei aussagefähige Daten erzeugt werden, sollte auf eine solche Datenbasis im Rahmen der Evaluation nicht verzichtet werden.

Neben der Frage, ob bereits vorhandene Datensammlungen genutzt oder als Ausgangspunkt genommen werden können für weitere Differenzierungen bei den zu erhebenden Datenmerkmalen, lohnt es sich, auch die bereits vorhandenen Dokumentationen, in denen sich Arbeitsprozesse widerspiegeln, als Datenquelle in den Blick zu nehmen und zu untersuchen, ob sie für die Evaluation zugänglich gemacht werden können. Solche Dokumente können z. B. sein: Konzeptbeschreibungen für einzelne Aufgabenbereiche, Vorbereitungsmaterialien für bestimmte Angebote, Vorlagen für Arbeitsgruppen oder Gremien (z. B. Vorlagen für kollegiale Beratungen), Protokolle von Dienst-, Teambesprechungen oder von anderen Gremien, Hilfepläne, Berichte für Auftraggeber und/oder Finanzier etc. Solche Dokumente sind zwar in anderen Zusammenhängen und zu anderen Zwecken als für eine Evaluation erstellt worden, sie spiegeln aber dennoch Modalitäten der praktischen Arbeit wider und können dann als Informationsträger betrachtet werden, wenn es um die Evaluation genau dieser Arbeitsprozesse geht. Allerdings bedarf es der Festlegung der Kriterien und derjenigen Perspektive, unter denen die Dokumente untersucht werden sollen.

Vorhandene Dokumentationen als Datenquelle

Zunächst bieten die Dokumente lediglich „Informationen", die mit Hilfe von Auswahlkriterien und einer bestimmten Betrachtungsweise zu „Daten" im Sinne einer spezifischen Evaluationsfrage verarbeitet werden müssen. Je nach Evaluationsfrage können z. B. Hilfepläne danach untersucht werden,

Von der „Dokumentation" zu „Daten"

- ob und in welcher Weise (eher protokollierend oder mit Interpretationen und Bewertungen der Fachkraft verbunden) explizite Äußerungen (Problemsichten und Wünsche) von Adressaten und von engen Bezugspersonen der Adressaten in die Hilfepläne aufgenommen wurden;
- wie häufig und in welcher Weise Wahrnehmungs- und Bewertungsdifferenzen zwischen Adressaten und Fachkraft in den schriftlichen Hilfeplänen festgehalten wurden;
- ob und in welcher Weise das soziale Umfeld der Adressaten in die Maßnahmeplanung einbezogen worden ist;

- ob und in welcher Weise neben den Problemen und Defiziten der Rekurs auf Ressourcen der Adressaten und ihres sozialen Umfelds bei der Problemdefinition und bei der Konstruktion des Hilfe-Arrangements eine Rolle gespielt hat;
- mit welchem Konkretisierungsgrad Ziele vereinbart wurden und wie die Überprüfungsmechanismen für die Zielerreichung aussehen.

Teamprotokolle oder Aufzeichnungen von Dienstbesprechungen können beispielsweise daraufhin analysiert werden,

- wie häufig welche Inhalte behandelt worden sind und mit welchen Schwerpunkten die einzelnen Sitzungen gestaltet wurden (z. B. Administratives und Fachliches; oder auf fachliche interne Zusammenarbeit bezogene Themen, auf intern organisatorische und administrative Regelungen bezogene Themen, auf die Kooperation mit Externen bezogene Themen, auf die Arbeit mit Adressaten bezogene Themen);
- welche Personen besonders häufig Anliegen eingebracht und damit das Geschehen stärker als andere Personen beeinflusst haben;
- ob und wie unterschiedliche Sichtweisen in den Protokollen festgehalten sind.

Auswertungsbögen und Erkenntnisinteresse

Die Analyse von vorhandenen, die Arbeitsprozesse widerspiegelnden Dokumenten erfolgt also immer unter bestimmten Gesichtspunkten, unter einem durch eine Evaluationsfrage geprägten Erkenntnisinteresse. Dieses spezifische Erkenntnisinteresse schlägt sich in entsprechenden Auswertungsbögen nieder, in denen die Analysekategorien mit einer speziellen Form verbunden werden, in der die bei der Analyse gewonnen Ergebnisse dokumentiert werden. Mit Hilfe der an den Analysekategorien ausgerichteten Auswertungsbögen werden die für die Evaluation nützlichen „Daten" erzeugt. Durch entsprechende Absprachen muss dafür gesorgt werden, dass diejenigen Personen, die die Dokumente analysieren und nach den erforderlichen Daten „befragen", in ihren Wahrnehmungen und Zuordnungen nicht zu weit auseinander liegen, also vergleichbare Zuordnungen und Analysenotizen in den Auswertungsbögen vornehmen. Denn bei der Analyse von Dokumenten ergibt sich im Grundsatz ein ähnliches Problem wie bei der Beobachtung: die letztlich subjektive Wahrnehmung der analysierenden Personen und die damit einhergehenden möglichen Differenzen bei der Bewertung und Zuordnung zu bestimmten Auswertungskategorien. Mit der Konstruktion von Auswertungsbögen verkoppelt müssen also die Logik dieser Bögen und die inhaltlichen Bedeutungen der Auswertungskategorien zwischen denjenigen Personen, die bei der Analyse der Dokumente mitwirken, intensiv erörtert werden. Aus pragmatischen

Gründen sollten möglichst wenige Personen in die Dokumentenanalyse eingebunden werden, um den Abstimmungsaufwand gering zu halten.

An einem Beispiel lässt sich verdeutlichen, wie bei einer Evaluation eine Datenerhebung mit Hilfe einer Dokumentenanalyse praktiziert werden kann. An dem Beispiel wird auch erkennbar, dass die Festlegung der Analysekategorien und die Konstellationen, in denen die Analyse erfolgt – also die Planung für die Durchführung der Analyse – zusammengedacht werden müssen. Das *Beispiel: Evaluation zur Hilfeplanung im Allgemeinen Sozialen Dienst (ASD) eines Jugendamtes.* Nach einer intensiven Beschäftigung des ASD mit der Qualität der bisher realisierten Hilfeplanung kommen Leitung und Mitarbeiter zu dem Schluss, dass sie evaluieren wollen, ob in den Hilfeplänen die jeweils einzelfallbezogenen Ziele transparent, erreichbar und präzise beschrieben sind (zu den Anforderungen des Umgangs mit Zielen in der Hilfeplanung vgl. Merchel 2006, 100 ff; Schwabe 2005). Die daraus abgeleiteten Evaluationsfragen richten sich auf die Überprüfung, ob bei der Definition eines Ziels im Hilfeplan

Tab. 10: Beispiel für einen Auswertungsbogen

HILFEPLAN NR. ....; ANALYSIERT AM ...	KURZE BEGRÜNDUNG FÜR DIE BEWERTUNG / KOMMENTIERUNG DES ANALYSE-EINDRUCKS:
Personen, die etwas tun müssen, sind benannt: ja ☐ zum größeren Teil ☐ zum geringeren Teil ☐ nein ☐	
Konkrete Zielzustände oder Handlungen benannt: ja ☐ eher ja ☐ teils/teils ☐ eher nein ☐ nein ☐	
Zeitpunkte für Zielrealisierung konkret benannt: ja ☐ eher ja ☐ teils/teils ☐ eher nein ☐ nein ☐	
Merkmale und Vorgänge zur Zielüberprüfung sind verabredet: ja ☐ eher ja ☐ teils/teils ☐ eher nein ☐ nein ☐	
Eindruck: definierte Ziele erreichbar? ja ☐ zum größeren Teil ☐ zum geringeren Teil ☐ nein ☐	

- konkrete Personen benannt sind, die etwas tun müssen (Wer?),
- konkrete Zustände oder Handlungen angegeben sind, die diese Personen realisieren wollen oder zu denen sich diese Personen bereit erklärt haben (Was?),
- Zeitpunkte genannt werden, bis zu denen die Zustände realisiert oder die Handlungen vollzogen sein sollen (bis wann?),
- Merkmale und/oder Vorgänge zur Prüfung der Zielerreichung verabredet sind.

Ferner soll bewertet werden, ob angesichts der im Hilfeplan geschilderten Problemsituation die Zieldefinitionen im Hinblick auf ihre Erreichbarkeit plausibel erscheinen.

Für die ASD-Mitarbeiter ist schnell klar, dass eine Bewertung der Hilfepläne nach diesen Kriterien nur durch solche Personen erfolgen kann, die außerhalb der jeweiligen Fallbearbeitung stehen. Sie einigen sich neben den Bewertungskriterien auf das folgende Verfahren: Die Analyse der Hilfepläne soll einmal im Jahr kollegial organisiert werden, also im Rahmen einer kontinuierlichen Evaluationspraxis erfolgen. Dazu werden in jedem ASD-Team von der ASD-Leitung 10 % der im letzten Jahr erstellten bzw. fortgeschriebenen Hilfepläne (10 % der jeweils von einem Mitarbeiter erarbeiteten Hilfepläne) nach dem Zufallsprinzip ausgewählt. Die ausgewählten Hilfepläne werden kopiert, und diese Kopien werden durch Schwärzen der Namen anonymisiert. Die Bewertung der Hilfepläne nach den o. g. Kriterien erfolgt durch eine sozialpädagogische Fachperson aus einem anderen ASD-Team. Welche Person aus welchem ASD-Team die Hilfepläne aus einem anderen Team untersucht, wird jährlich neu festgelegt; die ASD-Teams, aus denen die Bewertungspersonen kommen, sollen wechseln. Die analysierende Person untersucht die Hilfepläne nach den o. g. Kriterien und dokumentiert die Ergebnisse auf einem Auswertungsbogen (s. Tab. 10)

Die Ergebnisse der einzelnen Hilfeplan-Analysen werden von einem Evaluationsbeauftragten des Jugendamtes zusammengeführt und dann in einem Auswertungsgespräch verarbeitet: zunächst teamintern und nachher auf Abteilungsebene. Mit der Bewertung durch Fachkollegen aus einem anderen ASD-Team ist die Absicht verbunden, dass neue Wahrnehmungen und eine andere Bewertungssicht eingebracht werden und dass die Auseinandersetzung mit dieser veränderten Sicht Chancen eines Qualitätsdiskurses und einer Qualitätsverbesserung eröffnet.

Soziale Bedeutung der Dokumentenanalyse

An diesem Beispiel wird erkennbar, dass gerade bei einer Datenerhebung, in der vorhandene Dokumente analysiert werden, neben den Untersuchungskriterien auch der organisationsbezogene und soziale

Rahmen erörtert werden müssen; in der Regel sollte dieser Rahmen vor dem Zeitpunkt der Datenerhebung geklärt sein. Die zu analysierenden Dokumente spiegeln manchmal die Arbeit bestimmter Fachkräfte oder Teams unmittelbar wider, sodass in der Datenerhebung nicht nur die Dokumente bewertet werden, sondern die Bewertung sich im Bewusstsein der Akteure faktisch auch auf die Arbeit der dahinter stehenden Personen richtet. Ohne eine Transparenz des Verfahrens, also ohne dass die Beteiligten den Umgang mit den Erhebungsergebnissen kennen und absprechen, wird eine solche evaluierende Erhebung kaum in produktiver Weise durchgeführt werden können.

Zusammenfassung in Prüffragen:

- Existieren zur Beantwortung der Evaluationsfragen bereits Daten in der Organisation, auf die man zurückgreifen kann? Ist ein plausibler logischer Zusammenhang zwischen einer Evaluationsfrage und diesen Daten begründbar?
- Müssen in einer vorhandenen Statistik Datenkategorien angereichert werden durch weitere differenzierende Merkmale, um die Datenbasis für die Evaluation spezifischer und damit aussagekräftiger zu machen?
- Sind die für andere Zwecke erhobenen Daten auch für die Evaluationsfragen aussagekräftig?
- Welche statistischen Erhebungen können mit begrenztem Aufwand realisiert werden, um relevantes Datenmaterial für eine Evaluation zu erhalten?
- Existieren Dokumente zum Arbeitsprozess, aus deren Analyse Daten für Evaluationsfragen erzeugt werden können?
- Nach welchen Auswertungskategorien und mit welchen Erfassungsbögen sollen die Analysen erfolgen und die Erhebungsergebnisse dokumentiert werden?
- Haben Absprachen stattgefunden, um die Streubreite der subjektiven Wahrnehmungen und Zuordnungen auf Seiten der analysierenden Personen zu begrenzen?
- Ist bei einer Dokumentenanalyse der organisationale und soziale Rahmen für die Auswertung transparent und abgesprochen?

4.4 Durchführung der Datenerhebung

Nachdem ein bestimmtes Evaluationsarrangement und eine adäquate Form der Datenerhebung ausgewählt worden und die erforderlichen Erhebungsinstrumente konstruiert worden sind, schließt sich die Phase der Anwendung dieser Erhebungsinstrumente an. Die *Leitfrage* für diese Phase der Evaluation lautet: *Wer setzt zu welchem Zeitpunkt in welchen Situationen die Erhebungsinstrumente ein?* In dieser Leitfrage sind die zentralen Aspekte der praktischen Datenerhebung benannt:

- Personen, die die Erhebung durchführen,
- günstige Zeitpunkte für die Erhebung,
- angemessene Situationen, in denen die Erhebung mit Aussicht auf eine befriedigende Datenqualität realisiert werden kann.

Die *Personen, die die Erhebung durchführen*, sollten eine möglichst „unbelastete" Position zu den potenziellen Datengebern (Befragte, interviewte Personen, beobachtete Personen, für bestimmte Dokumente verantwortliche Fachkräfte) haben. Das Verhältnis zu den Datengebern sollte in möglichst geringem Maße „überformt" sein durch persönliche Bezüge aus anderen sozialen Kontexten. Dabei können latente oder offene Konflikte, die auf die Evaluationssituation übertragen werden, die Datenerhebung beeinträchtigen, aber auch durch Freundschaften erzeugte Loyalitätsanforderungen. Den Personen, die die Datenerhebung durchführen, sollte man einen persönlichen Zugang zu den „Datenlieferanten" zutrauen. Dabei können persönliche Merkmale (Geschlecht, Alter, kulturspezifischer Hintergrund) oder persönliche Eigenschaften (soziale Kontaktfähigkeit, angemessene Nähe-Distanz-Haltung, Vertrautheit mit einem sozialen Milieu) im Hinblick auf die Situation der Datenerhebung eine Rolle spielen. Die Daten erhebenden Personen müssen selbstverständlich vorher vorbereitet werden und Kompetenz erlangt haben in der Anwendung der Erhebungsinstrumente; sie müssen wissen, wie sie sich in der Situation der Datenerhebung (Information an die Befragten oder Beobachteten, Umgang mit den in Kap. 4.3 beschriebenen methodischen Anforderungen) zu verhalten haben. In der Vorbereitung müssen sie Klarheit über ihre Evaluatorenrolle erworben haben und diese angemessen in der Evaluationssituation umsetzen können. Sie sollen gegenüber den „Datenlieferanten" für Transparenz und Akzeptanz der Erhebung sorgen können. Bei internen oder kollegialen Evaluationen ist zu regeln, dass die Evaluatoren für die Zeit der Datenerhebung von anderen Aufgaben befreit sind und die Datenerhebung mit möglichst geringem Zeitdruck realisieren können.

Günstige Zeitpunkte für die Datenerhebung sind solche, bei denen die zu befragenden oder zu beobachtenden Personen für Anfragen und Erhebungen „empfänglich" sind. Man sollte sich z. B. gut überlegen, ob man an einem Montag den Erzieherinnen in einer Kindertageseinrichtungen Fragebögen übergeben sollte, wo doch dieser Tag von vielen Erzieherinnen wegen der vorherigen Wochenenderlebnisse der Kinder als relativ stressbeladen empfunden wird: Dadurch sinkt die Bereitschaft der Erzieherinnen, sich konzentriert auch noch auf einen Fragebogen einzulassen. Und ob der Zeitpunkt unmittelbar nach den Ferien sich für Beobachtungen mit der Aussicht auf aussagekräftige Ergebnisse zu einer Evaluation der Schulsozialarbeit gut eignet, ist ebenfalls fraglich. Sowohl der Zeitpunkt, an dem man für eine Datenerhebung anfragt, als auch der Zeitpunkt, an dem man die Datenerhebung durchführen will, sollten unter Betrachtung der Perspektive der „Datenlieferanten" sensibel ausgewählt werden.

Als *angemessene Situationen für eine Datenerhebung* können solche gelten, die ein relativ hohes Maß an Datenqualität erwarten lassen, also aussagefähige, die Gesamtsituation abbildende, verlässliche Daten. Für Beobachtungen bedeutet dies, dass sie in Situationen realisiert werden, die für den zu untersuchenden Sachverhalt als „typisch" gelten können; die beobachtete Situation soll sich durch zeitliche, räumliche oder soziale Besonderheiten nicht allzu sehr von sonstigen Situationen mit einer ähnlichen Aufgabenkonstellation und einer ähnlichen sozialen Zusammensetzung unterscheiden. Für schriftliche oder mündliche Befragungen sollten solche Situationen gewählt werden, bei denen die Befragung die „normalen" alltäglichen Abläufe möglichst wenig stört. Die befragten Personen sollen sich auf die Befragung konzentrieren können und nur kaum durch andere Vorgänge abgelenkt werden. Wenn es möglich ist, sollte das Verteilen von Fragebögen dann erfolgen, wenn die Befragten unmittelbar die Fragebögen bearbeiten und ausgefüllt zurückgeben können. Bei Evaluationen mit Fragebögen sind solche Konstellationen zu wählen, die eine möglichst hohe Rücklauf- bzw. Rückgabequote erreichbar erscheinen lassen.

Ein wichtiger Aspekt, der mit der Vorbereitung und Durchführung von Datenerhebungen im Rahmen einer Evaluation einhergeht, darf nicht unerwähnt bleiben: die *„Designeffekte" von Evaluation*. Als „Designeffekte" bezeichnet man solche „Effekte, die auf das Untersuchungsdesign selbst zurückzuführen sind, angefangen von der Tatsache, dass überhaupt eine Evaluation durchgeführt wird, bis hin zur Auswahl der Erfolgsindikatoren" (Bauer 2007, 45). Bei Evaluation könnte man zunächst an folgenden Ablauf denken: Am Beginn des Prozesses steht eine Praxis, die untersucht und bewertet wird, nach der Untersuchungsphase werden Schlussfolgerungen aus den Ergebnissen diskutiert, und danach werden diese Schlussfolgerungen in eine praktische Veränderung umgesetzt. Diese Vorstellung von unterschiedlichen, zumindest gedanklich voneinander abzugrenzenden Prozessphasen der

Designeffekte von Evaluation

Evaluation wird jedoch irritiert dadurch, dass allein die Tatsache des Stattfindens von Evaluation sowie die methodische Anlage und die inhaltlichen Bewertungskriterien der Evaluation bereits die „evaluierte Praxis" beeinflussen, und zwar schon bevor Schlussfolgerungen aus den Evaluationsergebnissen formuliert worden sind. Die Praxisakteure achten mehr auf bestimmte, durch die Evaluation ins Bewusstsein gehobene und mit höherer Bedeutung versehene Aspekte, bestimmte Handlungen werden plötzlich für wichtiger gehalten als vorher, im Vorfeld vielleicht nicht so aufmerksam beachtete Erfolgs- und Wirkungskriterien werden stärker hervorgehoben und dadurch handlungsleitend etc. Evaluation ist eine Maßnahme, die nicht neben dem Feld steht, sondern das Feld, das sie untersucht, schon während des Prozesses der Untersuchung unmittelbar beeinflusst. Das mag man unter forschungsmethodischen Gesichtspunkten für problematisch halten, unter praxisbezogenen Aspekten kann dieser Effekt jedoch durchaus erwünscht sein.

Prozessnutzen der Evaluation

Patton (1998) spricht vom „Prozessnutzen" der Evaluation, wobei er damit jedoch nicht nur erwünschte, sondern auch durch Evaluation ausgelöste unerwünschte Lerneffekte in Organisationen in den Blick nimmt. Auf der einen Seite wird durch Evaluation das Augenmerk auf Kriterien gerichtet, die im Sinne einer „gelingenden Praxis" als Zielperspektive, als Maßstab im Rahmen von Evaluationen proklamiert werden – mit positiven Wirkungen, wenn die Akteure in Organisationen sich diese Kriterien stärker bewusst machen und sich in ihrem Handeln daran orientieren. So kann man es z. B. positiv einschätzen, wenn Praxisakteure aufgrund von Anstößen aus der Evaluation sich bemühen, operationalisierbare und erreichbare Ziele bei Hilfeplanungen zu formulieren, bei der Konstruktion von Hilfe-Arrangements stärker auf Ressourcen der Adressaten zu achten, die Absprachen im Team verbindlicher zu handhaben etc. Die Erfahrung von Wolff/Scheffer (2003, 350), dass eine Organisation im Prozess der Evaluation allmählich gelernt habe, „vordringlich beantwortbare Fragen zu stellen" statt im Reden über ihren Alltag zu „fachlichen Allerweltsformeln" zu greifen, markiert einen solchen positiven Prozessnutzen. Auf der anderen Seite liegt die Dynamik des Designeffekts jedoch auch darin, dass die Aufmerksamkeit der Praxisakteure einseitig auf das gelenkt wird, was Gegenstand und Kriterien der Evaluation sind, und dass dabei schnell andere wichtige Aspekte des Alltags und des fachlichen Handelns an den Rand gedrängt werden. „Wofür wir uns entscheiden, es zu messen, hat einen Einfluss darauf, wie sich Leute verhalten." (Patton 1998, 53) Wenn z. B. der Schulerfolg (regelmäßiger Schulbesuch und Schulabschlüsse) als Evaluationskriterium für Erfolg in der Heimerziehung primär proklamiert wird, dann geraten andere pädagogische Bemühungen zur Persönlichkeitsentwicklung der Kinder und Jugendlichen möglicherweise an den Rand. Ob die Nebeneffekte, die von einer solchen Evaluationslogik auf die Praxis ausgehen, wünschenswert sind, ist nicht von vornherein ausgemacht; sie müssen aber als real wahrgenommen und in Rechnung gestellt werden. Verantwortliche Evaluation hat die möglichen Designeffekte von Evaluation im Prozess sensibel zu beobachten, im Hinblick auf ihre praktische Wünschbarkeit zu bewerten und ggf. Maßnahmen der Gegensteuerung in die Reflexion einzubeziehen.

Zusammenfassung: Was ist bei der Datenerhebung zu bedenken?

- Wie ist das Verhältnis der Personen, die die Erhebung durchführen, zu denen, die die Daten geben sollen: neutral, durch (latente oder manifeste) Konflikte oder durch besondere Loyalitätsanforderungen beeinflusst?
- Haben diejenigen, die Daten erheben sollen, ausreichend sachbezogene und kommunikative Kompetenz? Sind sie sich ihrer Rolle im Prozess der Datenerhebung bewusst?
- Welche Zeitpunkte sind für eine Datenerhebung günstig? Wann sind die zu Befragenden oder zu Beobachtenden für Anfragen und Erhebungen „empfänglich"?
- Welche Situationen der Datenerhebung lassen ein relativ hohes Maß an Datenqualität erwarten?
- Welche Designeffekte von Evaluation sind möglich oder wahrscheinlich? Wie sind die Auswirkungen dieser Designeffekte für die Praxis und das Evaluationsverfahren zu beurteilen?

4.5 Auswertung der Daten und Zusammenfügen zu Ergebnissen

Nach der Datenerhebung stehen die Evaluatoren vor einer Ansammlung von Daten, die aufzubereiten sind, damit innerhalb der Organisation eine zielgerichtete Diskussion über die Bedeutung der Ergebnisse und über die daraus zu ziehenden Schlussfolgerungen in Gang gesetzt werden kann. Denn „Daten an sich" sagen zunächst wenig aus, sie bedürfen der Aufbereitung und der Interpretation. Bevor die Erhebungsergebnisse innerhalb einer Organisation oder nach außen gegenüber Interessenträger präsentiert werden, sollten die Evaluatoren eine eigene Auswertungsdiskussion führen und die weiteren Debatten vor-

„Daten an sich" sagen nichts aus

bereiten. Denn die Produktivität der Diskussionen zur Bewertung der Evaluationsergebnisse und zu den Schlussfolgerungen hängt auch von einer angemessenen Vorbereitung ab.

> Die *Leitfrage*, die die Evaluatoren nach der Datenerhebung bearbeiten müssen, lautet: *Wie lassen sich die Daten bewerten und zu welchen Erkenntnissen bezüglich der Evaluationsfragen führen die Daten?*

Angemessene Form der Darstellung

Bei der Aufbereitung der Daten geht es zunächst einmal um eine angemessene Form der Darstellung. Quantitative Daten wird man in Tabellenform zusammenfassen: Neben der Häufigkeitsverteilung wird man je nach Datenmenge Prozentwerte zu den einzelnen Antwortkategorien, arithmetische Mittelwerte („Durchschnitt") und bei größeren Datenmengen eventuell noch einen Streuungswert (Standardabweichung) berechnen, um die Antwortbreite zu einzelnen Fragen mit einem Kennwert zu markieren. Die Ergebnisse werden in Tabellen, Säulendiagrammen oder Kreisdiagrammen visualisiert. Differenziertere Häufigkeitsverteilungen lassen sich in Kreuztabellen darstellen, bei denen z. B. der Grad der Zufriedenheit (auf einer Skala zwischen den Werten 1 bis 5 erfragt) in den Antworten in unterschiedlichen Altersgruppen (z. B. 15- bis 25-Jährige; 26- bis 35-Jährige; 36- bis 45-Jährige; 46- 55-Jährige) dargestellt wird.

Fragen zur Interpretation der Daten

Die zusammenführende Darstellung ist die Grundlage für die Interpretation der Daten und orientiert sich insbesondere an folgenden Fragen (Burkard / Eikenbusch 2000, 138):

- Worin besteht der zentrale Aussagewert der Daten?
- Was bestätigt die bereits vorher vorhandenen Einschätzungen?
- Worin widersprechen die Daten den vorher vorhandenen Einschätzungen?
- Welche Ergebnisse sind völlig überraschend? Was erzeugt einen neuen Blick auf den untersuchten Sachverhalt?
- Zu welchen Fragen sind die Ergebnisse relativ eindeutig und zu welchen Fragen sind sie widersprüchlich?
- An welchen Stellen bleiben Unklarheiten hinsichtlich einer Evaluationsfrage?
- Lassen sich die Daten auch so interpretieren, dass man unterschiedliche oder gar sich widersprechende Thesen formulieren könnte?
- Wo ergeben sich aus den Daten neue Fragen (möglicherweise ein neuer Evaluationsbedarf)?
- Auf welche Evaluationsfragen und daran anschließende, in der Organisation vorhandene Fragen sagen die Daten nichts aus?

Die Erörterung solcher Fragen führt zu Aussagen, die als Interpretationsvorschläge in die Präsentation und die nachfolgenden Auswertungsdiskussionen innerhalb und außerhalb der Organisation gegeben werden. In solchen Interpretationsvorschlägen wird deutlich, dass die Art der Datenaufbereitung und die verschiedenen Interpretationsmöglichkeiten die Daten nicht als „objektiv" erscheinen lassen können. Statt von „Objektivität" sollte besser von „Intersubjektivität" oder „Nachvollziehbarkeit" im Interpretationsvorgang gesprochen werden: Die Evaluatoren müssen der Anforderung entsprechen, die Daten nicht manipulativ aufzubereiten (zu solchen Möglichkeiten anschaulich vgl. Krämer 2000) und Interpretationen der Daten so zu formulieren, dass sie von anderen Personen nachvollzogen werden können. Zur Anforderung der Manipulationsvermeidung und Intersubjektivität gehört auch, dass verschiedenartige Interpretationsmöglichkeiten aufgezeigt werden. Denn der Aussagegehalt von Daten lässt sich bisweilen „so oder so" interpretieren, und es würde eine faire Auswertungsdiskussion befördern, wenn solche unterschiedlichen Interpretationsweisen auch offengelegt oder sogar herausgefordert würden. Bisweilen kann auch der Versuch hilfreich sein, die Daten einmal so „gegen den Strich zu lesen" und sie daraufhin zu untersuchen, ob sich aus ihnen inhaltlich divergente Schlussfolgerungen ableiten lassen; es kann für die Ergebnisdiskussion produktive Impulse bedeuten, wenn gewohnte und nahe liegende Denkweisen hinterfragt werden.

Statt „Objektivität", eher „Intersubjektivität"

Auch die Schlussfolgerungen („An welchen Stellen zeigt sich welcher Handlungsbedarf?"), die zur Vorbereitung der Auswertungsdiskussion aus den Ergebnissen und deren Interpretationen abgeleitet werden, haben hypothetischen Charakter. Entsprechend dem Gebot der Transparenz müssen sie gut begründet und zu einer bestimmten Interpretation der Ergebnisse in Bezug gesetzt werden. Schlussfolgerungen müssen nicht nur in einer Intention formuliert werden, sie können – entsprechend der Mehrdeutigkeit und der Interpretationsbedürftigkeit von Daten – auch zu Aussagen mit *verschiedenartigen* Richtungen führen. Es ist sinnvoll, bei einer ersten Erörterung von Ergebnissen verschiedenartige Interpretation geradezu herauszufordern und entsprechend unterschiedliche Schlussfolgerungen zu formulieren, um das Denken nicht vordergründig in eine Richtung zu lenken. So kann z. B. die hohe Zufriedenheit mit den Angeboten einer Beratungsstelle positiv interpretiert werden mit der Schlussfolgerung „Wir können so weitermachen wie bisher", sie kann aber auch verstanden werden als ein Hinweis, dass die Beratenen zu wenig mit unangenehmen Fragen konfrontiert und zu wenig herausgefordert werden, die schwierigen und komplizier-

Hypothetischer Charakter von Schlussfolgerungen

ten Aspekte ihrer Lebensführung anzugehen; die letztgenannte Interpretation wäre weitaus weniger positiv und müsste zu anderen Schlussfolgerungen führen. Oder wenn bei einer Evaluation herauskäme, dass die Pädagogen in einer Erziehungshilfe-Einrichtung immer ein hohes Maß an Flexibilität in ihrem Handeln realisieren und immer höchst individuell auf die einzelnen Kinder und Jugendlichen eingehen, kann das ambivalent interpretiert werden: als positives Ergebnis, weil Flexibilität und Individualität im pädagogischen Handeln wichtige Maßstäbe in der Erziehungshilfe darstellen, aber auch als möglicherweise problematisch. Denn mit einem hohen Grad an Flexibilität und individueller Ausrichtung werden pädagogische Absprachen immer unverbindlicher, und die „pädagogische Linie" zwischen den Fachkräften kann nur schwer entwickelt und aufrecht erhalten werden, was in der Folge auch zu Orientierungsproblemen der Kinder und Jugendlichen in der Gruppe und gegenüber dem Pädagogenteam führen kann. Die Schlussfolgerungen bei beiden Interpretationen wären unterschiedlich. Solche Ambivalenzen bei Interpretationen und Schlussfolgerungen aufzuzeigen, ist eine Anforderung an die Evaluatoren bei der ersten Erörterung der Ergebnisse. Das Ernstnehmen des Hypothesencharakters von Interpretationen zu den Daten und zu daraus abgeleiteten Schlussfolgerungen fordert Reflexionen heraus und kann die produktiven Potenziale von Evaluationen erweitern. Mit der Herausforderung divergierender Interpretationen wird auch in diesem Arbeitsschritt erneut deutlich, dass es sich bei Evaluation substanziell um einen von Bewertungsvorgängen geprägten und durchzogenen Prozess handelt.

> **Zusammenfassung: Was ist bei der Datenauswertung zu bedenken?**
> - Welche Form der Datenaufbereitung und der Ergebnisdarstellung ist für die Art der Daten und für den Darstellungszweck angemessen?
> - Sind die Interpretationsaussagen zu den Daten nachvollziehbar?
> - Werden verschiedenartige Interpretationsmöglichkeiten aufgezeigt?
> - Sind Schlussfolgerungen (als Vorbereitung auf die Auswertungsdiskussion) hypothetisch formuliert und im Hinblick auf die Daten und deren Interpretation gut begründet?

4.6 Präsentation der Ergebnisse

Die Evaluatoren müssen ihre Ergebnisinterpretationen und ihre daraus abgeleiteten hypothetischen Schlussfolgerungen denjenigen, die die

Evaluation „in Auftrag gegeben" haben, und weiteren Interessenträgern präsentieren, um dort Bewertungsdiskussionen und Überlegungen zu Konsequenzen anzuregen. Dies erfordert Sorgfalt, denn die Präsentationsart und die dabei vorgenommenen thematischen Nuancierungen haben markante Auswirkungen für die weiteren Debatten.

Die *Leitfrage*, in der sich die Anforderungen an die Präsentation bündeln, lautet: *Wie und in welchen Konstellationen können die Ergebnisse so präsentiert werden, dass sie produktiv verarbeitet werden?*

Schneider / Meiers (2007, 315 f) nennen sieben Anforderungen, die für die kommunikative Aufgabe der Vermittlung der Evaluationsergebnisse relevant sind:

Präsentation als kommunikative Aufgabe

- *Vollständigkeit*: Die gesamten Ergebnisse sollen dargestellt und die unterschiedlichen Interpretationsmöglichkeiten benannt werden.
- *Verständlichkeit*: Die Ergebnisse müssen so vermittelt werden, dass sie sowohl von der verwendeten Sprachform her als auch hinsichtlich der Komplexität der Argumentation von den Adressaten der Präsentation nachvollzogen werden können. Wie für jede Kommunikation ist auch hier entscheidend, dass Fachtermini und Sprachmodus auf die Rezeptionsfähigkeiten der Zuhörer ausgerichtet sind.
- *Transparenz*: Nicht nur die Sprachform, sondern auch die Argumentationslogik muss für die Adressaten der Präsentation nachvollziehbar sein. Es muss verständlich werden, welche Evaluationsmethoden für welche Evaluationsfragen eingesetzt wurden, welche Bewertungsmaßstäbe bei der Interpretation der Ergebnisse zugrunde gelegt wurden und aufgrund welcher Ergebnisse welche (hypothetischen) Schlussfolgerungen abgeleitet wurden.
- *Anpassung an Zielgruppen*: Nicht jede Information ist für jede Zielgruppe gleichermaßen interessant und bedeutsam. Art und inhaltliche Schwerpunktsetzungen bei der Präsentation sollten auf die Erwartungen, Interessen und Anforderungen der jeweiligen Zielgruppe ausgerichtet sein. Das bedeutet auch, dass überlegt werden muss, ob für verschiedene Interessen- und Zielgruppen unterschiedliche Präsentationen zu verschiedenen Zeitpunkten und an verschiedenen Orten organisiert werden sollten. Die Ergebnisse z. B. der Evaluation der Arbeit von Jugendzentren müssen im örtlichen Jugendhilfeausschuss anders präsentiert werden als in einem Fachgremium wie einer arbeitsfeldbezogenen örtlichen Arbeitsgemeinschaft nach § 78 SGB VIII, in der vorwiegend Fachkräfte der Offenen Kinder- und Jugendarbeit mitwirken; eine Präsentation der Ergebnisse vor Jugendlichen in einer Jugendfreizeitstätte muss sich wiederum von den anderen beiden Präsentationen in Art und inhaltlicher Ausrichtung unterscheiden.
- *Rechtzeitigkeit*: Es muss frühzeitig geklärt werden, wer wann welche Informationen aus der Evaluation benötigt, um entsprechende Vorkehrungen

für die Ergebnispräsentation zu treffen. Wenn summative Evaluationen Grundlagen zur Entscheidung über die Fortführung eines Programms liefern sollen, müssen die Ergebnisse so zeitig vor einem Entscheidungstermin vorliegen, dass sie noch für den Prozess der Willensbildung verarbeitet werden können. Wenn die Evaluation einen formativen Zweck hat, muss ebenfalls der Zeitpunkt klar sein, an dem im Rahmen einer Zwischenauswertung über mögliche Korrekturen entschieden werden soll, um dem Programm noch wirkungsvoll einen veränderten Verlauf geben zu können.

- *Diplomatie*: Angesichts der Tatsache, dass Evaluationen immer mit Bewertungen verbunden sind, die Praxisakteure auch als eine Bewertung ihrer Person und ihres Handelns empfinden, und dass es somit häufig „Gewinner" und „Verlierer" bei der Verarbeitung der Evaluationsergebnisse gibt, sollten sich die Evaluatoren Gedanken darüber machen, mit welcher Art der Darstellung sie eine möglichst sachbezogene Diskussion der Ergebnisse befördern können. Dies kann u. a. erfolgen durch eine sachlich abwägende Form der Präsentation, durch den Hinweis auf unterschiedliche Interpretationsmöglichkeiten zu den Ergebnissen, durch den Hinweis auf sachlich divergente Perspektiven zu einem Sachverhalt oder durch die Hervorhebung der mit den Schlussfolgerungen verbundenen Chancen. Diplomatisch sein bedeutet nicht, bei den Bemühen, niemandem „auf die Füße zu treten", sachlich unklar oder verwaschen zu werden und Angst zu zeigen vor präzisen Aussagen. Sachliche Klarheit ist ein wichtiges Gebot der Transparenz (s. o.). Vielmehr bedeutet Diplomatie, den Perspektiven unterschiedlicher Beteiligter und Betroffener bei der Evaluation Rechnung zu tragen und nicht vorschnell über die Art der Präsentation eine Beteiligtengruppe „in die Ecke" zu stellen, sondern den hypothetischen Charakter und die partielle Offenheit der Ergebnisse für verschiedene Interpretationen und Handlungskonsequenzen zu benennen. Insofern steht Diplomatie in enger Verbindung zu den Geboten der Transparenz und der Fairness.
- *Anonymität*: Es sollte darauf geachtet werden, dass durch die Art der Präsentation nicht ohne weiteres erkennbar wird, welche einzelnen Personen welche Daten gegeben bzw. welche Äußerungen gemacht haben. Wenn einzelnen Personen Meinungsäußerungen oder andere Aussagen zugeordnet werden können, verstößt dies gegen das Prinzip der Fairness gegenüber den Datengebern und hat auch für den weiteren Prozess der Auseinandersetzung mit den Evaluationsergebnissen negative Auswirkungen.

Anforderungen an Evaluationsberichte

Der Grundsatz, dass eine Präsentation sehr stark unter Beachtung der Perspektive derjenigen konzipiert werden muss, an die sich die Präsentation richtet und die die präsentierten Ergebnisse verarbeiten sollen, gilt auch für das Erstellen eines schriftlichen Evaluationsberichts. Häufig wird zum Abschluss eines Evaluationszyklus ein *Evaluationsbericht* erwartet. Ein zumindest relativ kurzer Evaluationsbericht ist hilfreich

- als Erinnerungshilfe und als Dokument, auf das man für weitere Debatten zu den Schlussfolgerungen zurückgreifen kann;

- als hilfreicher „Zwang" für die Evaluatoren, die Ergebnisse, die darauf bezogenen Interpretationen und die möglichen Schlussfolgerungen „auf den Punkt" zu bringen;
- als markanter und symbolischer Abschluss eines Evaluationsprojekts.

Für die Anfertigung von Evaluationsberichten sollten sich die Evaluatoren vorher klar machen, für welchen Zweck sie diesen Bericht erstellen: Ein für intern konzeptionelle Debatten benötigter Bericht wird sicherlich anders aussehen als ein auf außenstehende Interessenträger ausgerichteter Bericht; und auch im letztgenannten Fall wird man einen Bericht, der sich an Interessenträger mit fachlichen Detailkenntnissen richtet, anders schreiben als einen Bericht, der für politische Entscheidungsträger verfasst wird, oder einen Bericht, der Grundlage sein soll für eine Berichterstattung in Medien. Die Verfasser des Berichts sollten sich vorher die Frage stellen: *An wen richtet sich der Bericht primär und wer liest diesen Bericht voraussichtlich darüber hinaus?*

Zweck eines Evaluationsberichts

Inhaltlich sollte ein Evaluationsbericht Aussagen enthalten

Inhalte eines Evaluationsberichts

- über die Ausgangssituation, gegebenenfalls den Auftrag und damit in Verbindung stehenden Evaluationsfragen, die die Evaluation geprägt haben,
- über das Vorgehen und die Methoden der Evaluation (in der Regel recht kurz) sowie eine kurze Begründung zum Vorgehen,
- über die Ergebnisse der Erhebungen und die Interpretation der Ergebnisse sowie
- gegebenfalls (je nach Adressatenkreis des Berichts) Überlegungen zu möglichen Schlussfolgerungen aus den Evaluationsergebnissen.

Ein Evaluationsbericht sollte möglichst knapp gehalten werden und die potenziellen Leser komprimiert und in übersichtlicher Weise informieren. Hinsichtlich der häufigen Empfehlung, am Ende eines Berichts die zentralen Aussagen noch einmal in einem Abschlusskapitel zusammenzufassen (zugespitzt und „für die eiligen Leser") können unterschiedliche Argumente angeführt werden: Einerseits macht eine abschließende Zusammenfassung die Ergebnisdarstellung übersichtlich und zwingt noch einmal zum Herausarbeiten der zentralen Aussagen; andererseits ist die Gefahr groß, dass die Rezipienten nur noch die abschließenden Thesen zur Kenntnis nehmen und diskutieren, sodass die für die Transparenz wichtigen Begründungen und differenzierten Interpretationen, deren Bedeutung in diesem Kapitel an vielen Stellen immer wieder hervorgehoben wurde, verloren gehen. Damit würde bei der Diskussion um die Schlussfolgerungen ein undifferenziertes Denken Platz greifen, das der Ausgangssituation und dem Evaluationsverfahren nicht mehr

Zusammenfassung „für den eiligen Leser"?

gerecht wird. Es ist nicht leicht, bei abschließenden thesenartigen Zusammenfassungen dem Druck zu sachlich wenig zuträglichen Vereinfachungen zu widerstehen und auch in der Zusammenfassung noch die erforderlichen Differenzierungen zu wahren.

> **Zusammenfassung: Was ist bei der Präsentation der Ergebnisse zu bedenken?**
>
> - Ist die Präsentation der Ergebnisse inhaltlich vollständig, verständlich, transparent/nachvollziehbar, auf die jeweilige Zielgruppe ausgerichtet, in inhaltlicher und sprachlicher Form sachlich und neutral?
> - Erfolgt die Präsentation rechtzeitig, um die mit der Evaluation angestrebten Zwecke realisieren zu können?
> - Wird in der Präsentationsweise die Anonymität der Datengeber gewahrt?
> - Wird die Vermittlung der Evaluationsergebnisse als eine kommunikative Aufgabe verstanden, bei der die Perspektive der Zielgruppe der Vermittlung durchgängig zu beachten ist?
> - Sind bei der Präsentation und bei der schriftlichen Darstellung der Ergebnisse (im Evaluationsbericht) die Perspektiven der Adressaten (Zuhörer, Leser) und deren pragmatische Erwartungen ausreichend einbezogen worden?
> - Sind Zielgruppen für einen Evaluationsbericht bedacht worden?
> - Sind Chancen und Risiken eines zusammenfassenden Schusskapitels im Bericht in Hinblick auf die jeweilige Zielgruppe bedacht worden?

4.7 Reflexion des Evaluationsverlaufs

Relative Kontinuität von Evaluation

Evaluation sollte kein einmaliges oder nur selten (in „Ausnahmefällen") durchzuführendes Projekt in der Praxis der Sozialen Arbeit sein. Vielmehr sollte, wie in Kapitel 2.3 begründet, Evaluation als ein Ansatz zur professionellen Reflexion und zur Qualitätsentwicklung in der Sozialen Arbeit angesehen werden. Dementsprechend wäre Evaluation im Grundsatz zu konzipieren als eine immer wieder aktualisierte, relativ kontinuierliche Form des Aus- und Bewertens von beruflichen Konzepten, Strukturen, Prozessen und Ergebnissen.

Auswertung von Evaluation als Lernvorgang

Vor einem solchen Verständnishintergrund erscheint es sinnvoll, auch den Evaluationsvorgang selbst auszuwerten, um Schlussfolgerungen für weitere Evaluationsvorhaben und für eine sukzessive Verbesserung der Evaluationspraxis ziehen zu können. Die Durchführung einer Evaluation bringt nicht nur Erkenntnisse über einen Evaluationsgegenstand, sondern auch Erkenntnisse über die Gestaltung von Evaluationen. Bereits während des Evaluationsverfahrens haben die Beteiligten erfahren, welche Schritte nicht so gut liefen wie geplant, an welcher Stelle es durch günstige Umstände noch „gut gegangen ist", welche Erhebungsmethoden mit Schwierigkeiten in der Umsetzung verbunden waren etc. Evaluation ist immer auch ein Lernprozess der Evaluationsakteure und derjenigen, die in den Evaluationsverlauf eingebunden und/oder von dessen Ergebnissen betroffen sind. Um die Erfahrungen, die einzelne Beteiligte mit dem Evaluationsverfahren gemacht haben, nicht ungenutzt zu lassen, ist eine explizite Auswertung des vorläufig abgeschlossenen Evaluationsverfahrens sinnvoll.

Eine systematische Reflexion zur Evaluation richtet sich an der *Leitfrage* aus: *Welche Erfahrungen wurden bei den einzelnen Verfahrensschritten gemacht und was kann man daraus für weitere Evaluationen lernen?*

In dieser Leitfrage sind insbesondere folgende Fragestellungen enthalten, die bei der Reflexion thematisiert werden sollten:

Fragestellungen für eine Auswertung

- Konnten die Ziele und Erwartungen, die mit der Evaluation verbunden waren, realisiert werden?
- Welche Personen- oder Interessengruppe konnte ihre spezifischen Erwartungen besonders stark zur Geltung bringen und welche Personen- oder Interessengruppe hatte hier deutlich geringere Möglichkeiten?
- Fühlten sich alle Beteiligten und Betroffenen während und durch die Evaluation ausreichend fair behandelt?
- An welchen Stellen des Verfahrens traten Schwierigkeiten auf? Waren diese Schwierigkeiten eher durch vorhandene Strukturen, durch Fehleinschätzungen in der Planung, durch zu geringe Kompetenzen der Akteure oder durch andere Unzulänglichkeiten bedingt?
- Was ging in dem Verfahren besonders gut und sollte für weitere Evaluationen festgehalten werden?
- Haben sich die praktizierten Erhebungsmethoden bewährt?
- Wie ist das Verhältnis zwischen Aufwand und Ertrag bei der Evaluation zu bewerten?
- Was sollte man aus der Sicht nach Projekt-Abschluss geändert werden, wenn man das gleiche Evaluationsprojekt noch einmal beginnen würde?
- Worauf sollte man bei der Planung und Durchführung weiterer Evaluationsvorhaben besonders achten?

Für eine Auswertung und Bewertung des vorangegangenen Evaluationsprojekts kann ein solcher erfahrungsbasierter Zugang gewählt werden, wie er sich in den aufgeführten Fragen widerspiegelt. Ein anderer Zugang zur Bewertung eines Evaluationsverfahrens ergibt sich

Reflexion mit Hilfe von Qualitätskriterien zur Evaluation

über Qualitätskriterien zur Evaluation, die unabhängig von der vorher verlaufenen Evaluation formuliert worden sind. Dadurch würden gleichsam Kriterien aus der „Fachdiskussion zur Evaluation", also von „außen" herangetragene Bewertungsmaßstäbe (vgl. Kap. 7) zur Grundlage der Auswertung gemacht. Beide Zugänge – die konkreten Erfahrungen der Beteiligten mit einem Evaluationsprojekt oder Kriterien zur „guten Evaluation" aus dem Fachdiskurs zum Ausgangspunkt einer Auswertung eines vorangegangenen Evaluationsverfahrens zu machen – schließen einander nicht aus; sie können auch in gegenseitiger Ergänzung eingesetzt werden.

5 Wirkungsevaluation: Anforderungen und Probleme

Bei jedem Handeln steht eine Wirkungserwartung im Zentrum: In der Regel will man mit seinen Handlungen einen Effekt erzeugen, und man misst einen wesentlichen Teil des Erfolgs seiner Handlungen daran, ob der erwartete Effekt eintritt, ob also die Handlung „Wirkungen" gezeigt hat. Somit erscheint selbstverständlich, dass für die Bewertung beruflichen Handelns nicht nur die Frage bedeutsam ist, ob die Handlungen „nach den Regeln der fachlichen Kunst", also entsprechend den prozessbezogenen Anforderungen ausgeführt worden sind, sondern auch, ob und welche Wirkungen das Handeln erzeugt hat: ob die tatsächlichen Wirkungen mit den erhofften und geplanten Wirkungselementen übereinstimmen, ob neben den beabsichtigten Wirkungen weitere positive oder problematische Auswirkungen (Nebenwirkungen) eingetreten sind, ob kurzfristig erreichte Wirkungen auch mittelfristig Bestand haben, ob die Wirkungen bei verschiedenen Handlungsadressaten ähnlich oder unterschiedlich sind etc. Weil letztlich auch Konzepte und Strukturen darauf abzielen, die Wirkungschancen des Handelns zu verbessern, und weil Handlungen und Programme sich sowohl nach innen wie nach außen daran legitimieren müssen, ob mit ihnen die beabsichtigten Wirkungen erzielt werden können, ist es eigentlich selbstverständlich, dass „Wirkung" eine zentrale Kategorie bei einer systematischen Überprüfung ist, also eine zentrale Bedeutung für eine Evaluation der Sozialen Arbeit hat.

Im Mittelpunkt: Wirkungserwartung

Zu dieser „Selbstverständlichkeit" kommt verstärkend hinzu, dass das Thema „Wirkung bzw. wirkungsorientierte Steuerung" für die Sozialpolitik aktuell mit zunehmender Relevanz diskutiert wird. Flösser/Oechler (2006, 155) sehen in der sozialpolitischen Hervorhebung der Wirkungskategorie eine „neue Welle der Modernisierung", bei der die mit dem Qualitätsmanagement artikulierten und nicht erfüllten Hoffnungen auf Effizienzsteigerung („mehr Qualität bei weniger Kosten") sich nunmehr in einem neuen Gewand präsentieren. Otto (2007, 14) erblickt in der Wirkungsorientierung eine veränderte Akzentsetzung für den gesellschaftlichen Umgang mit Sozialer Arbeit: Das Vertrauen auf den Einsatz von Professionalität (Wissen und methodisches Können) als Effektivität förderndem Faktor werde abgelöst durch eine

Sozialpolitische Relevanz des Themas „Wirkung"

Steuerungspraxis, die nachzuweisende „Wirksamkeit" als zentrale Steuerungskategorie (und damit als sozialpolitische, für die Existenz von Einrichtungen zunehmend bedeutsame Legitimationskategorie) einsetze. Auch die Debatte um eine „Evidenzbasierung" der Sozialen Arbeit (Sommerfeld/Hüttemann 2007; Ziegler 2006) kann trotz der darin auftretenden begrifflichen und konzeptionellen Intransparenz als ein Hinweis genommen werden auf eine künftig zunehmende Bedeutung des Wirkungsthemas für die Legitimation und Steuerung der Sozialen Arbeit.

Auch wenn man die sozial- und professionspolitischen Folgen solcher Debatten um eine wirkungsorientierte Steuerung mit Skepsis betrachtet und die unmittelbare Verkoppelung von Wirkungsanalyse und finanzieller Steuerung für problematisch erachtet (Merchel 2010a, 53 ff), so ändert das nichts daran, dass die Soziale Arbeit zum einen dem Wirkungsthema sozialpolitisch nicht ausweichen kann und darf und zum anderen die Wirkung in der Handlungslogik der Sozialen Arbeit den zentralen Bezugspunkt darstellt. Aus diesen beiden Gründen wird „Wirkung" auch für die Evaluation eine Kategorie von hervorgehobener Bedeutung bleiben (Projekt eXe 2006). Daher sollen mit diesem Kapitel einige Anmerkungen zur Wirkungsevaluation die Orientierung in der Auseinandersetzung mit diesem Thema erleichtern.

Evaluationsdesigns für Wirkungsevaluation

Für eine Wirkungsevaluation können grundsätzlich folgende Evaluationsdesigns unterschieden werden (Böttcher 2008, 894 ff):

- *das randomisierte Experiment*: Die Wirkung einer Maßnahme wird dadurch untersucht, dass aus einer definierten Grundgesamtheit (von Personen mit ähnlichen Merkmalen) Personen zufällig einer Gruppe zugeordnet werden, die einer bestimmten Maßnahme „unterzogen" wird, und andere Personen ebenso zufällig einer Vergleichsgruppe mit einer anderen Maßnahme oder einer Kontrollgruppe ohne Maßnahme zugeordnet werden. Durch die Zufallsauswahl soll gewährleistet sein, dass die Gruppen sich lediglich durch die eingesetzten Maßnahmen unterscheiden. Die Wirkungen einer Maßnahme zeigen sich zum einen im Vergleich bei Vorher-Nachher-Messungen und zum anderen im Vergleich zwischen den verschiedenen Gruppen. Eine Maßnahme ist demnach dann als „erfolgreich" evaluiert, wenn sich zum einen in der Personengruppe, in der die Maßnahme eingesetzt wurde, signifikante Veränderungen zeigen, die angesichts der kontrollierten Bedingungen bei der Realisierung der Maßnahme weitgehend auf den Einfluss dieser Maßnahme zurückzuführen sind, und wenn zum anderen bei der Vergleichs- und/oder Kontrollgruppe andere, geringere oder keine Effekte im Sinne der vorher festgelegten Zielkriterien zu beobachten sind. Es ist schnell einsichtig, dass in der Sozialen Arbeit solche Experimente nicht realisiert werden können. Zum einen, weil Soziale Arbeit in einer komplexen Lebenswelt der Adressaten angesiedelt ist, weil eine Experimentaldurchführung unter kontrollierten Bedingungen nicht machbar (und kaum sinnvoll) ist und dadurch die Bedingungen für eine relativ genau umrissene Grundgesamtheit und eine darauf aufbauende Zufallsverteilung in Maßnahme-, Kontroll- und Vergleichgruppen nicht vorhanden sind. Zum anderen, weil es ethisch nicht akzeptabel ist, aus methodischen Gründen des Experiments einer Gruppe Hilfe zu verweigern oder sie mit einer Intervention zu konfrontieren, bei der man von vornherein unzulängliche Effekte vermutet. Somit ist ein solches Design nicht realisierbar, und selbst wenn es technisch umsetzbar wäre, wäre es ethisch nicht vertretbar.

- *quasi-experimentelle Verfahren*: Dieses Design folgt der Logik des Experiments mit der Ausrichtung an Vergleichsmessungen bei Gruppen, jedoch ohne dass die Gruppenzuordnung auf der Basis einer möglichst genau definierten Grundgesamtheit und einer entsprechenden zufälligen Gruppenzusammensetzung geschieht. Ferner wird zugestanden, dass die Bedingungen, unter denen eine Maßnahme realisiert wird, nicht vollständig kontrolliert werden können; die Maßnahmen sollen lediglich unter ähnlichen Voraussetzungen vollzogen werden. An einem Beispiel: Man vermutet, dass drei Untersuchungspopulationen in der Sozialpädagogischen Familienhilfe (SPFH) (jeweils 20 Familien aus drei Jugendamtsbereichen mit ähnlicher sozialer Belastungsquote) sich nicht allzu sehr voneinander unterscheiden. Die drei Untersuchungspopulationen erhalten eine ambulante, familienorientierte Erziehungshilfe nach verschiedenen methodischen Konzepten (mit Schwerpunkt auf alltagsbezogene Unterstützung und Anleitung; an systemischer Familientherapie ausgerichtet; an verhaltenstherapeutisch intervenierenden Konzepten ausgerichtet). Unter der Voraussetzung, dass die Mitarbeiter sich jeweils relativ eng an die jeweiligen Konzeptvorgaben halten und man sich auf relevante Wirkungsdimensionen einigen kann, wird dann evaluiert, welche Wirkungen mit welcher Wirkungsintensität und mit welchen Wirkungsdifferenzierungen bei den drei unterschiedlich „behandelten" Gruppen auftreten. Dabei erhofft man sich zum einen Hinweise zu der Frage, welches Konzept für die Familien wirksamer ist, und zum anderen Hinweise, bei welchem Konzept welche Wirkungsaspekte stärker gewichtet werden müssen.
- *Prä- und Post-Messungen*: Messungen, die sich an der Frage ausrichten, wie eine Situation, ein Verhalten oder Einschätzungen zu einem Sachverhalt vor einer Maßnahme waren und wie sie nach einer Maßnahme vorzufinden sind, sollen die Effekte verdeutlichen, die vermutlich durch das Programm bzw. die Maßnahme hervorgerufen worden sind. Solche Messungen können in einem vergleichsweise einfachen Messungsdesign lediglich die Vorher-Nachher-Zustände in den Blick nehmen. Sie können aber auch komplexer angelegt sein, wenn sie daneben noch spezifische Ausformungen oder spezifische Aspekte der Maßnahme/des Programms differenziert im Hinblick auf ihre Wirkungsbedeutung zu erfassen versuchen. In einem solchen Fall würde man sich bemühen, nicht nur Effekte zu evaluieren, sondern auch noch besonders förderliche Wirkungsfaktoren herauszufiltern. Vom quasi-experimentellen Design unterscheiden sich Prä-Post-Messungen dadurch, dass sie nur bei einer Gruppe vorgenommen werden und die Konfrontation mit Vergleichsgruppen entfällt. Ein Beispiel

für eine einfache Prä-Post-Messung: Man misst zu Beginn eines Selbstbehauptungstrainings Angstwerte bei den Teilnehmern und nimmt mit der gleichen Skala eine Messung nach Abschluss des Trainings vor. Wenn sich Angstwerte bei der Messung deutlich reduziert haben, interpretiert man dies als einen Effekt, der auf das Training zurückzuführen ist.

- *Einschätzungen der Wirkungen durch Programm-Teilnehmer*: Hier geht es um Selbsteinschätzungen derjenigen Personen, die Adressaten der Maßnahmen oder Programme waren und sind. Sie sollen einschätzen, ob und wie weit die Interventionen ihnen geholfen haben, oder sie können ihre Zufriedenheit mit der Durchführung und den Ergebnissen der Interventionen äußern. Die Selbsteinschätzung bezüglich der Wirkungen und die Einschätzungen zur Zufriedenheit sind vielfach nicht genau zu unterscheiden: Sie werden häufig in Befragungen nicht genau differenziert, und auch im Bewusstsein der antwortenden Personen beeinflussen sich diese beiden Aspekte gegenseitig und führen zu fließenden Übergängen – und damit zu Unklarheiten bei der Auswertung und Interpretation. Wegen diesen methodischen Unzulänglichkeiten und wegen der Schwierigkeit, ob die von den Befragten eingeschätzten Wirkungen auch im Alltag real vorfindbar sind, weist Böttcher (2008, 895) solchen Einschätzungen das Etikett „Evaluation" nicht zu, sondern spricht von Meinungsumfragen oder von Feedback an Programmverantwortliche, die unterhalb der Anforderungen an ein Evaluationsverfahren angesiedelt seien.

Begrenzte Aussagekraft von Wirkungsevaluationen

In der Sozialen Arbeit sind diese auf Wirkung ausgerichteten Evaluationsdesigns vorfindbar – mit Ausnahme des randomisierten Experiments (aus den o. g. Gründen). Jedoch müssen bei allen drei Evaluationsdesigns die Schwierigkeiten und die Begrenzungen in der Aussagekraft der dabei erzielten Ergebnisse bedacht werden. Bei dem skizzierten Beispiel zu den quasi-experimentellen Verfahren wurden die Grenzen bereits in der kurzen Charakterisierung erkennbar: Selbst bei vermutlich einigermaßen ähnlich einzuschätzenden Personengruppen (Familien in der SPFH) muss gewährleistet sein,

(a) dass die drei zugrunde gelegten Konzepte mit den daraus abgeleiteten Methoden und Handlungsweisen relativ klar voneinander abgegrenzt sind,
(b) dass die Mitarbeiter die jeweiligen Konzepte programmadäquat umsetzen und
(c) dass die Beteiligten sich auf gemeinsame Wirkungsdimensionen bzw. Prioritätensetzungen hinsichtlich der Bedeutung bestimmter Wirkungsziele einigen können.

Alle drei Anforderungen sind nicht ohne weiteres realisierbar; man kann nicht davon ausgehen, dass diese Anforderungen in der Regel gegeben sind. Selbst für die unter (c) genannte Bedingung (Einigung auf gemeinsame Wirkungsdimensionen), die auf den ersten Blick bei gutem Willen der Beteiligten noch am einfachsten umsetzbar erscheint, sind schwer überwindbare Hindernisse zu erwarten. An einem Beispiel aus einem anderen Handlungsfeld: Man versuche einmal, überzeugte Konzeptvertreter für einen Waldkindergarten, für einen Waldorf-Kindergarten und für einen auf soziales Lernen nach dem Situationsansatz ausgerichteten Kindergarten auf einen Nenner im Hinblick auf Wirkungsdimensionen und deren Abstufungen in einer Prioritätenskala zu bringen; dass ein solches Bemühen zum Erfolg führt, kann nicht unbedingt garantiert werden. Zu den Schwierigkeiten, die drei o.g. Bedingungen zu gewährleisten, tritt das Problem, dass im Beispiel der SPFH die Evaluatoren eine nur schwache Kontrolle über die Umsetzung der drei Konzepte haben; sie können höchstens darauf vertrauen, dass die Fachkräfte ihre Absicht, sich „konzeptionsadäquat" zu verhalten, auch realisieren. Selbst bei einem solchen Bemühen der Fachkräfte ergeben sich viele Unwägbarkeiten in Alltagssituationen der SPFH, bei denen die Fachkräfte situativ angemessen reagieren müssen und daher die Aufforderung, sich zunächst Rechenschaft darüber abzugeben, welche Reaktion „konzeptadäquat" wäre, als lebensfremd und methodisch nur begrenzt sinnvoll zu werten wäre. Ferner ist zu berücksichtigen, dass so viele unkontrollierte Faktoren auf das Lebensfeld der Hilfe-Adressaten einwirken, dass eine prioritäre oder gar kausale Ursachenzuschreibung für einen bestimmten Effekt leicht in Zweifel gezogen werden kann. Verallgemeinernd kann man mit Bauer (2007) in Hinblick auf Wirkungsevaluationen, die nach einem quasi-experimentellen Design geformt sind, schlussfolgern:

„Je praxisnäher Evaluationen sind, desto mehr methodologische Voraussetzungen werden verletzt; je mehr sich Evaluationen an ein methodologisch sauberes Experimentaldesign unter Laborbedingungen annähern, umso ,gültiger' sind die Ergebnisse auf der Theorieebene, zugleich aber umso unbrauchbarer." (Bauer 2007, 41)

Vorher-Nachher-Messungen bei einer Personengruppe, mit der ein bestimmtes Handlungsprogramm realisiert wurde, sind unter den pragmatischen Gesichtspunkten ihrer Realisierbarkeit im Alltag und eines angemessenen Aufwands wohl das am ehesten umsetzbare Design zur Evaluation von Wirkungen in der Sozialen Arbeit. Es entspricht einer professionell ausgerichteten, zielorientierten Handlungslogik: Die Akteure sehen eine Ausgangssituation, die ihnen in einer näher zu begründenden Weise „defizitär" erscheint und Handlungsbedarf auslöst,

Vorher-Nachher-Messungen in der Handlungslogik Sozialer Arbeit

auf den sie zunächst reagieren. Diese Reaktion kann aber nur dann professionell angelegt werden, wenn u. a. die Ziele des Handelns definiert und spezifiziert werden, damit das Handeln eine genauere Richtung bekommt und die Adressaten des helfenden und/oder kontrollierenden Handelns in die Lage kommen können, ihren Beitrag für eine Zielerreichung einzubringen („Ko-Produktion"). In dieser Handlungslogik ist das Denken in der Abfolge Ausgangssituation (Vorher) – Intervention – veränderte Situation (Nachher) abgebildet. Insofern liegt eine Wirkungsevaluation nach dem Muster der Vorher-Nachher-Messungen nahe. Ein Beispiel für ein solches Evaluationsmuster schildern Bantle et al. (2001), die Instrumente und Verfahren einer Ergebnisevaluation in der Sozialpädagogischen Familienhilfe entworfen und umgesetzt haben. Es wurden ergebnisbezogene Erhebungsbögen zu den Bereichen „Alltagsbewältigung", „Ressourcen der Eltern und erwachsener Bezugspersonen", „Erziehungskompetenz" und „Familiensystem und Familienbeziehungen" entwickelt. Die einzelnen Bereiche sind mit verschiedenen Kategorien ausdifferenziert, und zu jedem Bereich werden die Kategorien in einem „Definitionsbogen" kurz erläutert, so z. B. der Bereich „Erziehungskompetenz" mit den Konkretisierungen: angemessene Regeln und Anforderungen formulieren können, erlebte Gefühle ausdrücken, Wertvorstellungen vermitteln und vorleben, soziales Verhalten der Kinder fördern, individuelle Fähigkeiten und Selbstständigkeit des Kindes altersangemessen fördern. In jeder dieser Kategorien erfolgt für die erwachsenen Personen in der Familie eine Einordnung ihrer jeweiligen Kompetenz auf einer Skala von eins und zehn. Damit lässt sich eine Erhebung der Kompetenzen in der Phase des Beginns der Hilfe, zu Zwischenzeitpunkten und am Ende einer Hilfe vornehmen. Veränderungen bei den Einschätzungswerten werden dem Handeln der Familienhelfer als Effekte zugerechnet, ohne dass unter pragmatischen Gesichtspunkten genauer untersucht werden müsste, welche Teile des Handelns genauer mit welchen Effekten in Verbindung stehen könnten. Für das Handeln im Einzelfall geben die Messungen den Fachkräften eine methodische Orientierung, an welchen Stellen sie ihre Aktivitäten möglicherweise stärker konzentrieren sollten. Darüber hinaus können die familienbezogenen Auswertungen zusammengefügt werden zu einer Wirkungsevaluation für den gesamten Dienst, also für die Organisation oder dieses Organisationssegment. Die Organisation verschafft sich auf der Basis der Beobachtung der einzelnen Fachkräfte eine empirische Grundlage zur besseren Einschätzung der Wirkungsintensität ihres Handelns. Denkbar wäre ferner ein Vorgehen, bei dem die Datenbasis für die Evaluation etwas stärker „objektiviert" würde, indem man die Einschätzungen von den Fachkräften verlagerte auf z. B. relevante Dritte, die mit den betreuten Familien häufig umgehen, und diese bitten würde, eine Fremdeinschätzung zur Entwicklung der Kompetenzen bei den erwachsenen Familienmitgliedern vorzunehmen. Bei einem solchen Versuch der „Objektivierung" der Daten wären aber die Erhebungskategorien wohl deutlich eingeschränkter und weniger differenziert, weil in der Regel diese „relevanten Dritten", wenn man sie überhaupt fände, einen solch intensiven Einblick in das Familiensystem kaum erhalten dürften – abgesehen von dem Problem, dass die Erhebung bei „relevanten Dritten" selbstverständlich nicht ohne die Zustimmung der erwachsenen Familienmitglieder erfolgen könnte. Hier deuten sich einige praktische Probleme an, die auch bei vermeintlich relativ einfachen und pragmatisch zugänglichen Evaluationsdesigns wie der Vorher-Nachher-Messung die Evaluatoren vor nicht unerhebliche Hindernisse stellen können.

Ferner muss bei Wirkungsevaluationen nach dem Muster der Vorher-Nachher-Messungen allen Beteiligten bewusst bleiben, dass man sich auf der Ebene von empirischen Hinweisen zu Plausibilitäten bewegt und nicht im Rahmen von Kausalitätsnachweisen. Denn bei den Effekten, die in den Nachher-Messungen zutage treten, wird mit einem gewissen Grad von Wahrscheinlichkeit, also aufgrund einer gewissen sachlichen Plausibilität angenommen, dass diese in einem Zusammenhang mit den Interventionen stehen. Eine letztlich kausale Darlegung ist jedoch kaum möglich. Zum einen spielen gerade bei lebensweltlichen Interventionen viele Faktoren eine Rolle, die zu einem Ergebnis beitragen können, und der der Intervention vermeintlich zuzurechnende Ursachenfaktor kann nicht isoliert werden. Zum anderen bleibt letztlich unklar, was bei der Intervention genau gewirkt hat (eine bestimmte Methode, persönliche Eigenschaften der Intervenierenden, Besonderheiten des Arrangements etc.). Was sich bei der Intervention genau abspielt und welche speziellen Elemente der Intervention zu dem Nachher-Zustand geführt haben, ist letztlich unsicher. Die „black box" der Intervention bleibt schwer zugänglich. Dies alles spricht nicht grundsätzlich gegen Wirkungsevaluationen nach dem Muster der Vorher-Nachher-Messung, jedoch müssen deren begrenzte Aussagemöglichkeiten den Beteiligten bewusst bleiben. Die Beteiligten dürfen die Ergebnisse nicht naiv als Aussagen über die Wirklichkeit nehmen, sondern sie sollten sie als empirisch begründete Hinweise („Indikatoren") akzeptieren, deren Bedeutung in der weiteren Diskussion genauer abgewogen werden und plausibilisiert werden muss.

Hinweise zu Plausibilitäten, keine Kausalnachweise

Wirkungseinschätzungen durch Programmteilnehmer

Schwierig wird es, wenn man die Wirkungseinschätzungen durch Programmteilnehmer in ihrem Wert für Evaluationen beurteilen soll. Zufriedenheitsmessungen sind beliebt bei Ergebnisevaluationen, weil sie methodisch relativ einfach zu handhaben sind. Man fragt nach der Zufriedenheit der Leistungsadressaten mit verschiedenen Aspekten der Leistung (von der Termingestaltung über die Empathie der Berater bis zur Konkretisierung der Hinweise für eine Verhaltensänderung) und lässt die Befragten dies auf einer Skala von 1 (sehr zufrieden) bis 5 (gar nicht zufrieden) ankreuzen. Die Einschätzungen in den einzelnen Antwortbögen kann man dann sehr leicht und schnell in der Auswertung miteinander verbinden und Ergebnisse zeitnah und übersichtlich präsentieren. Auch wenn man nicht die Kategorie „Zufriedenheit" nimmt, sondern abfragt, in welchen Bereichen die Leistungsadressaten eine Verbesserung ihres Befindens oder eine positive Veränderung in ihrem Verhalten wahrnehmen (auf einer Skala von 1 = starke positive Veränderung bis 5 = starke Verschlechterung), handelt es sich letztlich um eine relativ einfach zu handhabende Befragung, die sich kaum von einer Zufriedenheitsbefragung unterscheidet. Solche Befragungen ähneln den „Kundenbefragungen" im gewerblichen Dienstleistungsbereich. Der Transfer solcher „Kundenbefragungen" in die Soziale Arbeit wird auch dadurch unterstützt, dass bei bestimmten Verfahren des Qualitätsmanagements (insbesondere beim Modell des DIN ISO-Qualitätsmanagements) den „Kunden" und ihren Ansprüchen eine hervorgehobene Bedeutung zugeordnet wird und daher die Organisationen aufgefordert werden, kontinuierlich die Erwartungen und die Zufriedenheit der Kunden zu erheben (Merchel 2010a, 71 ff; Rugor/v. Studzinski 2003).

Differenz zwischen Zufriedenheit und Wirkung

Zunächst ist festzuhalten, dass die Zufriedenheit mit einer Leistung nicht identisch ist mit deren Wirkung. Zufriedenheit kann erhoben werden im Rahmen einer Ergebnisevaluation, jedoch stellt Wirkung einen davon zu unterscheidenden Ergebnisaspekt dar. Wenn Personen mit den Personen, die Beratung anbieten und durchführen, zufrieden sind, weil sie sie als nette, aufgeschlossene Menschen empfinden, zu denen sie schnell Zugang finden, so hat das noch nicht automatisch zur Folge, dass durch die Beratung auch die Ratsuchenden in die Lage versetzt werden, ihre Probleme besser anzugehen und sie möglicherweise nachhaltig zu lösen. Dies würde jedoch die eigentlich beabsichtigte Wirkung ausmachen. Zudem ist in Rechnung zu stellen, dass der Aussagewert von Zufriedenheitsmessungen durch subjektive Erfahrungsfelder und Lerngeschichten der Individuen sowie durch verschiedenartige Anspruchsniveaus gebrochen ist. Wer vorher schlechte oder vielleicht keine Erfahrung mit einem bestimmten Gegenstandsbereich gemacht hat, ist häufig bereits bei leichteren positiven Erfahrungen mit einer Leistung „zufrieden" als diejenigen, die ihr Urteil auf einer vielfältigeren Vergleichsbasis zum Ausdruck bringen. Und bei vermuteten geringeren Realisierungsmöglichkeiten wird das Anspruchsniveau bei Wünschen reduziert mit der Folge, dass hier eher ein Gefühl der Zufriedenheit einsetzt als bei einem vorgängigen hohen Gestaltungsoptimismus. Zufriedenheit ist also in hohem Maße ein subjektiv geprägtes Konstrukt, dem nur eine begrenzte Bedeutung im Rahmen von Wirkungsevaluationen zugemessen werden kann (Kannonier-Finster/Ziegler 2005, 122 f).

Andererseits hat gerade bei sozialen Dienstleistungen, deren Wirkung substanziell von der Bereitschaft zur Koproduktion auf Seiten der Adressaten abhängt, die Nutzerperspektive einen zentralen Stellenwert, der sich dementsprechend auch in der Evaluation niederschlagen sollte. Nur solche Angebote eröffnen Wirkungsoptionen, die von den Adressaten angenommen werden. Die Akzeptanz der Angebote ist eine zentrale Voraussetzung für eine koproduktive Haltung und entsprechende Verhaltensweisen auf Seiten der Adressaten. Zur Überprüfung der Akzeptanz und damit zur Verdeutlichung der Nutzerperspektive (Müller-Kohlenberg/Kammann 2000) kann eine differenzierte Evaluation zur Zufriedenheit der Nutzer Ergebnisse liefern, die einen wichtigen Baustein innerhalb der Bewertung eines Angebots darstellen.

Stellenwert der Nutzerperspektive

Den Akzeptanzdaten, die im Rahmen von Zufriedenheitsmessungen und anderen Nutzerbewertungen erhoben werden, kann somit ein Stellenwert bei der Evaluation zugesprochen werden, weil die Nutzer im Prozess der Leistungserstellung eine zentrale Stellung einnehmen. Die Zufriedenheitsdaten müssen jedoch angemessen interpretiert werden: als ein Teilbereich von Ergebnisevaluation und als eine Voraussetzung für das Erreichen von Wirkungen. Sie dürfen nicht verwechselt werden mit der Wirkung selbst. Kromrey (2005) spitzt diesen Sachverhalt auf eine Differenz zwischen Daten aus Akzeptanzuntersuchungen und evaluativen Bewertungen zu: Die bei Akzeptanzuntersuchungen gewonnen Daten sollten nach seiner Auffassung

Angemessene Interpretation von Zufriedenheitsdaten

„noch nicht als die eigentlichen Evaluationen gelten, sondern als nutzungsnahe, ‚evaluationsrelevante' Informationen, die von einer legitimierten Bewertungsinstanz als empirische Basis für das zu treffende Evaluationsurteil genutzt werden können und sollen." (Kromrey 2005, 45)

Die Soziale Arbeit steht also bei Wirkungsevaluationen vor einigen Schwierigkeiten und Anforderungen (Klawe 2003):

Schwierigkeiten bei Wirkungsevaluationen

- Eine quasi-experimentelle Situation ist höchstens in Ausnahmefällen herstellbar.
- Soziale Arbeit hat es meistens mit „wilden", relativ wenig strukturierten Problemen zu tun, bei denen es vielfach eine Herausforderung bedeutet, angemessene Wirkungsparameter zu formulieren. „Wilde Probleme" lassen sich nicht definitiv und endgültig beschreiben, sie verändern sich häufig und unterliegen einer besonderen Dynamik. Daher ist zumeist ungewiss, wann das „wilde Problem" als gelöst gelten kann; für solche Probleme gibt es vielfach nur vorläufige Zwischenlösungen. Das macht die Festlegung von Wirkungskategorien zu einem schwierigen, tastenden Vorgang.
- In der Regel wirken relativ viele Faktoren auf die Lebenssituation der Adressaten und auf die helfende bzw. intervenierende Handlungssituation der Sozialen Arbeit ein, sodass spezifische kausale Faktoren für Wirkung (Wirkungsmechanismen) nur schwer herauszufiltern sind.
- Bei Wirkungsevaluationen ist zu differenzieren zwischen beabsichtigten Wirkungen und nicht intendierten Folgen und Nebenfolgen eines Handlungsprogramms. Eine ausschließliche Konzentration auf einen Soll-Ist-Vergleich (gewünschte Ziele – realisierte Zustände) stellt in vielen Fällen eine Verkürzung in der Wirkungsperspektive dar. Wenn z. B. bei einer ambulanten Erziehungshilfe die Mütter daraufhin befragt werden, ob und wie weit es ihnen mit Hilfe der Beratung durch die Fachkräfte gelungen ist, in Alltagssituationen mehr Konsequenz im Verhalten gegenüber ihren Kindern zu zeigen, ist gleichzeitig nicht unwichtig zu erfahren, ob in der Folge eines veränderten Verhaltensstils der Mutter sich die Konflikthäufigkeit zwischen den Elternteilen verändert hat; denn eine höhere Konflikthäufigkeit zwischen den Elternteilen wäre ein belastender Faktor für die Langfristigkeit der Wirkung und ein Hinweis auf eine möglicherweise eindimensionale Ausrichtung des Handlungsprogramms. Die Mehrdimensionalität sozialpädagogischen Handelns muss auch in der Anlage von Wirkungsevaluationen ihren Niederschlag finden.
- Die Zeitdimension von Wirkungsevaluationen ist zu beachten. Jede Wirkungsmessung vollzieht sich an bestimmten Zeitpunkten eines Programmverlaufs und richtet sich auf zeitliche Dimensionen, in denen sich eine Wirkung zeigen soll. Damit stellt sich die Frage der Zeiträume und der Zeitpunkte, an denen die Messung stattfindet und die zum Gegenstand der Messung gemacht werden sollen. „Es muss also für die Beobachtung von Wirkungen nicht nur geklärt werden, welche Wirkungen in den Blick genommen werden sollen, sondern auch zu welchem Zeitpunkt oder über welchen Zeitraum hinweg die Beobachtung stattfinden soll, um eine sachlich angemessene Formulierung der Wirkungsfrage zu ermöglichen." (Lüders/Haubrich 2006, 11) Wann angesichts der Anlage eines Handlungsprogramms mit Wirkungen gerechnet werden kann, zu welchen Zeitpunkten die Adressaten eines Programms Auskunft zu möglichen Wirkungen geben wollen oder können, wie sich kurzfristig erreichte Wirkungen mittelfristig darstellen, wie eine mittelfristige Wirkungsevaluation mit zwischenzeitlichen Einflussfaktoren ins Verhältnis gesetzt werden kann – solche und weitere, auf zeitliche Dimensionen ausgerichtete Fragestellungen müssen bei einer Wirkungsevaluation erörtert werden.

Die in diesem Kapitel angesprochenen Schwierigkeiten, Wirkungen zu definieren, zu messen und sie bestimmten Handlungen genauer zuzuordnen, sollten allerdings nicht als Begründung dafür genommen werden, sich in der Sozialen Arbeit auf Konzept-, Struktur- und Prozessevaluation zu beschränken. Dies würde der Bedeutung des Wirkungsaspekts für das professionelle Handeln und für die innere und äußere Legitimation der Sozialen Arbeit nicht gerecht. Ferner würde eine Vernachlässigung oder gar Ausblendung von „Wirkung" in der Evaluation den voraussichtlichen sozialpolitischen Entwicklungen in den nächsten Jahren zuwider laufen. „Wirkung" wird sozialpolitisch stärker thematisiert werden, und die Soziale Arbeit sollte sich in ihrer Evaluationspraxis darauf einstellen. Dabei müssen sich die Akteure in der Sozialen Arbeit der konzeptionellen und methodischen Schwierigkeiten und der Begrenzungen bei Wirkungsevaluationen bewusst bleiben.

Dennoch: Wirkung als wichtiger Gegenstand von Evaluation

Im Bewusstsein der Schwierigkeiten und Grenzen und in Anbetracht der Anfälligkeiten von Ergebnissen der Wirkungsevaluation für methodische Kritik sollten sich die Akteure in der Sozialen Arbeit mit einer besonderen Sorgfalt den auf den Wirkungsaspekt ausgerichteten Evaluationsvorhaben zuwenden. Sorgfalt heißt, sie sollten

- die Wirkungsparameter und Wirkungskategorien gut begründen,
- die Zeitpunkte und Zeiträume für Wirkungserhebungen sorgfältig abwägen und begründen,
- bei Wirkungsevaluationen auch mögliche unbeabsichtigte (positive und problematische) Nebenfolgen in das Evaluationsverfahren einbeziehen,
- möglichst nicht nur Akzeptanz bei den Nutzern messen, sondern auch Wirkungen im Hinblick auf Einstellungen, Verhalten, Wahrnehmungen,
- Verhalten auch dann nicht vernachlässigen, wenn es aus pragmatischen Gründen nicht unmittelbar beobachtet werden kann, sondern (hilfsweise) nur erfragt werden kann.

Bei der Sozialen Arbeit handelt es sich um ein Handlungsfeld, das im Grundsatz „nicht technologisierbar" ist und das durch Unsicherheit hinsichtlich der genauen Problemkonturen und hinsichtlich der Wirkungsoptionen einzelner Interventionen geprägt ist und das aus diesem Grund einem engen und traditionellen Verständnis von „Evidenz" nicht zugänglich gemacht werden kann. Akteure in der Sozialen Arbeit müssen daher akzeptieren, dass in einem solchen Handlungsfeld auch bei einer Evaluation, die „nach den Regeln der Evaluationskunst" durchgeführt worden ist, die Zuerkennung von Wirkungen empirisch nicht exakt nachgewiesen werden kann, sondern letztlich immer auf das Herstellen von Plausibilität angewiesen ist. Evaluationen, die auf die Untersuchung von „Wirkung" ausgerichtet sind, können dazu dienen, eine solche Plausibilität zu schaffen bzw. sie zu erhöhen – und diese Option zu nutzen, ist durchaus der Mühen wert!

6 Organisationale Rahmenbedingungen für Evaluation

Wenn man Evaluation ausschließlich verstehen würde als ein konzeptionelles und methodisches Arrangement, bei dem es darum geht, den methodisch „richtigen" Rahmen, die „richtigen" Verfahren und Instrumente für eine Evaluationsfragestellung auszuwählen und umzusetzen, so würde man zwar eine zentrale Seite von Evaluation betrachten, würde jedoch dabei einen anderen elementaren Aspekt außer Acht lassen: die Tatsache, dass Evaluation immer eine „soziale Intervention", einen Eingriff in die soziale Dynamik einer Organisation bedeutet.

Evaluation: eine „soziale Intervention"

Wie bereits an mehreren Stellen dieses Buches angedeutet wurde, ist Evaluation immer verbunden mit Interessen, mit Erwartungen und Befürchtungen derer, die die Evaluation fordern oder anregen, durchführen oder von ihr „betroffen" sind. Evaluation bedeutet Bewertung, und dies kann für diejenigen, deren Handeln von solchen Bewertungsvorgängen berührt wird, Einschränkungen und Kontrolle oder auch Bestätigung und Verbesserung ihrer Handlungsoptionen nach sich ziehen; Evaluation kann von Beteiligten und Betroffenen als unangenehm empfunden oder mit positiven Hoffnungen verbunden werden. Auf jeden Fall wird Evaluation von den beteiligten und betroffenen Personen als ein Vorgang mit individuellen und sozialen Implikationen und Folgen erlebt. Damit eine Evaluation Erfolg versprechend konzipiert und durchgeführt werden kann, muss dieser „soziale Interventionscharakter" ausreichend wahrgenommen und in seiner Bedeutung für das jeweilige Evaluationsvorhaben differenziert analysiert werden. Lediglich die methodischen Aspekte in den Blick zu nehmen, ohne den sozialen Kontext, in dem Evaluation stattfinden soll, zu betrachten, wäre zu kurz gegriffen. Spätestens, wenn eine methodisch gut durchdachte und mit fachlich höchst sinnvollen Zielen konzipierte Evaluation zu scheitern droht, weil sie bei einem Teil der Mitarbeiter auf latenten oder offenen Widerstand stößt, werden die Evaluationsakteure darauf aufmerksam gemacht, dass sie hier eine wichtige Dimension unbeachtet gelassen haben. Um diese Dimension genauer analysieren und bei der Evaluationsplanung berücksichtigen zu können, soll der soziale und organisationsdynamische Aspekt von Evaluation in diesem Kapitel ausführlicher erörtert werden. Dabei geht es zu-

Evaluation als Vorgang mit sozialen Folgen

nächst darum, genauer zu erläutern, in welcher Weise Interessen und Strategien eine Evaluation beeinflussen können und wie diese zu analysieren sind (Kap. 6.1). In einem zweiten Schritt wird darauf aufmerksam gemacht, dass Evaluation auf Dauer nur dann in einer Organisation sinnvoll realisiert werden kann, wenn der mit Evaluation verbundene Gedanke der systematisierten Überprüfung eine Grundlage findet in den individuellen Haltungen der Organisationsmitglieder und im Normgefüge der Organisation, also in der „Organisationskultur" (Kap. 6.2). Die Erörterung mündet ein in daraus abgeleitete Vorschläge zur Gestaltung eines evaluationsförderlichen Organisationsrahmens (Kap. 6.3).

6.1 Evaluation als Arena von Interessen und Strategien

Evaluation findet nicht in einem „leeren Raum" statt, sondern in Organisationen, in denen Personen agieren mit Interessen, mit Befürchtungen und Hoffnungen, die sie einer Evaluation entgegenbringen. Ob z.B. eine Evaluation in einer konflikthaften oder von Konflikten wenig belasteten Situation stattfindet, ob die von Evaluationsergebnissen betroffenen Mitarbeiter eine gefestigte Position oder eine eher labile Position (z.B. befristeter Arbeitsvertrag) in der Organisation haben, ob die Evaluation in einer Organisation mit einer eher freundlich oder einer feindlich gesonnenen Umwelt durchgeführt werden soll, ob die Entscheidung zur Evaluation von der Leitung allein oder im Konsens mit allen Mitarbeitergruppen getroffen wurde – solche und weitere Konstellationen lassen erkennen, dass Evaluation nicht unabhängig von dem Organisationsrahmen betrachtet werden darf, in den sie eingebettet ist. Eine Vernachlässigung des Organisationsrahmens würde eine wichtige Dimension bei der Gestaltung und Bewertung von Evaluation und bei der Verarbeitung der Evaluationsergebnisse außer Acht lassen.

Evaluation als „Zumutung"

Zunächst ist in Rechnung zu stellen, dass Evaluation für diejenigen, die mit dem evaluierten Gegenstand zu tun haben, immer eine „Zumutung" (anschaulich: Wolff/Scheffer 2003) darstellt. Man setzt sich der Situation des „Bewertet-Werdens" aus: Die Ergebnisse der Evaluation sind ungewiss, die Folgen des Bewertens für das eigene Selbstbild und für die sozialen Kontexte, in denen beruflich gehandelt wird, sind nur begrenzt kalkulierbar, man muss möglicherweise erworbene und geschätzte Routinen verlassen etc. Die von Evaluationsergebnissen

„betroffenen" Individuen verbinden mit dem Verfahren meistens ambivalente Empfindungen. Lernen – auch das durch Evaluation ausgelöste Lernen – ist immer eine Zumutung für Organisationen und für die in ihnen wirkenden Akteure, weil es zunächst mit Destabilisierung, mit einem „Angriff" auf bisher eingeübte und praktizierte Interpretationsmuster und Routinen verkoppelt ist (Merchel 2005, 144 ff).

Insofern können in Organisationen immer „gute Gründe" für ein fehlendes Interesse oder für eine (trotz artikuliertem grundsätzlichen Interesses) gerade nicht vorhandene Möglichkeit zur Realisierung von Evaluation angeführt werden (Wolff/Scheffer 2003). Der Hinweis auf gerade zu erledigende komplexe Aufgaben, die Energien binden und Evaluation „zum jetzigen Zeitpunkt" als nicht möglich erscheinen lassen, oder der Verweis darauf, dass man gerade so viel Veränderungen habe bewältigen müssen, dass erst einmal „Ruhe einkehren muss", oder die Anmerkung, dass sich bestimmte Teams gerade in der Phase einer konzeptionellen Neuorientierung befinden, die zum augenblicklichen Zeitpunkt nicht durch zusätzliche Anforderungen und Irritationen gestört werden sollte – solche und weitere Argumente können in Organisationen angebracht werden, um mit „guten Gründen" Evaluationen auf die lange Bank zu schieben, ohne sich zugleich im diskriminierungsanfälligen Status als vermeintlicher Verhinderer fachlicher Weiterentwicklung präsentieren zu müssen.

Die Tatsache, dass Evaluation somit immer eine „soziale Intervention" mit Zumutungscharakter ist, zieht nahezu automatisch die Betrachtung von Evaluation als Arena von sozialen Interessen und darauf ausgerichteten Strategien nach sich (Brandt 2007). Im Rekurs auf Interessen und Strategien erweist sich der „politische" Charakter von Evaluation. Daher wäre es auch naiv, von einer ausschließlich „rationalen", vermeintlich interessenneutralen Verwendung von Evaluationsergebnissen auszugehen (Kuper 2005, 102 f). Evaluationsergebnisse sind in ihrer Aussagekraft in der Regel nicht eindeutig, sondern bedürfen der Interpretation und der Einordnung; daher können sie für verschiedene Positionsbestimmungen innerhalb einer Organisation verwendet werden. Zudem sind Evaluationsergebnisse im Hinblick auf Entscheidungen immer „unvollständig"; sie müssen kombiniert werden mit weiteren entscheidungsrelevanten Größen wie z. B. Kostenerwägungen, Durchsetzbarkeit von Veränderungen, Nebenfolgen von Veränderungen für andere Bereiche der Organisation etc. Darüber hinaus ist aus organisationssoziologischen Entscheidungstheorien (Berger/Bernhard-Mehlich 2002; Aderhold 2003) bekannt, dass Entscheidungen in Organisationen nicht nur oder gar nicht einmal primär

Keine interessenneutrale Verwendung von Evaluationsergebnissen

vor dem Hintergrund sachbezogener Erwägungen („rational") getroffen, sondern von Gewohnheiten und Routinen, von individuellen und in der Organisation verankerten Wahrnehmungs- und Interpretationsmustern („pragmatischen Theorien"), von zufälligen Konstellationen, von sozialen Erwägungen etc. beeinflusst werden. Evaluationsergebnisse können also im Hinblick auf die Auseinandersetzung um Entscheidungen durchaus zu strategischen Kalkülen genutzt werden.

Vorüberlegungen als soziale Intervention

Man muss sich vor Augen halten, dass nicht erst die Evaluationsergebnisse, sondern bereits das Erwägen und Planen einer Evaluation und selbstverständlich die nachfolgenden Prozesse der Datenerhebung Auswirkungen auf das Organisationsgeschehen haben. Bereits im frühen Stadium der Erwägung von Evaluation werden durch dieses Nachdenken Veränderungen bei dem zu evaluierenden Sachverhalt und Impulse bei den darin einbezogenen Akteuren in der Organisation erzeugt. Schon das erste gemeinsame Nachdenken über eine Evaluation wirkt sich auf die Kommunikations- und Entscheidungsprozesse innerhalb der Organisation aus und hat zur Folge, dass die Organisationsakteure sich zum Gegenstand dieser Kommunikation, also zur möglichen Evaluation, positionieren und das potenzielle Evaluationsvorhaben mit ihren eigenen Perspektiven in der Organisation abgleichen müssen (Blank 2008).

Interessen bei extern veranlasster Evaluation

Der „politische Charakter" von Evaluation zeigt sich zum einen (bei extern veranlassten Evaluationen) in den Interessen der jeweils einbezogenen Akteure und zum anderen bei den verschiedenen Interessenträgern im internen Bereich der Organisation. Bei extern veranlassten Evaluationen zeigen sich mögliche Interessen

- bei derjenigen Organisation, in deren Verantwortungsbereich sich der Gegenstand der Evaluation befindet,
- bei den Stellen, die die Leistungen der Organisation, in der evaluiert werden soll, finanzieren,
- bei den Politikern und den politischen Fraktionen, die an den Entscheidungen über die Ressourcenzufuhr an die Organisation beteiligt sind,
- bei den konkurrierenden Organisationen, die sich innerhalb und außerhalb des Arbeitsfeldes derjenigen Organisation bewegen, deren Handeln Gegenstand der Evaluation ist,
- gegebenenfalls bei derjenigen Organisation, die mit der Planung und Durchführung der (externen) Evaluation beauftragt wird oder worden ist (Eigeninteresse im Hinblick auf Image und mögliche weitere Aufträge).

Zwischen diesen Interessenträgern vollzieht sich eine Aushandlung der Interessen, die sich auswirkt auf die Auftragsformulierung, mit der eine Evaluation angestoßen wird, sowie auf die Methodenauswahl bei der

Evaluation und die Interpretation der Evaluationsergebnisse auswirkt. Die Organisation, deren Handeln zum Gegenstand der extern veranlassten Evaluation wird, verhält sich „politisch", indem sie die möglichen Interessen der „relevanten Externen" analysiert und das Ergebnis dieser Analyse in die Planung und Durchführung der Evaluation sowie in die Modalitäten der Ergebnisauswertung strategisch einbezieht.

Die zentralen Fragen, mit denen sich die Organisationen bei der Analyse von Interessen auseinandersetzen sollten, lauten:
- Wer hat welche Interessen an der extern veranlassten Evaluation?
- Wer hat welche Einflussmöglichkeiten, um seine Interessen zur Geltung zu bringen?
- In welchen (methodischen und kontextbezogenen) Entscheidungen zur Evaluationsgestaltung können verschiedene Interessen ihren Ausdruck finden?
- Welche strategische Linie kann die zu evaluierende Organisation entwickeln, um eigene Organisationsinteressen im Verfahren zur Geltung zu bringen?

Im internen Bereich der Organisation werden Interessen und Interessenträger deswegen relevant für die Evaluation, weil der Bewertungscharakter von Evaluation sich gleichermaßen auf sachbezogene wie auf personenbezogene Aspekte richtet. Auch wenn beim Einbringen eines Evaluationsvorhabens die Leitung noch so sehr betont, dass „nur" die Strukturen, Arbeitsweisen und Ergebnisse des Handelns evaluiert werden sollen, also Sachverhalte und nicht Personen, so ist doch allen klar, dass die Handlungsweisen nicht abstrakt im Raum stehen, sondern von konkreten Personen vollzogen und von diesen verantwortet werden müssen und daher letztlich immer auch die Akteure zum Gegenstand der Bewertung werden. Sachbezogene und personenbezogene Bewertungen sind miteinander verwoben, sie können gerade bei personenbezogenen Dienstleistungen kaum plausibel voneinander getrennt werden. Wenn in einer Organisation evaluiert wird, so bieten die Ergebnisse dieser Evaluation Ansatzpunkte und Möglichkeiten

Interessen im internen Organisationsbereich

- für eine Bewertung bisher praktizierter Handlungen und Verfahren,
- für eine Neudefinition von Aufgaben und Wertpräferenzen,
- für eine Neuverteilung von Handlungsspielräumen verschiedener Akteure,
- für eine Verteilung von materiellen und immateriellen Ressourcen (Finanzmittel, Ausstattung, Anerkennung, Entscheidungsmöglichkeiten etc.) zwischen den Akteuren.

Interessenrelevanz von Evaluation als „Normalfall"

Bei jeder Evaluation können die verschiedenen Akteure – Leitung, einzelne Mitarbeitergruppen, einzelne Mitarbeiter, Adressaten oder Adressatengruppen – etwas gewinnen oder verlieren. Diese Interessenrelevanz ist bei allen Evaluationen gegeben, sie bildet den „Normalfall" bei Evaluationen. Dieser „Normalfall" kann sich im Hinblick auf die soziale Konfliktanfälligkeit von Evaluationen noch intensivieren, so z. B.:

- je nach Ausgangslage für die Evaluation: Eine Evaluation findet in einer Situation der relativen Harmonie in einer Organisation anders statt als in einer Situation hoher aktueller oder latenter Konfliktbelastung; Auch eine Organisation, in der man gewohnt ist, mit Bewertungen umzugehen, wird einer Evaluation offener gegenüberstehen als eine Organisation, in der eine gegenseitige Bewertung der Arbeit bisher als Tabu betrachtet worden ist.
- je nach Umstrittenheit der Fragestellung: Wenn die zentrale Evaluationsfragestellung für alle akzeptabel ist, wird die Evaluation weniger sozial belastet als wenn bereits zu Beginn einer Evaluation divergente Vorstellungen zum Gegenstand der Evaluation und/oder zur Ausrichtung der zentralen Evaluationsfrage bestehen.
- je nach Intensität der mit der Evaluation verbundenen Gewinn- und Verlustmöglichkeiten für Einzelne oder Gruppen innerhalb der Organisation: Wenn z. B. angesichts der Evaluationsergebnisse bestimmte Handlungsfelder oder Positionen von Akteuren zur Debatte stehen könnten, werden Interessen im gesamten Verlauf der Evaluation stärker zur Geltung zu bringen versucht als wenn sich im Gefolge der Evaluation an den zentralen Positionierungen in der Organisation voraussichtlich wenig ändern wird.

Notwendigkeit der Analyse interner Interessen

Ähnlich wie für die Interessen bei extern veranlassten Evaluationen gilt auch für die innerhalb einer Organisation angesprochenen Interessen, dass sie im Vorfeld und im Verlauf einer Evaluation sorgfältig zu analysieren sind, damit die Evaluationsakteure im Evaluationsprozess nicht von der sozialen Dynamik allzu sehr überrascht werden. So können Vorkehrungen getroffen werden, die die Akzeptanz der Beteiligten und „Betroffenen" gegenüber der Evaluation erhöhen und möglichst förderliche Bedingungen für eine produktive Auseinandersetzung mit den Evaluationsergebnissen schaffen. Für die notwendige analysierende Beschäftigung mit den sozialen und organisationsdynamischen Aspekten von Evaluation ist eine organisationssoziologische Perspektive hilfreich, bei der Organisationen unter dem Begriff „Mikropolitik" betrachtet werden. Unter dieser Perspektive wird schnell deutlich, dass *Evaluationen in hohem Maße als „mikropolititisch hoch bedeutsame Vorgänge" verstanden werden müssen*, und es wird erkennbar, dass es der Einschätzung zur mikropolitischen Bedeutung bestimmter Modalitäten in der Evaluation bedarf, um Evaluationsverfahren so zu konzipieren, dass ihr fachlicher und organisationaler Nutzen wirkungsvoll zur Geltung gebracht werden kann.

Die *Analyseperspektive „Mikropolitik in Organisationen"* lässt sich – an dieser Stelle notwendigerweise sehr vereinfachend (ausführlich: Alt 2001; Küpper/Ortmann 1992, Küpper/Feltsch 2000) – in fünf zentralen Aussagen zusammenfassen:

1. Organisationen sind zu verstehen als „soziale Systeme": Sie sind nicht allein und nicht einmal primär durch Ziele, Strukturen, formale Regeln geprägt, sondern vor allem durch eine soziale Dynamik. Im Mittelpunkt der Betrachtung stehen daher nicht Strukturen, sondern die sozialen Verhältnisse und Beziehungen der Organisationsmitglieder. Im Zentrum der Organisationsanalyse und der Organisationsgestaltung stehen soziale Einstellungen, Motivationen, Interessen, persönliche Neigungen und Abneigungen der Organisationsmitglieder. Die Personen lassen sich in der Organisation zwar auch durch ihre Aufgaben und ihre Funktion, die sie einnehmen, verstehen und positionieren; sie müssen aber gleichermaßen verstanden werden als handelnde Menschen mit Motiven, Erwartungen, Interessen, Neigungen, die sie innerhalb der Organisation zur Geltung bringen: „Die einzelnen Beteiligten, sind niemals nur ‚gemietete Hände', sie bringen auch ihren Kopf und ihr Herz mit ein." (Scott 1986, 124) **Organisationen als „soziale Systeme"**

2. Betrachtet man das Geschehen in Organisationen unter dem Blickwinkel „Mikropolitik", werden die Prozesse vorwiegend unter der Perspektive „Konflikt" analysiert. Die Organisation wird als ein Ort verstanden, an dem divergierende Interessen zur Geltung kommen und verarbeitet werden und an dem für diesen Verarbeitungsprozess das Ringen um Macht und Einfluss eine wesentliche Rolle spielt. **Primär: Konfliktperspektive**

3. Die Organisation wird als eine Arena interpretiert, in der mannigfaltige Spiele um Macht stattfinden. Eine Organisation erscheint in dieser Perspektive als ein Konglomerat von Strategien um Machtgewinn. Vor dem Hintergrund einer solchen Betrachtung, bei der Strategien zum Machtgewinn und zum Machterhalt als zentrale Elemente der Organisationsdynamik verstanden werden, erklärt sich auch der Begriff „Mikro*politik*": Im Kleinen der Organisation nimmt etwas eine prägende Gestalt an, was auch in der „großen Politik" im Zentrum steht: das Kämpfen um Macht und Einfluss. Mit der Metapher des „Spiels" wird signalisiert, dass das Handeln der Akteure etwas Strategisches hat („Spielzüge"), das gleichzeitig **Spiele um Macht**

mit etwas Lustvollem verbunden ist. Denn eine Beteiligung an Machtstrategien ist mit einer Freude am Spiel verknüpft, bei der Machterhalt und Machtgewinn neben den praktischen Zwecken auch Befriedigung durch den Spielreiz und durch das Empfinden des „Siegen-Könnens" hervorrufen. Gleichzeitig vermittelt die Spielmetapher aber auch, dass die Beteiligung nach Regeln („Spielregeln") erfolgt, die – auch dann, wenn sie informell sind – für die „Spieler" verbindlich sind und bei deren Verletzung ein Spieler sich ins Abseits manövriert. Ein etwas längeres Zitat soll diese „Spiel-Perspektive" bei der Organisationsanalyse illustrativ verdeutlichen:

> „In Organisationen tobt das Leben. Weit von jenen anämischen Gebilden entfernt, die in der althergebrachten Forschung unter dem Namen ‚Organisationsstruktur' ihr schattenhaftes Dasein fristen und von oben bis unten vermessen werden, sind sie in Wirklichkeit Arenen heftiger Kämpfe, heimlicher Mauscheleien und gefährlicher Spiele mit wechselnden Spielern, Strategien, Regeln und Fronten. Der Leim, der sie zusammenhält, besteht aus partiellen Interessenkonvergenzen, Bündnissen und Koalitionen, aus side payments und Beiseitegeschafftem, aus Kollaboration und auch aus Résistance, vor allem aber: aus machtvoll ausgeübtem Druck und struktureller Gewalt; denn wer wollte glauben, dass dieses unordentliche Gemenge anders zusammen- und im Tritt gehalten werden könnte?
>
> Die Machiavelli der Organisation sind umringt von Bremsern und Treibern, change agents und Agenten des ewig Gestrigen, Märtyrern und Parasiten, grauen Eminenzen, leidenschaftlichen Spielern und gewieften Taktikern: Mikropolitiker allesamt. Sie zahlen Preise und stellen Weichen, errichten Blockaden oder springen auf Züge, geraten aufs Abstellgleis oder fallen die Treppe hinauf, gehen in Deckung oder seilen sich ab, verteilen Schwarze Peter und holen Verstärkung, suchen Rückendeckung und Absicherung, setzen Brückenköpfe und lassen Bomben platzen, schaffen vollendete Tatsachen oder suchen das Gespräch. Dass es ihnen um die Sache nicht ginge, lässt sich nicht behaupten; aber immer läuft mit: der Kampf um Positionen und Besitzstände, Ressourcen und Karrieren, Einfluss und Macht.
>
> Klare Fronten sind jedenfalls nicht die Regel. Wohl ist die Macht ungleich verteilt. Nie aber sind ‚die da unten' ganz ohne Macht. Dass die zentrifugalen Kräfte nicht die Oberhand gewinnen, beruht auf Konsens eher als auf Zwang und Kontrolle, auf einem Konsens allerdings, der oft genug ein Kind drohender Zwänge, drohender Macht ist." (Küpper/Ortmann 1992, 7)

In jeder Organisation geht es also nicht nur um sachbezogene Ziele, sondern auch um persönlich geprägte Zwecke und darauf ausgerichtete (Spiel-)Strategien.

Sachbezogene und personenbezogene Betrachtung

4. Jede Aktion und jedes Verfahren in einer Organisation muss unter zwei Gesichtspunkten betrachtet werden: in einer sachbezogenen

("rationalen") und in einer personenbezogenen ("sozialen") Ausrichtung. Das Verhältnis der beiden Betrachtungsweisen zueinander kann unterschiedlich gewichtet werden, jedoch wird in der Perspektive „Mikropolitik" der sozialen, organisationsdynamischen Betrachtung eine prägende Bedeutung zugedacht, der vielfach die sachbezogene Bedeutung von Entscheidungen untergeordnet ist. Die sachbezogenen Aspekte werden so interpretiert, dass sie in die „Spielstrategien" um Macht und Einfluss funktional eingebaut werden können.

5. In der mikropolitischen Analyse der Dynamik von Entscheidungen und Abläufen in Organisationen wird die Evaluation primär in ihrer Bedeutung innerhalb der Spiele um Macht und Einfluss interpretiert. Evaluation ist einsetzbar als Instrument in den „Spielstrategien" verschiedener Akteure oder Akteursgruppen innerhalb der Organisation. Der Stellenwert von Evaluation als strategische Option zeigt sich nicht erst bei der Verarbeitung von Evaluationsergebnissen. Vielmehr werden geschickte Strategen bereits beim Nachdenken darüber, ob, zu welchen Zwecken und zu welchem Gegenstand Evaluation in der Organisation realisiert werden soll, die strategischen Optionen verschiedener Evaluationsfragestellungen und Evaluationsarrangements abwägen und im Sinne ihres strategischen Kalküls zu beeinflussen versuchen.

Evaluation bedeutsam für Spiele um Einfluss

Bei jeder Evaluation sind also der mikropolitische Kontext und dessen mögliche Auswirkungen auf den Evaluationsprozess abzuwägen. Die Bedeutung von Evaluation innerhalb der Organisationsdynamik ist nicht nur als eine „Besonderheit" in zugespitzten Konfliktkonstellationen oder in anderweitig belasteten Situationen zu verstehen, sondern als eine „ganz normale" Grundtatsache in Rechnung zu stellen. Dementsprechend bedarf es zu Beginn einer Evaluation und im Prozessverlauf einer genauen Reflexion zur mikropolitischen Situation der Organisation und zur möglichen mikropolitischen Bedeutung eines Evaluationsvorhabens, um die Arrangements für eine Evaluation so zu gestalten, dass aussagekräftige Ergebnisse erzeugt und dass diese Ergebnisse dann möglichst produktiv in der Organisation verarbeitet werden können.

Notwendigkeit zur Abwägung des mikropolitischen Kontexts

Fragen für eine solche, auf die mikropolitische Bedeutung eines Evaluationsvorhabens ausgerichtete Analyse sind insbesondere:

- In welchem möglichen Konfliktkontext kann Evaluation stehen oder möglicherweise eine Bedeutung erhalten? Wer verbindet mit Evaluation welche Interessen?

- Können Evaluationsergebnisse für bestimmte Interessen genutzt werden?
- Können „Spielregeln" und Arrangements (Evaluationsinstrumente, Modalitäten der Datenerhebung, Verfahrensweisen, Vorgehen bei Auswertung der Ergebnisse) gefunden werden, um eine einseitige Nutzung von Evaluation durch bestimmte Interessenträger zu erschweren?
- Wie können Ängste/Vorbehalte gegenüber Evaluation vor Beginn eines Evaluationsprojekts erkennbar und erörterungsfähig gemacht werden?

Verfahrenstransparenz und Umgang mit Interessen

Es kommt also darauf an, mit dem mikropolitischen Gehalt von Evaluationen zu rechnen und damit bewusst umzugehen sowie durch die Herbeiführung von Transparenz und Offenheit im Verfahren möglichst einer vorgängigen Bevorzugung der Position bestimmter Interessenträger vorzubeugen. Offenheit und Transparenz im Verfahren setzen den mikropolitischen Gehalt von Evaluationen nicht außer Kraft, aber sie bilden eine Grundlage, um Fairness zu fördern, d. h. um die Interessenpositionen und -bildungen verschiedener Akteursgruppen mit ähnlichen Möglichkeiten zur Artikulation zu versehen. Gerade weil Evaluationen mit vielfältigen Wertungen verknüpft sind und weil in jedem dieser Wertungsvorgänge mikropolitische Relevanzen enthalten sind, bedarf es – neben einer guten Analyse des mikropolitischen Kontextes – der Installierung demokratischer Strukturen: „Zum einen bedarf es des demokratisch legitimierten Auftrags, und zum anderen müssen die Verfahren und vor allem die in Anspruch genommenen Kriterien über demokratische Verfahren legitimiert sein." (Lüders/Haubrich 2004, 322) Neben dieser demokratischen Legitimation im Kontext eines transparenten Verfahrensablaufs ist darauf zu achten, dass in den einzelnen Stadien des Evaluationsverfahrens die verschiedenen Interessenträger die Möglichkeit zur Artikulation erhalten. Es besteht ein hoher Kommunikationsbedarf zwischen den Evaluatoren und den verschiedenen Interessenträgern. Das Bemühen um Herstellung von Interessenbalancen bleibt immer prekär und kann nur dann annähernd erfolgreich umgesetzt werden, wenn Bewertungen transparent und dadurch diskutierbar gemacht werden. Auch in den Anforderungen zum Umgang mit dem mikropolitischen Kontext wird somit erkennbar, dass und wie Evaluation zur Dynamik innerhalb einer Organisation beiträgt.

6.2 Grundlage für Evaluationen: individuelle Haltungen und Organisationskultur

Evaluation ist für eine Organisation kein Selbstzweck, sondern sie erfolgt zweckorientiert: Die Akteure in einer Organisation nehmen die Mühen der Evaluation auf sich, um sich eine der vier in Kapitel 2.2 benannten Funktionen von Evaluation zunutze zu machen. Insbesondere die Funktionen „Gewinnen von Erkenntnissen für Steuerungsentscheidungen" und „Förderung von Entwicklungen" zielen darauf, Evaluationen einzusetzen, um die Organisationen lernfähig zu machen und zu halten (zum Leitbild und Konzept der „lernfähigen Organisation" vgl. Merchel 2005, 143 ff und den Beitrag der Herausgeberin in Heiner 1998). Dass eine Organisation Lernfähigkeit erlangt, „setzt ein einigermaßen intaktes Verhältnis zur Evaluationsfunktion voraus, wonach Evaluationsergebnisse nicht als Kritik oder gar Angriff, sondern als Reflexionsangebot aufgefasst werden" (Wolff/Scheffer 2003, 347). Mit dieser zitierten Forderung wird ein hoher Anspruch gesetzt, der in dieser rigorosen Formulierung gleichermaßen sinnvoll wie überzogen erscheint: sinnvoll, weil Organisationslernen die Bereitschaft der Akteure voraussetzt, Evaluationsergebnisse als Irritation und Herausforderung zur Reflexion an sich heran zu lassen – überzogen, weil es angesichts des gleichermaßen vorhandenen Sach- *und* Personenbezugs von Evaluation und angesichts der im vorangegangenen Abschnitt skizzierten mikropolitischen Relevanz von Evaluation naiv wäre, den auch als persönlich wahrgenommenen Kritikgehalt von Evaluationsergebnissen zu leugnen oder ausschalten zu wollen. Aber es bleibt selbstverständlich ein wichtiges Anliegen, Evaluation so weit wie möglich als Teil der Lernkultur einer Organisation zu implementieren und auszugestalten. In dem Zitat wird erkennbar, dass dies nicht automatisch geschieht, sondern bewusst gestaltet und gefördert werden muss.

Evaluation und organisationale Lernfähigkeit

Damit Evaluation als Lernimpuls in einer Organisation eingesetzt und wirksam gemacht werden kann, bedarf es zum einen individueller Haltungen auf Seiten der Organisationsakteure und zum anderen einer lernförderlichen „Kultur authentischer Evaluation" innerhalb einer Organisation (Kempfert/Rolff 2005, 110), bei der Evaluation nicht als Fassade oder legitimes Ritual praktiziert wird, sondern als Ausdruck des Bemühens, etwas über die eigene Arbeit zu erfahren und daraus Schlüsse zu ziehen. Dabei stehen die individuellen Haltungen in einem konstitutiven Wechselverhältnis zur Organisationskultur: Die individuellen Haltungen der Organisationsmitglieder prägen einerseits die Art der Auseinandersetzung mit Evaluation in der Organisation, während andererseits die Art, wie in einer Organisation mit Evaluation umgegangen wird, mit welchen Intentionen Evaluation von der Leitung eingebracht wird, wie reflexiv von Seiten der Leitung der Evaluationsprozess gehandhabt wird etc., wiederum beeinflussend auf die individuellen Haltungen der Organisationsakteure zurückwirkt.

Hinderliche und förderliche individuelle Haltungen

Setzt man einmal idealtypisch gegenüber, welche individuellen Haltungen der Organisationsakteure sich förderlich und welche sich hinderlich auf Evaluationsprozesse auswirken, so sind als *hinderliche Haltungen* insbesondere folgende vorzufinden:

- Abwehr gegenüber Transparenz und Kontrolle („Jeder sollte die eigene Arbeit gewissenhaft machen, sich auf die eigene Arbeit konzentrieren und die anderen Kollegen ihre Arbeit machen lassen." „Meinen Arbeitsbereich halte ich für mich, ich gucke ja auch nicht den Kollegen immer auf die Finger.");
- Gefühl der Überforderung durch Anforderungen zur Evaluation („Was sollen wir denn noch alles machen – unsere normale Arbeit ist doch schon anstrengend genug!");
- Abwehr aufgrund eigener methodischer Unsicherheiten und methodischer Unzulänglichkeiten („Ich bin mir doch schon selbst in vielen Situationen so unsicher, ob ich es richtig mache – da muss ich doch nicht noch andere reingucken lassen wollen!");
- Abwehr mit dem Hinweis „Evaluation als Modeerscheinung" („... vieles kommt und geht auch wieder, und mit Evaluation wird jetzt wieder eine neue Sau durchs Dorf getrieben...");
- Furcht vor Konflikten bzw. vor dem Sichtbarmachen latenter Konflikte („Wir haben uns mittlerweile im Team so gut eingependelt – wollen wir jetzt wirklich unsere Unterschiede wieder auf die Tagesordnung setzen und neue Auseinandersetzungen provozieren?");
- Meinung, dass sozialpädagogisches Handeln grundsätzlich nicht messbar sei („Das Wichtigste in der Sozialen Arbeit sind die Beziehungen. Die sind im Grunde nicht messbar, und deswegen kann sich Evaluation auch nur auf Randphänomene unserer Arbeit beziehen. Das Wesentliche muss bei Evaluation sowieso außen vor bleiben.");
- Auffassung, Evaluation sei lediglich eine Zusatzaufgabe zum alltäglichen Handeln („Wichtig ist unsere Aufgabenerledigung, das ist die Pflicht. Wenn wir dann noch Zeit, Energie und Lust haben, können wir uns mal der Kür ‚Evaluation' widmen.").

Solchen Haltungen, die eine produktive Auseinandersetzung mit Evaluation behindern oder gar verhindern, seien – sicherlich eher grob typisierend – *förderliche individuelle Haltungen* gegenübergestellt:

- reflexive Haltung („Ich wollte immer schon Rückmeldungen zu dem, was ich hier mache. Wenn Evaluation diese Rückmeldungen gibt und wir darüber ins Nachdenken kommen, was wir eigentlich hier machen und wie wir unsere Arbeit machen, kann das doch ganz nützlich sein.");
- Offenheit gegenüber Entwicklungsimpulsen („Eigentlich finde ich ja, dass wir gute Arbeit machen. Aber ich sehe schon das Problem, dass wir mit der Zeit im eigenen Saft schmoren und ein paar Impulse gut brauchen könnten. Mal sehen, was bei der Evaluation so rauskommt – vielleicht die eine oder andere Anregung, was wir anders machen könnten.");
- Eingeständnis, sich in einem strukturell durch Unsicherheit geprägten Arbeitsfeld zu bewegen und dabei auf Informationen zur Bewältigung dieser Unsicherheit angewiesen zu sein („Ich bin manchmal unsicher, was eigentlich das Problem meines Klienten ist und ob die eine oder andere meiner Methoden überhaupt die Situation meines Klienten richtig treffen. Wenn ich dazu etwas mehr erfahren könnte, wäre das schon gut.");
- relative Selbstsicherheit, die es ermöglicht, das eigene Handeln partiell in Frage zu stellen oder in Frage stellen zu lassen („Ich finde schon, dass ich mit meinen Erfahrungen hinreichend kompetent bin und eigentlich ganz gute Arbeit mache. Auch wenn die Evaluationsergebnisse kritische Punkte bei meiner Arbeit zutage fördern würden, haut mich das nicht um. Ich kann das schon verkraften – es würde mich sogar weiterbringen.");
- tendenzielle Auffassung, dass Evaluation zum kompetenten und professionellen Handeln gehört („Ja sicher ist Evaluation anstrengend, und wir haben ja eigentlich auch so schon genug zu tun. Aber schließlich gehört es zu unserem Anspruch an uns selbst, dass wir uns mal genauer angucken, was wir machen. Wir müssen uns doch fachlich Rechenschaft geben. Und außerdem: Wie sollen wir sonst nach außen hin erklären, was wir machen und warum wir es machen!?").

Implizite und vorbewusste individuelle Haltungen

Die Gegenüberstellung von hinderlichen und förderlichen individuellen Haltungen mag auf den ersten Blick grob und simplifizierend wirken. Bei vielen Einzelpersonen und in vielen Teams liegen die Meinungen und Haltungen dazwischen oder in einer Kombination von verschiedenen, zum Teil widersprüchlichen Statements. Mit der Gegenüberstellung soll auf die Bedeutung der individuellen Haltungen aufmerksam gemacht werden, die meist implizit oder vorbewusst sind und ihre Wirkungen bei einem Evaluationsvorhaben entfalten, ohne dass sie ausgesprochen und zum Gegenstand der Erörterung gemacht werden. Sie verstecken sich häufig in kleinen Nebenbemerkungen, die sensibel wahrzunehmen sind und die zum Ausgangspunkt für eine explizite Erörterung der Einstellungen zur Evaluation gemacht werden können.

Hinderliche Haltungen und Handlungsstrukturen Sozialer Arbeit

Die skizzierten hinderlichen Haltungen gegenüber Evaluation sind zu einem Teil erklärbar als Folgen der Probleme der Arbeitsfelder „Soziale Arbeit", und zum Teil stehen sie in Verbindung mit einer Organisationskultur, die sich in Form von Zurückhaltung oder gar

Ablehnung auf Anforderungen zur Evaluation auswirkt. An einigen Stellen dieses Buches wurde bereits auf das Strukturproblem „Unsicherheit" in den Handlungsfeldern der Sozialen Arbeit hingewiesen. Weder sind die Probleme der Adressaten zu Beginn einer Hilfe eindeutig kategorisierbar, noch kann mit Sicherheit angegeben werden, welche Methoden für welche Problemkonstellation angemessen sind; die Anforderungen wechseln mit Veränderungen in den Lebenssituationen der Adressaten; die Kriterien für den Erfolg der Arbeit sind nur schwer definierbar, und was bei der erreichten Situationsveränderung am Ende zweifelsfrei der eigenen Arbeit zugeschrieben werden kann, ist ebenfalls mit Unsicherheitsfaktoren belegt. Diese in den Strukturen des Arbeitsfeldes enthaltene Unsicherheitsbelastung kann eine Atmosphäre in der Organisation befördern, bei der sich die Fachkräfte eher abschotten als sich „selbstbewusst öffnen". Damit kann dann eine Zurückhaltung bis Skepsis gegenüber Evaluation verbunden sein: In einem strukturell durch Unsicherheit belasteten Handlungsfeld können die Akteure sehr schnell die Furcht empfinden, dass eigene Unzulänglichkeiten aufgedeckt werden könnten. Sicherlich könnte die strukturelle Unsicherheit auch eine anders geartete Dynamik auslösen: Wenn bereits in den Strukturen des Handlungsfeldes ein relativ hohes Maß an Unsicherheit enthalten ist, könnte es vielleicht auch leichter fallen, sich selbst und den Kollegen Fehler oder Unzulänglichkeiten einzugestehen, denn schließlich sind mit dem Unsicherheitsproblem im Grundsatz alle Organisationsakteure konfrontiert. Wie sich das Unsicherheitsproblem letztlich auf die Haltungen der Individuen zur Evaluation auswirkt, ist somit auch eine Frage der Normen und des Klimas innerhalb einer Organisation, also der Organisationskultur. Festzuhalten bleibt jedoch zunächst die Ambivalenz in den Auswirkungen der strukturellen Unsicherheit in den Handlungsfeldern der Sozialen Arbeit: Es können dadurch Haltungen entstehen, die die Öffnung gegenüber Evaluation behindern.

Voraussetzung: angemessene Organisationskultur

Damit Offenheit gegenüber Evaluation entsteht, bedarf es einer für das Thema förderlichen Organisationskultur. Im implizit wirkenden Normensystem in einer Organisation muss die Botschaft transportiert werden, dass bei der Evaluation das lernförderliche Entwicklungspotenzial und das Potenzial zu diskursiver Transparenz bei Entscheidungen weitaus größer und bedeutsamer sein können als das ebenfalls vorhandene, nicht zu leugnende Kontrollpotenzial und die Möglichkeit der Verwendung von Evaluationsergebnissen für unangenehme Interventionen und Entscheidungen. Ein solches implizites Normensystem als das Zentrum einer evaluationsförderlichen Organisationskultur entsteht nicht von selbst, sondern bedarf des kontinuierlichen und sensiblen Aufbaus durch die Leitung. Aus dem Bericht eines Evaluators: „Die Evaluationsergebnisse wurden nur dort als Lernmittel genutzt, wo Fehlerfreundlichkeit und Veränderbarkeitswillen glaubhaft von Seiten der Leitung und relevanter Multiplikatoren propagiert wurden." (Wolff/Scheffer 2003, 342)

Wenn im Zusammenhang mit den organisationalen Bedingungen für Evaluation von **„Organisationskultur"** die Rede ist, dann wird eine zwar nicht leicht fassbare, aber dennoch von den Organisationsmitgliedern erlebbare Wirklichkeitsebene in Organisationen angesprochen: Es geht um Grundüberzeugungen innerhalb einer Organisation, um Symbole, Werte, Umgangsformen und Verhaltensmuster, die sich in einer Organisation herausbilden und ihr einen spezifischen „Charakter" verleihen (Schein 2003; Merchel 2010b, 90 ff). Organisationen sind von Denkhaltungen, Normen, Wertvorstellungen, Gewohnheiten geprägt, die die Haltungen und das Verhalten ihrer Mitglieder maßgeblich beeinflussen. Es geht um etwas, was man „Mentalität" einer Organisation nennen kann: kollektive Orientierungen, die auf das Wahrnehmen, Denken, Fühlen und Handeln der Organisationsmitglieder mit einwirken.

Eine Organisationskultur kann man nicht mechanisch und intentional „erzeugen"; sie wächst und hat ihre eigene Entstehungslogik. Aber sie wird beeinflusst durch Impulse, durch Anregungen, durch Irritation oder Vorbildverhalten verschiedener Organisationsmitglieder, von denen vor allem den Leitungspersonen auf den verschiedenen Hierarchie-Ebenen ein besonderes Einflusspotenzial zukommt: Ihre Einstellung und Äußerungen sind von hervorgehobener Bedeutung für die Erwartungen und die Werthaltungen gegenüber der Evaluation, die sich in der Organisation herausbilden.

Die oben skizzierten individuellen Haltungen zur Evaluation bleiben nicht nur auf der persönlichen Ebene, sondern werden in die Organisation hineingetragen und beeinflussen auf vielfältige Weise das Klima und das normative Gefüge in einer Organisation. Dass eine evaluationsförderliche Organisationskultur entsteht, ist gleichermaßen Voraussetzung für Erfolg versprechende Evaluationsvorhaben wie Ergebnis erfolgreich verlaufener Evaluationen. Die Organisationsmitglieder benötigen ein gewisses Maß an Grundvertrauen hinsichtlich der produktiven Gehalte von Evaluation, um sich an Evaluationsvorhaben heranzuwagen.

Zusammenhang von individuellen Haltungen und Organisationskultur

Anforderungen für eine förderliche Organisationskultur
Evaluationsvorhaben sollten daher so kompetent, transparent, beteiligungsorientiert, fair gestaltet werden, dass trotz der Ambivalenzen, die in einer Evaluation für die Beteiligten und Betroffenen enthalten sind, letztlich das positive Erleben des Verfahrens und des Umgangs mit den Ergebnissen überwiegt. Dazu benötigt man vor allem

- Vereinbarungen zwischen allen Beteiligten, damit der Zweck und das Verfahren der Evaluation transparent werden,
- transparente Regelungen zur Datenerhebung und zur Verwendung der Daten,
- das glaubwürdige Bemühen, mit der Evaluation niemand „an den Pranger zu stellen wollen",
- den Willen, im Verfahren die Mehrperspektivität und den Hypothesencharakter zur Geltung zu bringen,
- ein dialogisches, beteiligungsorientiertes Grundmuster der Kommunikation,
- die glaubwürdige Verdeutlichung der Bereitschaft, Schlussfolgerungen aus den Evaluationsergebnissen zu erörtern und zu verabreden, damit alle Beteiligten erleben, dass Evaluation nicht als Selbstzweck, sondern immer zweckbezogen praktiziert wird.

Hier sind insbesondere die Glaubwürdigkeit, die Kompetenz in Evaluationsfragen und die Moderationskompetenz der Leitungsebene in Organisationen der Sozialen Arbeit gefragt.

6.3 Hinweise zur Gestaltung eines evaluationsförderlichen Organisationsrahmens

In den bisherigen Ausführungen dieses Kapitels sollte verständlich geworden sein, dass der organisationale Rahmen, innerhalb dessen Evaluation stattfindet, eine elementare Bedeutung hinsichtlich der Frage hat, ob das in der Evaluation enthaltene lernförderliche Potenzial in einer Organisation entfaltet werden kann. Das zieht als Konsequenz nach sich, dass die Leitung einer Organisation neben den methodischen Aspekten einer Evaluation auch sorgsam die Rahmenbedingungen beachten und analysieren muss, damit durch entsprechende Vorkehrungen ein für die Evaluation angemessener organisationaler Rahmen geschaffen wird. Wie ein solcher evaluationsförderlicher Rahmen im einzelnen aussehen kann und sollte, ist jeweils angesichts der besonderen Konstellationen in einer Organisation und angesichts der Ausgangssituation, die der Evaluation zugrunde liegt, differenziert zu erörtern. Allgemeine „Rezepte" verbieten sich hier, denn jede Organisation wird entsprechend ihrer spezifischen Situation und entsprechend den Anforderungen, mit denen sie konfrontiert ist, den für sie passenden Weg „erfinden" müssen. An dieser Stelle können lediglich einige allgemeine Orientierungen präsentiert werden, deren Beachtung die Suche nach einem situationsspezifisch förderlichen Rahmen für Evaluation erleichtern kann.

(a) Eine für die Akzeptierbarkeit einer Evaluation entscheidende Frage stellt sich bereits zu Beginn: Wer legt den Evaluationsbedarf fest und wer definiert den für die Evaluationsfragestellung benötigten Informationsbedarf? Eine möglichst transparente Verhandlung dieser Fragen, die die von der Evaluation möglicherweise „Betroffenen" einbezieht, und das Bemühen um eine gemeinsam erarbeitete Basis schaffen bessere Voraussetzungen für eine Akzeptanz als Ausgangslage, die auf Seiten der Mitarbeiter als von der Leitungsebene einseitig definiert empfunden wird. **Transparente Aushandlung der Evaluationsfragestellung**

(b) Es sollte sorgfältig erörtert werden, wer innerhalb der Organisation als primärer „Auftraggeber" für eine Evaluation fungieren soll (die Leitung, ein Leitungsgremium, ein bestimmtes Team, eine Stabsstelle, einzelne Mitarbeiter) und wer (extern oder intern) mit der Evaluation bzw. mit Teilaufgaben einer Evaluation (z. B. Datenerhebung oder Teile der Datenerhebung) beauftragt wird. Auch von der sorgfältigen Reflexion und Erörterung dieser Frage hängen die Akzeptanz des Verfahrens und der Ergebnisse sowie die Entscheidungsrelevanz der Ergebnisse ab. Für die Erörterung sind gleichermaßen sachliche Aspekte (z. B. zeitliche Ressourcen oder spezielle Kompetenzen bei einigen Mitarbeitern oder Mitarbeitergruppen, Nähe-Distanz-Verhältnis zu Informationsgebern bei Befragungen oder Beobachtungen etc.) wie mikropolitische Erwägungen relevant. **Erörterungen zum „Auftraggeber"**

(c) Unter der Leitorientierung „Transparenz" (als zentrale Voraussetzung für Akzeptanz) ist der organisatorische Rahmen für Evaluation zu klären: Zuständigkeiten, zeitliche Abläufe, Arbeitskapazitäten, Orte und Zeitpunkte der Datenerhebung etc. Ferner sind „Spielregeln" zu vereinbaren, die den Umgang mit Evaluation und ihren Ergebnissen für alle Beteiligte kalkulierbar machen: zum Umgang mit Daten, zur Aufbereitung der Ergebnisse, zur Art der Datenrückmeldung, zu den Modalitäten des Einbringens und der Diskussion von Ergebnissen und daraus abzuleitenden Schlussfolgerungen. Solche Regelungen zum organisatorischen Rahmen und Absprachen zu den „Spielregeln" sollen frühzeitig zu Beginn des Evaluationsprozesses erfolgen, um das Verfahren **Klärung des organisatorischen Rahmens** für alle Beteiligten durchsichtig zu gestalten. Eine frühe und explizite Formulierung kann späteren Missverständnissen und Irritationen im Prozess vorbeugen.

Positives Aufwand-Nutzen-Verhältnis

(d) Die Leitung einer Organisation sollte bei der Evaluationsplanung auf ein möglichst positives Aufwand-Nutzen-Verhältnis achten. Nur wenn Mitarbeiter die Erfahrung machen, dass sich der „zusätzliche" Aufwand, der durch Evaluation verursacht wird, in einem merklichen Nutzen niederschlägt und wenn sie diesen Nutzen als in einem akzeptablen Verhältnis zum Aufwand erleben, werden sie sich gegenüber weiteren Evaluationsvorhaben öffnen. Die Bewältigung der alltäglichen Aufgaben sollte durch Evaluation nicht allzu sehr in Mitleidenschaft gezogen werden, und der erlebte Nutzen sollte die Neigung von Mitarbeitern reduzieren, mit dem Hinweis auf Zeit („wir haben auch sonst hinreichend zu tun") den als zusätzlich empfundenen Aufwand für Evaluation abzulehnen.

„Fachberatung Evaluation"

(e) Angesichts der methodischen Kompetenzen, die für eine adäquate Realisierung von Evaluationen erforderlich sind, kann es sich als sinnvoll erweisen, in einer Organisation einen „Fachberater Evaluation" zu schaffen, der methodische Hilfen leisten und Mitarbeiter oder Teams bei Fragen der Evaluation beraten kann. Eine solche Person, die besondere Kompetenzen in Evaluationsfragen entwickelt, hätte eine Fachberatungsfunktion innerhalb der Organisation, jedoch sollte damit nicht eine ausschließliche Zuordnung aller Evaluationsfragen bei dieser Person verbunden sein (nach dem Motto: „Evaluation macht bei uns die Monika, da brauchen wir uns nicht drum zu kümmern.") Basiskompetenzen, die für ein Verstehen des Sinns von Evaluation und Verfahrenselementen dringend benötigt werden, sind in der gesamten Organisation zu gewährleisten; denn ansonsten kann eine evaluationsförderliche Organisationskultur nicht entstehen. Die Fachberatungsperson hat die Aufgabe, das Thema „Evaluation" präsent zu halten und durch ihre methodische Kompetenz Organisationsakteure bei evaluativen Aktivitäten wirkungsvoll zu unterstützen.

„Fehlerfreundlichkeit"

(f) Angesichts der strukturellen Unsicherheiten in den Handlungsfeldern der Sozialen Arbeit und der Tatsache, dass durch Evaluation auch Hinweise zutage gefördert werden, die ansonsten weniger sichtbar und diskutierbar geworden wären, besteht bei Organisationsmitgliedern die Furcht, dass eigene Unzulänglichkeiten oder Fehler erkennbar werden. Die an solchen Stellen häufig verwendete Formel vom notwendigen Klima der „Fehlerfreundlichkeit" in einer Organisation gibt zwar die angemessene Richtung an, kann jedoch auch schnell missverstanden werden. Selbstverständlich müssen in einer Organisation Unzulänglichkeiten und Fehler angesprochen und auch im Hinblick auf die Verantwortlichkeit von Personen erörtert werden. Jedoch kommt es darauf an, Unzulänglichkeiten, die durch Evaluation erkennbar werden, nicht allein bestimmten Personen zuzuordnen, sie ausschließlich zu personalisieren. Stattdessen sollten Unzulänglichkeiten daneben auch unter einem zweiten Aspekt betrachtet werden: als Hinweis darauf, dass etwas mit dem System nicht in Ordnung sein könnte. Die Auswertung von in der Evaluation erkannten Unzulänglichkeiten könnte möglicherweise bestimmte Muster deutlich machen, die zu Überlegungen führen, ob eine Korrektur vielleicht besser an den Regelungsmechanismen und nicht ausschließlich oder primär an den Personen ansetzen sollte. Es geht um eine von den Leitungspersonen in die Organisation zu vermittelnde Haltung, in der Fehler betrachtet werden: nicht nur als Unzulänglichkeiten von Personen, sondern gleichermaßen als ein sorgsam zu beachtendes Phänomen, das etwas über den Zustand des Systems aussagen kann und das Anlass zur Reflexion gibt. Einen solchen Umgang mit Unzulänglichkeiten innerhalb einer Organisation zu ermöglichen und entsprechende Signale im Hinblick auf Evaluation auszusenden, bildet ein wichtiges Element auf dem Weg zu einer „evaluationsförderlichen Organisationskultur". Zu diesem Zweck müssen Leitungspersonen insbesondere auf angemessene Modalitäten bei der Präsentation, bei der Bewertung und bei der Diskussion der Evaluationsergebnisse achten. Das kann z. B. bedeuten, dass bestimmte Ergebnisse zunächst im geschützten Rahmen eines Teams und nicht sofort vor „versammelter Mannschaft" präsentiert und diskutiert werden, dass Ergebnisse zunächst ohne Leitung und erst im zweiten Schritt gemeinsam mit Leitungspersonen erörtert werden, dass man bei der Präsentation auf explizite Vergleiche zwischen Teams verzichtet, dass man bei der Auswertungsdiskussion auch nach Bedingungen sucht, die die Unzulänglichkeiten möglicherweise befördert oder verstärkt haben etc.

(g) Leitungspersonen sollten sensibel beobachten, ob, zu welchem Zeitpunkt und bei welchen methodischen Arrangements Evaluation in ein „Ritual" abzurutschen droht, das den eigentlichen Sinn von Evaluation unterläuft, nämlich das Lernen durch Rückmeldung über die eigene Arbeit zu ermöglichen. Zu beobachten sind solche „Evaluationsrituale" häufig bei Zufriedenheitsbefragungen oder Befragungen der Teilnehmer an Bildungsveranstaltungen

Achtsamkeit gegenüber Tendenzen zur Ritualisierung

("Seminarkritik" durch Fragebögen). Irgendwann werden solche Instrumente nur noch ritualisiert eingesetzt, ohne dass die Organisationsakteure ernsthaft an der Rückmeldung interessiert wären und aus den Ergebnissen Schlussfolgerungen ziehen wollten. Für solche „Fassadenevaluationen" (Kempfert/Rolff 205, 111) lohnt sich nicht einmal ein geringer Aufwand, und es besteht darüber hinaus die Gefahr, dass dadurch insgesamt das Thema Evaluation innerhalb der Organisation diskreditiert wird. Die Leitung sollte solche Tendenzen der Ritualisierung frühzeitig wahrnehmen, ritualisierte Evaluationsmodalitäten beenden und durch die Gestaltung selbiger dafür sorgen, dass Evaluation von den Organisationsmitgliedern als ein lebendiger Lernmodus erlebt wird.

Differenzierte Analyse des „Zumutungscharakters" eines Evaluationsvorhabens

(h) Bei der Implementation und Fortführung von Evaluation sollte der Leitung bewusst bleiben und von ihr kontinuierlich beachtet werden, dass Evaluation immer eine „Zumutung" darstellt – sowohl im Hinblick auf den damit verbundenen Aufwand als auch auf den Bewertungscharakter von Evaluation – und dass Evaluation auch als ein Instrument eingesetzt wird im Prozess der Markierung von Einfluss und Interessen. Bei der Gestaltung von Evaluationsverfahren sind sehr frühzeitig die Bedeutung externer Interessenträger, die Differenzierung unterschiedlicher Interessen und der Stellenwert von expliziten und impliziten Interessen für die Evaluation zu kalkulieren. Im Hinblick auf die organisationsinterne Bedeutung von Evaluation müssen Leitungspersonen, die den Evaluationsprozess steuern, sorgfältig analysieren und in ihre Verfahrensentscheidungen einbeziehen: Wer (Personen und/oder Gruppen) innerhalb der Organisation könnte in welcher Weise und unter welchen Gesichtspunkten die Evaluation in besonderer Weise als eine „Zumutung" empfinden? Welche Personen und/oder Gruppen innerhalb der Organisation könnten durch die Evaluation eher gewinnen und wer könnte von Verlusten bedroht sein? Solche mikropolitisch ausgerichteten Analysen und Erwägungen sind notwendig, um Methoden und Verfahren der Evaluation so ausrichten zu können, dass der Evaluationsprozess nicht allzu stark behindert wird und stattdessen das produktive Lernpotenzial von Evaluation zur Geltung gebracht werden kann.

7 Zusammenfassung in Qualitätskriterien: Was ist eine „gute Evaluation"?

An verschiedenen Stellen dieses Buches (insbesondere in Kap. 4.7) ist darauf hingewiesen worden, dass man auch die Evaluation zu einem Gegenstand der Reflexion machen, vielleicht die durchlaufenen Evaluationsprozesse sogar „evaluieren" sollte, um die Evaluationspraxis in einer Organisation zu verbessern und zu „professionalisieren". Die Reflexion der mit Evaluation gemachten Erfahrungen misst sich zum einen an den Erwartungen, die die Beteiligten zu Beginn und im Verlauf des Evaluationsprozesses herausgebildet haben. Zum anderen bilden aber auch fachliche Maßstäbe eine wichtige Reflexionsfolie, anhand der die eigene Evaluationspraxis bewertet werden sollte. In den vorangegangenen Kapiteln wurden solche Maßstäbe und Anforderungen an Evaluation in der Sozialen Arbeit artikuliert, und dadurch wurde implizit ein Bild von „gelingender Evaluation" entworfen. In diesem Abschlusskapitel soll dieses Bild noch einmal – als Zusammenfassung der bisherigen Ausführungen – explizit herausgearbeitet werden.

Jedoch ist auch die in diesem Buch entworfene Vorstellung von „gelingender Evaluationspraxis" nicht aus sich selbst entwickelt worden, sondern muss sich im Kontext der Fachdebatte zur Evaluation legitimieren. Daher bedarf dieses Bild einer Einordnung in die bereits erarbeiteten Qualitätskriterien und „fachlichen Standards". Das in diesem Kapitel gezeichnete zusammenfassende Bild von „guter Evaluation" und die Einordnung in die aus der Fachdebatte entstandenen Qualitätskriterien liefern einen Reflexionshintergrund für die Bewertung der Evaluationspraxis in Organisationen und können daher vielleicht für eine Weiterentwicklung dieser Praxis genutzt werden.

Den breitesten Ansatz in der Fachdebatte liefern die „Standards für Evaluation" der Deutschen Gesellschaft für Evaluation aus dem Jahr 2002 (DeGEval 2002). Die von der DeGEval formulierten „Standards" verarbeiten die von der amerikanischen Fachorganisation formulierten Evaluationsstandards (Joint Committee 2006) und verorten sich damit auch im internationalen Fachkontext. Die „Standards" der DeGEval differenzieren nicht zwischen Evaluationsforschungen und eher praxisbezogenen Evaluationen; sie sind übergreifend ausgerichtet. Allerdings werden für das Arrangement der Selbstevaluation von

„Standards für Evaluation" der DeGEval

der DeGEval Empfehlungen formuliert für eine den Besonderheiten dieses Arrangements entsprechende Ausrichtung und Handhabung der Evaluationsstandards (DeGEval 2004; Müller-Kohlenberg/Beywl 2003; kritisch kommentierend König 2003). Die DeGEval (2002) nennt vier Kriterienbereiche, in denen sie jeweils Qualitätskriterien für Evaluation definiert. Kurz gefasst und übersichtlich geordnet sind dies:

NÜTZLICHKEIT: AUSRICHTUNG AN GEKLÄRTEN ZWECKEN UND AM INFORMATIONSBEDARF DER NUTZER
• Identifizierung der Beteiligten und Betroffenen sowie deren Interessen • Klärung der Evaluationszwecke und Klarheit des Auftrags • Transparenz von Werten bzw. der Bewertungsgrundlagen • Vollständigkeit und Klarheit der Berichterstattung
DURCHFÜHRBARKEIT: REALISTISCHE, DIPLOMATISCHE UND KOSTENBEWUSSTE PLANUNG UND AUSFÜHRUNG
• Angemessenes Verhältnis zwischen Belastungen und erwartetem Nutzen • Diplomatisches Vorgehen zum Erreichen einer möglichst hohen Vorgehens- und Ergebnisakzeptanz • Angemessenes Verhältnis von Aufwand und Nutzen („Effizienz")
FAIRNESS: RESPEKTVOLLER UND FAIRER UMGANG MIT BETROFFENEN PERSONEN UND GRUPPEN
• Formale Vereinbarung mit Verdeutlichung der Verpflichtungen auf Seiten der Beteiligten • Schutz von Sicherheit, Würde und Rechten einbezogener Personen • Unparteiliche Durchführung und Berichterstattung; faire Bewertungen, die möglichst frei von persönlichen Gefühlen sind • Möglichst breite Offenlegung der Ergebnisse
GENAUIGKEIT: ERZEUGUNG UND VERMITTLUNG GÜLTIGER ERGEBNISSE ZU EVALUATIONSGEGENSTAND UND EVALUATIONSFRAGESTELLUNG
• Detaillierte Analyse des Evaluationskontexts und -gegenstands • Dokumentation von Zweck und Vorgehen • Erhebung und Analyse quantitativer und qualitativer Informationen nach fachlichen Maßstäben (der empirischen Untersuchung) • Begründung von Schlussfolgerungen • Angabe von Informationsquellen

Differenz zu Gütekriterien der empirischen Sozialforschung

Der Kriterienkatalog der DeGEval, dessen Grundzüge hier in der Übersicht zusammengefasst sind und dessen einzelne Passagen in der entsprechenden Veröffentlichung des Fachverbandes jeweils etwas genauer kommentiert und konkretisiert werden, markiert einen weitgehenden Konsens derjenigen Personen und Organisationen, die intensiver mit Fragen der Evaluation befasst sind. Allerdings lassen sich bei einigen Fragen auch Nuancierungen bei der Interpretation feststellen.

So ist zwar im Kriterienbereich „Genauigkeit" unumstritten, dass die Erhebung und Auswertung quantitativ und qualitativ erhobener Daten nach methodischen Anforderungen der empirischen Sozialforschung erfolgen müssen; wenn man jedoch genauer fragt, welche Gütekriterien der empirischen Sozialforschung in welcher Weise anzuwenden sind, kann es durchaus zu Interpretationsunterschieden kommen. So hält z. H. v. Spiegel (1997, 39) für die praxisorientierte (Selbst-)Evaluation eine enge Ausrichtung an den Gütekriterien der quantitativen empirischen Sozialforschung (Validität, Reliabilität, Objektivität) angesichts der unmittelbar praxisbezogenen Zwecksetzung von Evaluation für unangemessen. Hinzu kommt, dass bestimmte Evaluationsarrangements in deutlicher Spannung zu diesen Kriterien stehen; dies trifft insbesondere das Kriterium der Objektivität, das angesichts der nicht vorhandenen Differenz zwischen Akteurs- und Evaluatorenrolle bei Selbstevaluation nicht in der oben genannten Weise realisierbar ist. Stattdessen nennt v. Spiegel als Kriterien:

- *Plausibilität*: überzeugende Begründung von Praxiszielen sowie von Kriterien und Indikatoren der Zielerreichung;
- *Nachvollziehbarkeit*: Transparenz und Dokumentation des Untersuchungsverfahrens;
- *Relevanz*: Bedeutsamkeit für Weiterentwicklung und/oder Legitimation der Organisation bzw. der jeweiligen Organisationssegmente;
- *Effizienz*: Vertretbarkeit des Aufwands für die Erhebungen;
- *Flexibilität*: Anpassung der Erhebungen an Arbeitsabläufe und Ausrichtung der Erhebungen auf die Veränderungen in den Arbeits- und Organisationsbedingungen.

Mit diesen Kriterien werden die elementaren Gütekriterien der empirischen Sozialforschung nicht in Zweifel gezogen, aber modifizierend im Hinblick auf den Charakter einer praxisbezogenen Evaluation interpretiert.

Für eine Anpassung der Kriterien der DeGEval an spezielle Evaluationsarrangements plädiert König (2007, 131 f; 2003, 87). Er bündelt die Kriterienvielfalt der DeGEval für die Selbstevaluation in vier Kriterien, die er als praktikable Orientierung ansieht:

Gütekriterien für Selbstevaluation

- *Regelgeleitetheit*: Offenlegung und Dokumentation des Verfahrens;
- *Realisierbarkeit*: Bedingungen und angemessene Ressourcen für Selbstevaluation;
- *Verhältnismäßigkeit*: angemessener Bezug zwischen Verfahrensaufwand und Ergebnisertrag;

- *Angemessenheit*: Auswahl und Handhabung der Methoden und Datenquellen;
- *Verwertbarkeit*: Nutzung der Ergebnisse für die Praxis.

Die auf die jeweilige praktische Ausrichtung einer Evaluation ausgerichtete Interpretation von Anforderungen und Kriterien für eine „gute Selbstevaluation" spricht König an, indem er die geringe Anzahl seiner Kriterien begründet mit dem Hinweis: „Vielleicht kann so verhindert werden, dass der fatale Eindruck entsteht, der Aufwand im Zusammenhang mit der Sorge um die Qualität des Evaluationsverfahrens könnte noch größer sein als der, der mit der Sorge um die Qualität der eigentlichen Arbeit, um die es ja primär geht, verbunden ist." (König 2007, 130)

Qualitätskriterien zu den Verfahrenselementen einer Evaluation

Die nachfolgende Auflistung von Qualitätskriterien gibt eine Antwort auf die Frage nach dem, was eine „gute Evaluation" ausmacht. Sie bündelt die Aussagen aus den Kapiteln dieses Buches unter dieser Leitfragestellung. Die Qualitätskriterien orientieren sich an in diesem Buch genannten Phasen bzw. Verfahrenselementen einer Evaluation. Die von der DeGEval genannten „Standards" lassen sich zum größten Teil in den nachfolgenden Qualitätskriterien wiederfinden, auch wenn angesichts der Fokussierung der Darstellung auf „praxisbezogene Evaluationen" an der einen oder anderen Stelle veränderte Nuancierungen bei der Formulierung oder bei der Schwerpunktsetzung nicht auszuschließen sind.

Verständnis von Evaluation als Grundlage für Qualitätskriterien

Die Grundlage für die nachfolgend zu nennenden Qualitätskriterien liegt in einem Verständnis, das Evaluation anschließt an die Konzeptvorstellung einer „lernfähigen und lernbereiten Organisation". Evaluation wird als ein Verfahrensinstrument begriffen, mit dessen Hilfe eine Organisation sich systematisch Informationen verschafft über das, was sie tut, wie sie es tut und mit welchen Ergebnissen sie es tut. Mit diesen Informationen versetzt sich die Organisation in die Lage, ihr eigenes Handeln genauer zu bewerten und durch diesen Bewertungsvorgang Ansatzpunkte für eine zielgerichtete Veränderung bzw. Verbesserung ihrer Handlungsweisen zu finden. Damit ist Evaluation eingebunden in Prozesse der Qualitätsentwicklung in einer Organisation. Die Erfolgswahrscheinlichkeit von Evaluation ist gekoppelt an eine lernorientierte, auf Qualitätsentwicklung ausgerichtete Organisationskultur, die gleichermaßen als eine Voraussetzung wie als eine Folge erfolgreich verlaufener Evaluationen verstanden werden kann.

Auf der Grundlage eines solchen Verständnisses von Evaluation sind die nachfolgenden Qualitätskriterien formuliert, deren Gliederung die in Kapitel 4 genannten sieben Schritte abbildet, die ergänzt werden durch Qualitätskriterien zur Phase der Vorbereitung einer Evaluation und zur Reflexion des organisationalen Rahmens, in dem Evaluation stattfindet. Die Begründungen für die einzelnen Qualitätskriterien ergeben sich aus den Ausführungen in den entsprechenden Kapiteln dieses Buches.

Tab. 11: Qualitätskriterien einer erfolgreichen Evaluation

PROZESSELEMENT:	QUALITÄTSKRITERIEN: *EVALUATION WIRD WAHRSCHEINLICH DANN EINEN GUTEN VERLAUF NEHMEN, WENN...*
VORBEREITUNG	... Gegenstände, auf die sich Evaluation richtet, klar benannt und in einer für alle Beteiligten transparenten Weise abgegrenzt sind; ... Chancen und Risiken bzw. Vorteile und Nachteile verschiedener Evaluationsarrangements sorgfältig abgewogen worden sind und die Entscheidung für ein bestimmtes Evaluationsarrangement bewusst und im Hinblick auf den mit einer Evaluation verbundenen Sinn getroffen worden ist; ... bei allen Beteiligten Klarheit über die inhaltlichen Schwerpunkte der Evaluation geschaffen worden ist; ... bei Auftraggebern, Evaluatoren und Beteiligten der Verwendungszusammenhang transparent ist.
FESTLEGEN DER ZENTRALEN FRAGESTELLUNG FÜR DIE EVALUATION	... die Ziele der Evaluation klar benannt sind und der Auftrag transparent ist; ... bei den Zielen der Evaluation unterschiedliche Beteiligte ihre Interessen in die Aushandlung einbringen konnten; ... bei der Interpretation des der Evaluation zugrunde liegenden Sachverhalts und bei der Evaluationsfragestellung mehrere Hypothesen einbezogen und abgewogen werden; ... die erforderlichen Ressourcen und der organisatorische Rahmen erörtert sind, die für einen befriedigenden Evaluationsverlauf benötigt werden.
ERKUNDEN VON PRAXISZIELEN UND DARAUF AUSGERICHTETEN INDIKATOREN	... die Praxisziele, auf die sich Evaluation bezieht, aus der Sicht verschiedener Beteiligter erkundet werden; ... die Praxisziele durch beobachtbare oder erfrag- und messbare Indikatoren konkretisiert wurden; ... die für die Untersuchung konstruierten Erhebungsfragen durch die vorher definierten Indikatoren begründet sind; ... die Erhebungsfragen so formuliert sind, dass aus ihnen der Datenbedarf deutlich wird.

AUSWAHL UND KONSTRUKTION DER DATENERHEBUNGS-INSTRUMENTE	...die ausgewählten Erhebungsmethoden zu den Indikatoren bzw. Erhebungsfragen passen; ...die Evaluationsakteure sich Rechenschaft darüber abgelegt haben, ob die Erhebungsmethode bei denen, die mit den Ergebnissen konfrontiert werden, voraussichtlich als sachlich plausibel und sozial akzeptabel bewertet wird; ...die gewählte Erhebungsmethode von denen, die die Daten liefern sollen, akzeptiert wird; ...die Erhebungsmethoden im jeweiligen Kontext mit geringen methodischen Risiken und Nebeneffekten eingesetzt werden; ...die Erhebungsinstrumente und -methoden nach den „Regeln der Kunst" für empirische Untersuchungen konstruiert und angewendet werden; ...das konzipierte Erhebungsverfahren hinsichtlich des Aufwands und der zeitlichen Perspektiven her praktikabel ist; ...die Kompetenz zum Umgang mit den Erhebungsinstrumenten bei denjenigen geprüft und ausgebildet worden ist, die die Erhebung durchführen sollen.
DURCHFÜHRUNG DER DATENERHEBUNG	...das Verhältnis der Personen, die die Erhebung durchführen sollen, zu denen, die die Daten geben sollen, eingeschätzt worden ist und daraus Konsequenzen für die Erhebung gezogen worden sind; ...günstige Zeitpunkte und Situationen für die Datenerhebung ausgewählt worden sind, die ein relativ hohes Maß an Datenqualität erwarten lassen; ...mögliche oder wahrscheinliche Designeffekte von Evaluation reflektiert worden sind.
AUSWERTUNG DER DATEN / ZUSAMMENFÜGEN ZU ERGEBNISSEN	...die Interpretationsaussagen zu den Daten nachvollziehbar dargestellt worden sind; ...in der Auswertung und im Bericht Bewertungen transparent gemacht und begründet werden; ...nicht nur auf eine bestimmte Aussage ausgerichtete, sondern verschiedenartige Interpretationsmöglichkeiten aufgezeigt worden sind; ...Schlussfolgerungen (für die nachfolgende Auswertungsdiskussion) hypothetisch formuliert und gut begründet sind im Hinblick auf die Daten und deren Interpretation sowie in einer diskussionsförderlichen Weise formuliert werden.
PRÄSENTATION DER ERGEBNISSE	...überlegt wird, welche Form und welcher Rahmen für eine produktive Verarbeitung der Ergebnisse förderlich sein kann; ...im Grundsatz alle Ergebnisse einer Evaluation öffentlich gemacht werden; ...die Präsentation so rechtzeitig erfolgt, dass die mit der Evaluation angestrebten Zwecke realisiert werden können; ...die Ergebnisse inhaltlich vollständig, verständlich, transparent/nachvollziehbar, auf die jeweilige Zielgruppe ausgerichtet, in inhaltlicher und sprachlicher Form diplomatisch präsentiert werden; ...bei der Präsentation und bei der schriftlichen Darstellung der Ergebnisse die Perspektiven der Adressaten (Zuhörer, Leser) und deren pragmatische Erwartungen ausreichend einbezogen werden.

REFLEXION DES EVALUATIONSVERLAUFS	… Erfahrungen aus den einzelnen Verfahrensschritten bewertet und daraus Schlussfolgerungen für weitere Evaluationen abgeleitet werden.
REFLEXION / GESTALTUNG DES ORGANISATIONALEN RAHMENS (DIE PROZESSELEMENTE ÜBERGREIFEND)	… die Leitung die relevanten externen Interessen bedacht und in ihrer Bedeutung für den Evaluationsverlauf reflektiert hat; … die Leitung den mikropolitischen Kontext für ein Evaluationsvorhaben (Konflikte, Interessen, Strategien, Gewinn- und Verlustoptionen etc.) ausreichend in den Blick genommen hat und im Prozess beobachtet; … die Leitung verschiedene Verfahrenselemente unter der Leitorientierung einer „evaluationsförderlichen Organisationskultur" reflektiert und ihre Handhabung an dieser Leitorientierung ausrichtet; … Transparenz und dadurch intendierte Akzeptanz einer Evaluation als leitende Prinzipien bei der Verfahrensgestaltung zum Tragen kommen; … Evaluation so konzipiert wird, dass der größte Teil der Beteiligten den Aufwand akzeptiert und erlebt als in einem angemessenem Verhältnis stehend zum erwartbaren Nutzen; … die Beteiligten methodische Anleitung und Hilfen erhalten können bei der Konzipierung und Durchführung einer Evaluation; … Unzulänglichkeiten und Fehler nicht nur personenbezogen, sondern auch als Ausdruck eines Systemzustandes der Organisation untersucht werden.

Diese Qualitätskriterien können als Orientierungspunkte zur Planung und zur diskursiven Bewertung eines Evaluationskonzepts sowie als mögliche Maßstäbe zur Reflexion eines durchlaufenen Evaluationsverfahrens herangezogen werden. Gerade weil Evaluation als sozialer und dialogischer Prozess konzipiert werden muss und weil eine Evaluation im Hinblick auf die jeweilige Organisation und auf die spezifische Situation und ihre Anforderungen immer „maßgeschneidert" sein muss, verbieten sich genaue Festlegungen, wie denn eine Evaluation konkret auszusehen habe und welche genauen „Rezepte" denn nun eine adäquate Evaluation gewährleisten muss. Die genannten Qualitätskriterien mögen hoffentlich helfen, dass die Akteure in einer Organisation ihrem Prozess des Maßschneiderns eine förderliche Richtung geben können. Wenn das gelänge, wäre für die Arbeit an der Daueraufgabe der Professionalisierung der Sozialen Arbeit ein kleiner Baustein hinzugefügt.

Literatur

Abs, H. J., Maag Merki, K., Klieme, E. (2006): Grundlegende Gütekriterien für Schulevaluation. In: Böttcher et al. (Hrsg.), 97–108
Aderhold, J. (2003): Organisation als soziales System. In: Weik, E., Lang, R. (Hrsg.), Moderne Organisationstheorien, Band 2. Gabler, Wiesbaden, 153–188
Alt, R. (2001): Mikropolitik. In: Weik, R., Lang, R. (Hrsg.), Moderne Organisationstheorien. Eine sozialwissenschaftliche Einführung, Band 1. Gabler, Wiesbaden, 285–318
Atria, M., Reimann, R., Spiel, Ch. (2006): Qualitätssicherung durch Evaluation. Die Bedeutung von Zielexplikation und evaluativer Haltung. In: Steinebach, Ch. (Hrsg.), Handbuch Psychologische Beratung. Klett-Cotta, Stuttgart, 574–586

Bachert, R., Pracht, A. (2004): Basiswissen Controlling und operatives Controlling. Controlling und Rechnungswesen in Sozialen Unternehmen. Juventa, Weinheim/München
Bantle, A., Heiner, M., Hosp, C., Karas, W., Stutzmann, S. (2001): Angeleitete Selbstevaluation der Ergebnisqualität in der Sozialpädagogischen Familienhilfe. In: Heil, K. et al. (Hrsg.), 182–216
Bauer, K.-O. (2007): Theorie und Methodologie der Evaluation an Schulen. In: Bauer, K.-O. (Hrsg.): Evaluation an Schulen. Theoretischer Rahmen und Beispiele guter Evaluationspraxis. Juventa, Weinheim/München, 13–51
Berg-Lupper, U., Lüders, Ch. (2008): Kollegiale Fremdevaluation in der Kinder- und Jugendhilfe – Bausteine für ein neues Konzept. In: Projekt eXe (Hrsg.), 49–68
Berger, U., Bernhard-Mehlich, I. (2002): Die Verhaltenswissenschaftliche Entscheidungstheorie. In: Kieser, A. (Hrsg.), 133–68
Bethlehem, K., Erdelyi, P., Opitz, St. (2001): Qualitätsentwicklung durch kollegiale Visitationen. QS – Materialien zur Qualitätssicherung in der Kinder- und Jugendhilfe, Heft 33. BMFSFJ, Berlin
Beywl. W., Heiner, M. (2000): Interne Evaluation – Darstellung des Verfahrens. In: Merchel, J. (Hrsg.): Qualitätsentwicklung in Einrichtungen und Diensten der Erziehungshilfe. Methoden, Erfahrungen, Kritik, Perspektiven. Internationale Gesellschaft für erzieherische Hilfen (IGfH) Frankfurt/M., 111–132
Beywl, W., Schepp-Winter, E. (2000): Zielgeführte Evaluation von Programmen – ein Leitfaden. QS – Materialien zur Qualitätssicherung in der Kinder- und Jugendhilfe, Heft 29. BMFSFJ, Berlin
– (1999): Zielfindung und Zielklärung – ein Leitfaden. QS – Materialien zur Qualitätssicherung in der Kinder- und Jugendhilfe, Heft 21. BMFSFJ, Bonn
Blank, St. (2008): Evaluation und Lernprozesse: Eine systemtheoretische Analyse. Zeitschrift für Evaluation 1/2008, 75–95
Böttcher, W. (2008): Evaluation. In: Coelen, Th, Otto, H.-U. (Hrsg.): Grundbegriffe Ganztagsbildung. Das Handbuch. VS Verlag für Sozialwissenschaften, Wiesbaden, 889–898
–, Bastian, P., Lenzmann, V. (Hrsg.) (2008): Soziale Frühwarnsysteme. Evaluation des Modellprojekts in Nordrhein-Westfalen. Waxmann, Münster u. a.
–, Holtappels, H. G., Brohm, M. (2006): Evaluation im Bildungswesen. Eine Einführung in Grundlagen und Praxisbeispiele. Juventa, Weinheim/München
–, Kotthoff, H.-G. (Hrsg.) (2007): Schulinspektion: Evaluation, Rechenschaftslegung und Qualitätsentwicklung. Waxmann, Münster u. a.
Bohnsack, R. (2007): Rekonstruktive Sozialforschung. Einführung in qualitative Methoden. 7. Aufl. Budrich, Opladen/Farmington Hills
Brandt, T. (2007): Sozialer Kontext der Evaluation. In: Stockmann, R. (Hrsg.), 164–194
Burkard, Ch., Eikenbusch, G. (2000): Praxishandbuch Evaluation in der Schule. Cornelsen-Scriptor, Berlin

DeGEval (Deutsche Gesellschaft für Evaluation e. V.) (2004): Empfehlungen zur Anwendung der Standards für Evaluation im Handlungsfeld der Selbstevaluation. Eigendruck, Alfter/Köln
- (2002): Standards für Evaluation. Eigendruck, Alfter/Köln

Flick, U. (Hrsg.)(2006): Qualitative Evaluationsforschung. Konzepte – Methoden – Umsetzung. Rowohlt, Reinbek
Flösser, G., Oechler, M. (2006): Qualität/Qualitätsmanagement. In: Dollinger, B., Raithel, J. (Hrsg.): Aktivierende Sozialpädagogik. Ein kritisches Glossar. VS Verlag für Sozialwissenschaften, Wiesbaden, 155–172

Galuske, M. (2009): Methoden der Sozialen Arbeit. Eine Einführung. 8. Aufl. Juventa, Weinheim/München
Glinka, H.-J. (2009): Das narrative Interview. Eine Einführung für Sozialpädagogen. 3. Aufl. Juventa, Weinheim/München

Haubrich, K. (2009): Sozialpolitische Innovation ermöglichen. Die Entwicklung der rekonstruktiven Programmtheorie-Evaluation am Beispiel der Modellförderung in der Kinder- und Jugendhilfe. Waxmann, Münster u. a.
-, Lüders, Ch. (2004): Evaluation – mehr al ein Modewort? Recht der Jugend und des Bildungswesens 3/2004, 316–337
Heil, K., Heiner, M., Feldmann, U. (Hrsg.) (2001): Evaluation sozialer Arbeit. Eigenverlag des Deutschen Vereins für öffentliche und private Fürsorge, Frankfurt/M.
Heiner, M. (2010): Soziale Arbeit als Beruf. Fälle – Felder – Fähigkeiten. 2. Aufl. Ernst Reinhardt, München/Basel
- (2001a): Evaluation. In: Otto, H.-U., Thiersch, H. (Hrsg.): Handbuch Sozialarbeit/Sozialpädagogik. 2. Aufl. Luchterhand, Neuwied/Kriftel, 481–495
- (2001b): Planung und Durchführung von Evaluationen – Anregungen, Empfehlungen, Warnungen. In: Heil, K. et. al. (Hrsg.), 35–58
- (Hrsg.) (1998): Experimentierende Evaluation. Ansätze zur Entwicklung lernender Organisationen. Juventa, Weinheim/München
- (Hrsg.) (1996): Qualitätsentwicklung durch Evaluation. Lambertus, Freiburg
- (Hrsg.) (1994): Selbstevaluation als Qualifizierung in der Sozialen Arbeit. Fallstudien aus der Praxis. Lambertus, Freiburg
- (Hrsg.) (1988): Selbstevaluation in der sozialen Arbeit. Lambertus, Freiburg
Hensen, G. (Hrsg.) (2006): Markt und Wettbewerb in der Jugendhilfe. Ökonomisierung im Kontext von Zukunftsorientierung und fachlicher Notwendigkeit. Juventa, Weinheim/München
Hörster, R. (1995): Pädagogisches Handeln. In: Krüger, H.-H., Helsper, W. (Hrsg.): Einführung in Grundbegriffe und Grundfragen der Erziehungswissenschaft. Leske + Budrich, Opladen, 35–42
-, Müller, B. (1997): Zur Struktur sozialpädagogischer Kompetenz – Oder: Wo bleibt das Pädagogische an der Sozialpädagogik? In: Combe, A., Helsper, W. (Hrsg.): Pädagogische Professionalität. Suhrkamp, Frankfurt/M., 614–648

Joint Committee on Standards for Evaluation, Sanders, J. R. (Hrsg.) (2006): Handbuch der Evaluationsstandards. 3. Aufl. VS Verlag für Sozialwissenschaften, Wiesbaden

Kannonier-Finster, W., Ziegler, M. (2005): Prozess- und Ergebnisqualität. Qualitative Evaluationsdesigns im Feld der psychosozialen Arbeit. In: Schöch, H. (Hrsg.), 115–148
Kempfert, G., Rolff, H.-G. (2005): Qualität und Evaluation. Ein Leitfaden für Pädagogisches Qualitätsmanagement. 4. Aufl. Beltz, Weinheim/Basel
Kieser, A. (Hrsg.) (2002): Organisationstheorien. 5. Aufl. Kohlhammer, Stuttgart
Kirchhoff, S., Kuhnt, S., Lipp, P., Schlawin, S. (2003): Der Fragebogen. Datenbasis, Konstruktion und Auswertung. 3. Aufl. Leske + Budrich, Opladen
Klatetzki, Th. (1993): Wissen, was man tut. Professionalität als organisationskulturelles System. KT-Verlag, Bielefeld
Klawe, W. (2003): „Wissen, was man tut – zeigen, was man kann". (Selbst-)Evaluation als Instrument der Qualitätssicherung. deutsche jugend 5/2003, 202–209
König, J. (2007): Einführung in die Selbstevaluation. Ein Leitfaden zur Bewertung der Praxis Sozialer Arbeit. 2. Aufl. Lambertus, Freiburg

– (2003): Wichtig und richtig! Aber: Ist nicht weniger mehr? Anmerkungen zu den Standards der Selbstevaluation. Zeitschrift für Evaluation 1/2003, 83–88
Krämer, W (2000): So lügt man mit Statistik. 12. Aufl. Piper, München
Kromrey, H. (2005): Evaluation – ein Überblick. In: Schöch, H. (Hrsg.), 31–85
Kromrey, H. (2000): Die Bewertung von Humandienstleistungen. Fallstricke bei der Implementations- und Wirkungsforschung sowie methodische Alternativen. In: Müller-Kohlenberg, H., Münstermann, K. (Hrsg.), 19–57
Küpper, W., Feltsch, A. (2000): Organisation, Macht und Ökonomie. Mikropolitik und die Konstitution organisationaler Handlungssysteme. Westdeutscher Verlag, Wiesbaden
–, Ortmann, G. (Hrsg.) (1992): Mikropolitik. Rationalität, Macht und Spiele in Organisationen. 2. Aufl. Westdeutscher Verlag, Opladen
Kuper, H. (2005): Evaluation im Bildungssystem. Eine Einführung. Kohlhammer, Stuttgart

Landert, Ch. (1996): Externe und interne Evaluation – Schnittstellen und Übergänge. In: Heiner, M. (Hrsg.), 68–84
Landgrebe, G. (2001): Fremd- und Selbstevaluation in der Familienberatung und der Gruppenarbeit mit Frauen. In: Heil, K. et al. (Hrsg.), 154–181
Liebald, Ch. (1998): Leitfaden für Selbstevaluation und Qualitätssicherung. QS – Materialien zur Qualitätssicherung in der Kinder- und Jugendhilfe, Heft 19. BMFSFJ, Bonn
Lüders, Ch., Haubrich, K. (2006): Wirkungsevaluationen in der Kinder- und Jugendhilfe: Über hohe Erwartungen, fachliche Erfordernisse und konzeptionelle Antworten. In: Projekt eXe (Hrsg.), 5–23
–, – (2003): Qualitative Evaluationsforschung. In: Schweppe, C. (Hrsg.), 305–330
Luhmann, N. (2000): Organisation und Entscheidung. Westdeutscher Verlag, Wiesbaden

Merchel, J. (2010a): Qualitätsmanagement in der Sozialen Arbeit. Eine Einführung. 3. überarb. Aufl. Juventa, Weinheim/München
– (2010b): Leiten in Einrichtungen der Sozialen Arbeit. Ernst Reinhardt, München/Basel
– (2009): Sozialmanagement. Eine Einführung in Hintergründe, Anforderungen und Gestaltungsperspektiven des Managements in Einrichtungen der Sozialen Arbeit. 3. Aufl. Juventa, Weinheim/München
– (2008): Möglichkeiten institutioneller Verortung von kollegialen Fremdevaluationen. In: Projekt eXe (Hrsg.), 17–35
– (2006): Hilfeplanung bei den Hilfen zur Erziehung § 36 SGB VIII. 2. Aufl. Boorberg, Stuttgart u. a.
– (2005): Organisationsgestaltung in der Sozialen Arbeit. Grundlagen und Konzepte zur Reflexion, Gestaltung und Veränderung von Organisationen. Juventa, Weinheim/München
Meyer, W. (2007): Datenerhebung: Befragungen – Beobachtungen – Nicht-reaktive Verfahren. In: Stockmann, R. (Hrsg.), 223–277
Michel-Schwartze, B. (2002): Handlungswissen der Sozialen Arbeit. Leske + Budrich, Opladen
Moos, G., Peters, A. (2008): BWL für soziale Berufe. Eine Einführung. Ernst Reinhardt, München
Moser, H. (1995): Grundlagen der Praxisforschung. Lambertus, Freiburg
– (1975): Aktionsforschung als kritische Theorie der Sozialwissenschaften. Juventa, München
Müller, B. (2009): Sozialpädagogisches Können. Ein Lehrbuch zur multiperspektivischen Fallarbeit. 6. Aufl. Lambertus, Freiburg
– (2000): Evaluationskompetenz und Innovationskompetenz. In: Müller-Kohlenberg, H., Münstermann, K. (Hrsg.), 227–232
Müller-Kohlenberg, H. (2006): Zwei neuralgische Punkte der Selbstevaluation: Unparteiischkeit und Professionalität. In: Böttcher, W. et al. (Hrsg.), 87–95
– (2001): Partizipation von Kinder und Jugendlichen als Ressource in Evaluation und Qualitätsentwicklung. In: Beywl, W., Müller-Kohlenberg, H. (Hrsg.): Perspektiven der Evaluation in der Kinder- und Jugendhilfe. QS – Materialien zur Qualitätssicherung in der Kinder- und Jugendhilfe, Heft 35. BMFSFJ, Berlin, 74–79
– (1997): Evaluation von sozialpädagogischen Maßnahmen aus unterschiedlicher Perspektive: Die Sicht der Träger, der Programmmanager/-innen und der Nutzer/-innen. In: Müller-Kohlenberg, H., Autrata, O. (Hrsg.): Evaluation der sozialpädagogischen Praxis. QS – Materia-

lien zur Qualitätssicherung in der Kinder- und Jugendhilfe, Heft 11. BMFSFJ, Bonn, 8–20

–, Beywl, W. (2003): Standards der Selbstevaluation – Begründung und aktueller Diskussionsstand. Zeitschrift für Evaluation 1/2003, 83–88

–, Kammann, C. (2000): Die NutzerInnenperspektive in der Evaluationsforschung: Innovationsquelle oder opportunistische Falle? In: Müller-Kohlenberg, H., Münstermann, K. (Hrsg.), 99–120

–, Münstermann, K. (Hrsg.) (2000): Qualität von Humandienstleistungen. Evaluation und Qualitätsmanagement in Sozialer Arbeit und Gesundheitswesen. Leske + Budrich, Opladen

Otto, H.-U. (2007): What works? Zum aktuellen Diskurs um Ergebnisse und Wirkungen im Feld der Sozialpädagogik und Sozialarbeit – Literaturvergleich nationaler und internationale Diskussion. Arbeitsgemeinschaft für Jugendhilfe (AGJ), Berlin

Patton, M. Qu. (1998): Die Entdeckung des Prozessnutzens. Erwünschtes und unerwünschtes Lernen durch Evaluation. In: Heiner, M. (Hrsg.), 55–66

Pauly, J., Gaugel, W. (2008): Wie Kollegialität und Fremdheit in Evaluationen der Kinder- und Jugendhilfe zueinander ins Verhältnis gesetzt werden können – am Beispiel im Landkreis Böblingen praktizierter Qualitätsentwicklungsvereinbarungen. In: Projekt eXe (Hrsg.), 37–47

Pluto, L., Gragert, N., van Santen, E., Seckinger, M. (2007): Kinder- und Jugendhilfe im Wandel. Eine empirische Strukturanalyse. Verlag Deutsches Jugendinstitut, München

Pollitt, Ch. (2000): Qualitätsmanagement und Evaluation in Europa: Strategien der Innovation oder der Legitimation? In: Müller-Kohlenberg, H., Münstermann, K. (Hrsg.), 60–76

Preisendörfer, P. (2005): Organisationssoziologie. Grundlagen, Theorien und Problemstellungen. VS Verlag für Sozialwissenschaften, Wiesbaden

Projekt eXe (Hrsg.) (2008): Kollegiale Fremdevaluation in der Kinder- und Jugendhilfe. Perspektiven für ein neues Konzept. Deutsches Jugendinstitut, München

– (Hrsg.) (2006): Wirkungsevaluation in der Kinder- und Jugendhilfe. Einblicke in die Evaluationspraxis. Deutsches Jugendinstitut, München

Rugor, R., von Studzinski, G. (2003): Qualitätsmanagement nach der ISO Norm. Eine Praxisanleitung für MitarbeiterInnen in sozialen Einrichtungen. Beltz, Weinheim/Basel/Berlin

Schein, E. H. (2003): Organisationskultur – „The Ed Schein Corporate Culture Guide". Edition Humanistische Psychologie (EHP), Bergisch Gladbach

Schiersmann, Ch., Thiel, H.-U. (2009): Organisationsentwicklung. Prinzipien und Strategien von Veränderungsprozessen. VS Verlag für Sozialwissenschaften, Wiesbaden

Schneider, V., Meiers, R. (2007): Reporting. In: Stockmann, R. (Hrsg.), 314–339

Schöch, H. (Hrsg.) (2005): Was ist Qualität? Die Entzauberung eines Mythos. Wissenschaftlicher Verlag, Berlin

Schröder, U. B., Streblow, C. (Hrsg.) (2007): Evaluation konkret. Fremd- und Selbstevaluationsansätze anhand von Beispielen aus Jugendarbeit und Schule. Budrich, Opladen/Farmington Hills

Schütze, F. (1997): Organisationszwänge und hoheitsstaatliche Rahmenbedingungen im Sozialwesen: Ihre Auswirkungen auf die Paradoxien des professionellen Handelns. In: Combe, A., Helsper, W. (Hrsg.): Pädagogische Professionalität. Suhrkamp, Frankfurt/M., 183–275

Schwabe, M. (2005): Methoden der Hilfeplanung. Zielentwicklung, Moderation und Aushandlung. Internationale Gesellschaft für erzieherische Hilfen (IGfH) (Eigenverlag), Frankfurt/M.

Schwarte, N., Oberste-Ufer, R. (2001): LEWO II: Lebensqualität in Wohnstätten für erwachsene Menschen mit geistiger Behinderung. Ein Instrument für fachliches Qualitätsmanagement. Lebenshilfe-Verlag, Marburg

Schweppe, C. (Hrsg.): Qualitative Forschung in der Sozialpädagogik. Leske + Budrich, Opladen

Scott, W. R. (1986): Grundlagen der Organisationstheorie. Campus, Frankfurt/New York

Sommerfeld, P., Hüttemann, M. (Hrsg.) (2007): Evidenzbasierte Soziale Arbeit. Nutzung von Forschung in der Praxis. Schneider Hohengehren, Baltmannsweiler

Spiegel, H. v. (2008): Methodisches Handeln in der Sozialen Arbeit. 3. Aufl. Ernst Reinhardt, München/Basel

- (2001): Leitfaden für Selbstevaluationsprojekte in 18 Arbeitsschritten. In: Heil, K. et al. (Hrsg.), 59–91
- (1997): Perspektiven der Selbstevaluation. In: Müller-Kohlenberg, H., Autrata, O. (Hrsg.): Evaluation der sozialpädagogischen Praxis. QS – Materialien zur Qualitätssicherung in der Kinder- und Jugendhilfe, Heft 11. BMFSFJ, Bonn, 32–48
- (1994): Selbstevaluation als Mittel beruflicher Qualifizierung. In: Heiner, M. (Hrsg.), 11–55

Stockmann, R. (Hrsg.) (2007): Handbuch zur Evaluation. Eine praktische Handlungsanleitung. Waxmann, Münster u. a.
- (Hrsg.) (2006a): Evaluationsforschung: Grundlagen und ausgewählte Forschungsfelder. 3. Aufl. Waxmann, Münster u. a.
- (2006b): Evaluation und Qualitätsentwicklung. Eine Grundlage für wirkungsorientiertes Qualitätsmanagement. Waxmann, Münster u. a.

–, Meyer, W. (2010): Evaluation. Eine Einführung. Budrich, Opladen/Farmington Hills

Tietze, W., Schuster, K.-M., Grenner, K., Rossbach, H.-G. (2001): Kindergarten-Skala. Revidierte Fassung (KES-R). 2. Aufl. Luchterhand, Berlin Neuwied

Wolff, St., Scheffer, Th. (2003): Begleitende Evaluation in sozialen Einrichtungen. In: Schweppe, C. (Hrsg.), 331–351

Ziegler, H. (2006): Evidenzbasierte Soziale Arbeit. Über managerielle PraktikerInnen in neobürokratischen Organisationen. In: Schweppe, C., Sting, S. (Hrsg.): Sozialpädagogik im Übergang. Neue Herausforderungen für Disziplin und Profession. Juventa, Weinheim/München, 139–155

Sachregister

Beobachtung 80, 94–105
Bewertung 13–15, 63, 71, 111, 118, 120, 137–140

Coaching 10
Controlling 106

Daten 15 f, 63, 71, 111, 115
Datenerhebung 75, 111–115
– quantitative Methoden 75
– qualitative Methoden 75
Datenauswertung 115–118
Datenerhebungsplan 79 f
Designeffekte 113–115

Empirische Sozialforschung 13, 45, 139
Erfolgsspannen 73
Ergebnisevaluation 56–58
Evaluation
– als wertgeprägter Vorgang 38 f
– als „politischer" Vorgang 13, 140 f
–, Charakteristika 13 f, 28
–, Definition 19, 28
–, Erwartungen an 17
–, externe 23 f, 43–47
–, formative 42 f, 58
– in Organisationszusammenhängen 18, 137–156
–, interne 23 f, 43–51
–, praxisbezogene 22 f
–, summative 40–43
– und Entscheidungsfindung 33–35
– und Hoffnung auf Rationalitätsgewinn 30–32, 37
– und Interessen 38 f, 62–65, 138–146
– und Kontrolle 33 f, 39, 150
– und Legitimation 33, 35
– und methodisches Handeln 20 f, 32, 35–37
Evaluationsbericht 120–122
Evaluationsforschung 13, 16, 21–23, 28, 76
Evaluationskompetenz 11
Evaluationsziele 63, 67

Fehlerfreundlichkeit 154 f
Fragebogen 80–89

Leitung 152 f, 155 f

Mikropolitik 142–146

Operationalisierung 70 f
Organisation 25, 35, 143–146, 151
Organisationsevaluation 25 f
Organisationskultur 78, 147–152, 160
Organisationslernen 147 f, 160

Personalevaluation 25 f
Präsentation von Evaluationsergebnissen 118–122
Politikevaluation 24 f
Praxisziele 65–73
Produktevaluation 25 f
Programmevaluation 24–27
Profession/Professionalität 10, 13 f, 28, 32, 35–37, 125
Prozessevaluation 56
Prä-Post-Messungen 127 f, 129 f

Qualitätskriterien zur Evaluation 123 f, 157–163
Qualitätsmanagement/Qualitätsentwicklung 11, 18 f, 110, 122, 132, 160
Quasi-experimentelle Verfahren 127

randominisiertes Experiment 126 f

Selbstevaluation 23 f, 44 f, 47–49, 59, 159 f
Strukturevaluation 56
Supervision 10, 16, 48
Standardisierung von Erhebungsinstrumenten 81 f, 91 f, 99–102

Wirkungsevaluation 27, 125–134

Zufriedenheitsmessung 128, 132 f

Maja Heiner
Kompetent handeln in der Sozialen Arbeit

(Handlungskompetenzen in der Sozialen Arbeit; 1)
2010. 176 Seiten.
(978-3-497-02127-7) kt

Die fünfbändige Buchreihe „Handlungskompetenzen in der Sozialen Arbeit" führt Studierende praxisnah in die Soziale Arbeit ein. Die Bände sind nicht nach Berufs- oder Tätigkeitsfeldern geordnet, sondern nach Handlungstypen, die jeweils bestimmte Anforderungen an Kompetenzen stellen.
Handlungskompetenzen bilden das Potenzial, über das eine Person verfügt und das notwendig ist, um komplexe und bedeutende Aufgaben zu bewältigen. Ob und wie die Fachkräfte der Sozialen Arbeit ihr Potenzial einsetzen, hängt von ihrer Qualifikation und Motivation sowie von den Rahmenbedingungen ihres Tätigkeitsfeldes ab. In diesem Einführungsband wird das Modell der Handlungskompetenzen und Handlungstypen theoretisch begründet und an Fallbeispielen anschaulich erläutert.

www.reinhardt-verlag.de

Petra Gromann
Koordinierende Prozessbegleitung in der Sozialen Arbeit

(Handlungskompetenzen in der Sozialen Arbeit; 2)
2010. 122 Seiten.
(978-3-497-02126-0) kt

Welche Arbeitsabläufe sind kennzeichnend für den Handlungstypus „Koordinierende Prozessbegleitung"? Für wen und an welchen Orten Sozialer Arbeit spielt dieser Typ professionellen Handelns eine Rolle? Antworten darauf sind wichtig für die Einordnung dieser Teilgebiete der Sozialen Arbeit und ihrer Einschätzung als mögliche spätere Arbeitsfelder für Studierende. Beispiele aus dem Berufsalltag im Sozialpsychiatrischen Dienst, Allgemeinen Sozialdienst und in der ambulanten Behindertenhife zeigen die Vielfalt der Aufgaben, Adressaten und Arbeitsarrangements anschaulich und praxisnah.

www.reinhardt-verlag.de

Franz Stimmer / Marc Weinhardt
Fokussierte Beratung in der Sozialen Arbeit

(Handlungskompetenzen in der Sozialen Arbeit; 3)
2010. 151 Seiten. 8 Abb. 1 Tab.
(978-3-497-02125-3) kt

Dieser Band sensibilisiert für die vielfältigen Probleme, die Gegenstand der Fokussierten Beratung sein können. Entsprechend variieren die Angebotsformen von der Einmalberatung bis zur Betreuung von „Dauerklienten". Aus meist multifaktoriell bedingten Problemlagen resultiert eine Vernetzungsnotwendigkeit mit anderen Institutionen. Praxisbeispiele veranschaulichen diese Zusammenhänge, gehen auf die Berührungspunkte zu anderen Aufgabenfeldern der Sozialen Arbeit ein und greifen aktuelle Entwicklungen auf.

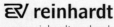
www.reinhardt-verlag.de

Mathias Schwabe
Begleitende Unterstützung und Erziehung in der Sozialen Arbeit

(Handlungskompetenzen in der Sozialen Arbeit; 4)
2010. 159 Seiten.
(978-3-497-02124-6) kt

Materielle Unsicherheiten, psychische Notlagen, soziale Entfremdung – die Gründe, warum jemand Begleitung, Unterstützung und Förderung im Alltag braucht, sind sehr verschieden. Entsprechend breit gefächert sind die möglichen Einsatzgebiete von SozialarbeiterInnen in diesem Arbeitsfeld. Sie können sich in ambulanten oder stationären, lebensweltergänzenden oder -ersetzenden Settings bewegen. Sie sind aber immer auf eine längerfristige, alltagsnahe Begleitung angelegt, um grundlegende neue Entwicklungen zu ermöglichen. Was dies in der Praxis bedeutet, wird anhand von Beispielen anschaulich geschildert.

www.reinhardt-verlag.de

Joachim Merchel
Leiten in Einrichtungen der Sozialen Arbeit

(Handlungskompetenzen in der Sozialen Arbeit; 5)
2010. 147 Seiten.
(978-3-497-02123-9) kt

Damit Soziale Arbeit gut funktioniert, bedarf es nicht nur professioneller Fachkräfte für die Arbeit mit den KlientInnen, sondern auch kompetenter Leitungspersonen, die die Rahmenbedingungen entsprechend gestalten. „Leitung" weist sachbezogene, soziale, emotionale und organisationsbezogene Dimensionen auf, die in der Position zwischen Kollegialität, Leitungsanforderung und Organisationskontext oft nur schwer auszutarieren sind. Was kompetente Leitung in Einrichtungen der Sozialen Arbeit im Einzelnen ausmacht und welche Rahmenbedingungen dafür nötig sind, stellt dieses Buch dar.

www.reinhardt-verlag.de

Gabriele Moos / Andre Peters
BWL für soziale Berufe

Eine Einführung
2008. 155 Seiten. 71 Abb. 25 Tab.
UTB-M (978-3-8252-3120-0) kt

Betriebswirtschaftliche Modelle, Effektivitäts- und Effizienzüberlegungen bestimmen zunehmend auch die Soziale Arbeit. Das Buch stellt einen „Streifzug" durch die BWL dar. Wichtige betriebswirtschaftliche Instrumente und deren Auswirkungen auf das Handeln sozialer Organisationen werden auch für Einsteiger in die Thematik gut verständlich dargestellt. Neben einer Klärung der Grundbegriffe werden u.a. folgende Themen behandelt: Rechnungswesen, Controlling, Strategisches Management, Finanzierung, Personal-, Qualitäts- und Risikomanagement, Marketing. Für Leitungskräfte in sozialen Einrichtungen und Studierende unverzichtbar!

www.reinhardt-verlag.de

Reinhard J. Wabnitz
Grundkurs Recht für die Soziale Arbeit

Mit 97 Übersichten, 22 Fällen und Musterlösungen.
2010. 243 Seiten. UTB-S (978-3-8252-3368-6) kt

Was hat Recht mit Sozialer Arbeit zu tun? Die Zusammenhänge von Recht und sozialer Wirklichkeit, der „handwerkliche" Umgang mit Rechtstexten und die gerichtliche und außergerichtliche Durchsetzung des Rechts im Interesse von hilfebedürftigen Menschen sind nur einige Aspekte, auf die Reinhard J. Wabnitz in dem vorliegenden „Grundkurs Recht für die Soziale Arbeit" eingeht. In 14 Kapiteln wird das relevante Basiswissen für die Studierenden der Sozialen Arbeit übersichtlich aufbereitet. Zugleich werden die für die Soziale Arbeit wichtigsten Themenfelder des Zivil-, Straf- und des Öffentlichen Rechts dargestellt.

Dieser Grundkurs bereitet auf die Prüfungen in den Einführungsveranstaltungen und auf die weiterführenden Vorlesungen, Übungen und Seminare zum Sozialrecht vor.

www.reinhardt-verlag.de